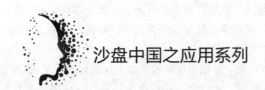

沙盘中国之应用系列

团体沙盘心理技术在高校学生工作中的应用与实践

向群英　主编
于　晶　审

化学工业出版社

·北京·

沙盘心理技术（也叫沙盘游戏）既是心理治疗的有效方法，也是心理健康教育的一种手段。本书是部分高校心理老师近年来应用团体沙盘心理技术，在高校学生工作中应用与实践的集中体现。

　　本书共分为三部分。第一部分是理论篇，介绍当前高校学生工作的现状与发展空间，团体沙盘心理技术及其在高校的应用概况。第二部分是应用设计篇，介绍团体沙盘心理技术应用到高校大学生心理健康教育、大学新生的适用性教育、职业生涯规划、主题班会、寝室人际关系、大学生积极心理品质的培养、大学生压力应对效能提升、生命教育、学生干部合作力培养、高校辅导员的自我成长、高校留学生心理健康教育等方面的方案设计。第三部分是应用案例篇，以十二个案例详细介绍团体沙盘活动，全面反映团体沙盘心理技术的具体操作流程。

　　本书理论深入浅出，浅显易懂，突出实践性和操作性，是高校辅导员的一本工具书，也适合心理咨询从业人员、应用心理学专业的师生、沙盘心理技术爱好者学习和参考。

图书在版编目（CIP）数据

团体沙盘心理技术在高校学生工作中的应用与实践／向群英主编．—北京：化学工业出版社，2020.5
ISBN 978-7-122-36293-3

Ⅰ.①团⋯　Ⅱ.①向⋯　Ⅲ.①精神疗法-应用-高等学校-学生工作-研究　Ⅳ.①G645.5

中国版本图书馆CIP数据核字（2020）第032722号

责任编辑：李彦玲　　　　　　　　　　装帧设计：王晓宇
责任校对：宋　玮

出版发行：化学工业出版社（北京市东城区青年湖南街13号　邮政编码100011）
印　　刷：三河市航远印刷有限公司
装　　订：三河市宇新装订厂
710mm×1000mm　1/16　印张14　字数271千字
2020年5月北京第1版第1次印刷

购书咨询：010-64518888　　　　　　　售后服务：010-64518899
网　　址：http://www.cip.com.cn
凡购买本书，如有缺损质量问题，本社销售中心负责调换。

定　　价：49.80元　　　　　　　　　　　　　　　版权所有　违者必究

编写委员会

主　　任：李　焰

副 主 任：于　晶　李　媛

编　　委：李　焰　于　晶　李　媛
　　　　　向群英　姚晓东　朱岳梅
　　　　　陈　越

本书编写人员

主　　编：向群英

副 主 编：姚晓东　朱岳梅　陈　越

编写人员（以姓氏笔画为序）：
　　　　　马笑玲　王　霖　代安华
　　　　　朱岳梅　向群英　刘　霞
　　　　　刘登秀　李　花　李　傲
　　　　　杨云琳　邹　萍　张玉莹
　　　　　陈　越　姚晓东

主　　审：于　晶

序1

当向群英女士把完整的书稿交给我时,我真心佩服这个重庆妹子吃苦耐劳的实干精神。从最后一次讨论本书目录至今不足一年时间,她除了本职工作,还利用业余时间肩扛着沙盘去社区做党建、做减压、做家庭和谐培训等,并组织创作团队来完成内容的收集、统稿、修改整理工作。这是何等的坚毅及坚持,又是何等的认真与稳妥。

2013年我结识了已取得相当成就的心理咨询师张小琼女士,并与她一见如故。当她第二次邀请了我到成都培训时,我又认识了在高校里主管学生心理健康工作的李媛教授。学霸级的李教授很快就融入了团体体验中,一天课程后李教授从她的专业视角提出,要把这项心理技术应用在学生辅导员心灵成长、学生宿舍和谐管理、师生减压等工作中。在几个月后李媛教授组织成都电子科技大学心理咨询师及成都部分高校心理教师进行了团体沙盘心理技术专项培训。在这个培训过程中,我又陆续认识了向群英教授及四川部分高校的老师们。与此同时,邹萍、高源、朱岳梅、姚晓东、王国华等教授也在北方组织了部分高校教师进行了团体沙盘心理技术培训。由此,高校老师们依自己的专业所长及各应用岗位,创造性地、广泛地把这些心理技术应用起来。从本书的每一篇方案设计及案例呈现中都能看到每一位老师在应用过程中的严谨与创新,以及获得的阶段性的工作成绩。同时我也知道很多老师以此团体沙盘心理技术为干预手段做了大量的课题研究。此书能出版,也是汇集了众多高校心理人的智慧及汗水。

几年中,我们也得到了中国心理卫生协会大学生心理健康专委会主任、清华大学李焰教授对于高校应用团体沙盘心理技术的指导及其大量建设性意见。特别是在2018年6月26日第十三届全国大学生心理健康教育与咨询学术交流会上,我们应邀做了"团体沙盘心理技术突发事件应激晤谈工作坊",来自全国高校的60多位心理学研究同仁参加了工作坊,并将相关研讨成果带回到自己的岗位上。

团体沙盘心理技术自培训应用以来走过了近10年的路程,在这10年间,健心海团队秉承并坚信人民需要心理学,把心理学理论朴实化、大众化,走实践及应用普及推广之路,坚持把沙盘心理技术以结构式团体的方式,注重可操作设置,使这些心理学技术更加实用、更加广泛,也更加深入有效。

目前我国普通高校在校学生近2500万人,在这个庞大的学生群体中,既有目标明确、体验成长和收获、努力的奋斗者,也有生命价值迷茫、人生方向模糊、在失望中纠结、焦虑情绪日益凸显的失意者。大学生中自闭、自残、自杀、暴力等危机事件也时有发生,他们普遍缺乏心理重建,内部动力与外部支持的意识严重失衡。而团体沙盘心理技术为高校的心理健康及心理辅导工作提供了最实用的辅助手段。无疑,本书的每一个方案设计与案例呈现就能说明这一切。

本书的作者们只是高校心理健康教育主力军中的一小部分人,他们在高校心理健康工作中利用结构式团体沙盘做了一些课程与方法上的尝试与创新。本书的出版必将为高校心理健康教育和心理辅导等工作打开新的视窗,希望有更多的高校心理人在自己的工作岗位上把团体沙盘心理技术当成是得心应手的工具,为广大的高校师生们提供心理服务。

中国心理学会心理学普及工作委员会沙盘学组组长
健心海机构创始人　于晶
2020年1月于大连

序2

随着高等教育的发展和普及,高校在校生人数大幅增长,工作量的增加和工作对象的多样性,特别是"00后"大学生群体的出现,对高校学生管理工作提出了更高的要求。如何能更好地实现高校学生工作的使命是很多学生工作管理者在"不忘初心,牢记使命"主题教育中努力思考的问题:努力创新工作理念、创新工作载体、创新工作机制。本书把团体沙盘心理技术与学生工作有机结合,正是高校学生管理工作者努力的智慧结晶。

团体沙盘心理技术应该是沙盘技术中国化的产物。沙盘游戏治疗20世纪90年代末传入中国,在申荷永、张日昇、梁信惠等一批专业学者的努力和推动下,迅速发展起来。尤其是近10年,沙盘游戏在心理治疗领域得到了非常广泛的普及和应用,在教育、保健与心理咨询方面的应用得到了长足的发展,在医疗机构沙盘技术也在发挥越来越重要的作用。在沙盘技术蓬勃发展的同时,我们也会发现,在很多大中小学校的咨询场地建设中都有沙盘室,但由于运用沙盘的心理老师缺少培训等原因,导致沙盘利用率不高,这种情况在其他机构中也有存在。这是因为沙盘游戏是一种重视直觉和灵性的心理治疗方法,个人的知识素养、人生阅历也很重要。不论国外与国内,沙盘游戏对治疗师的培训和要求很严格,行业门槛很高,因此合格的沙盘师数量极为有限。

面对这样的现实困境,刘建新教授和于晶教授从实际出发,结合中国文化中人际关系的特点,强调体验与实践,发展出了可以广泛应用的团体沙盘心理技术,借助结构式团体小组的形式,重视在结构式团体框架下的沙盘心理技术体验,让沙盘使用走下神坛,走进了"学校教育系统""妇幼系统""医疗机构""军队和公安系统"和"企事业单位",也走进了社区,可以说是沙盘技术在中国化过程中的创新之举。

  本书的主编向群英教授有着近30年的高校工作经验，在学工战线上工作多年，她把自己的专业爱好与工作紧密结合，把沙盘心理技术应用于留学生课堂、学生党建、学生心理辅导等多个方面，取得了丰硕的成果。同时，她还邀请了12位同行，从学生心理健康教育、心理适应、职业规划、人际关系、积极心理品质等11个方面，总结了团体沙盘心理技术的应用成果，有理论有实践，阅读起来心中会为这些学生工作人员的创新精神与责任心叫好。

  创新的过程中一定有很多不足，但瑕不掩瑜。这是值得一线辅导员与学生工作人员认真阅读的一本好书。

  工作中我也会在教学与辅导中使用团体沙盘技术，愿与大家分享其中的心得。

李 媛

成都电子科技大学心理健康教育中心主任

2020年1月20日

目录 CONTENTS

	Page
理论篇	001

第一章 当前高校学生工作的现状与发展空间　　002

第一节 当前高校学生的主要心理特点　　002
一、认知方面　　002
二、情感方面　　003
三、意志力方面　　004
四、人际交往方面　　005
五、社会化方面　　005
六、自我意识方面　　006
七、适应能力方面　　008
八、生命价值与价值观方面　　008

第二节 当前高校学生工作的现状与困境　　009
一、高校学生工作的概念和内涵　　010
二、当前高校学生工作的现状　　010
三、当前高校学生工作的发展空间　　013

第二章 团体沙盘心理技术在高校中的应用　　015

第一节 团体沙盘心理技术概述　　015
一、沙盘心理技术的内涵及理论基础　　015
二、团体沙盘心理技术的核心理念　　022
三、团体沙盘心理技术的基本设置与操作流程　　025
四、团体沙盘心理技术的适用范围　　027

第二节 团体沙盘心理技术在高校的应用　　028
一、团体沙盘心理技术在高校应用的现状　　028
二、团体沙盘心理技术在高校应用的理由　　032
三、团体沙盘心理技术在高校应用中需
　　注意的问题　　035

应用设计篇　　　　　　　　　　　　　　　Page 037

第三章　团体沙盘心理技术与大学生的心理健康教育　　038

第一节　大学生心理健康教育的目标与基本要求　　038
　一、大学生心理健康教育的必要性　　038
　二、大学生心理健康教育的基本内容　　042

第二节　团体沙盘心理技术在大学生心理健康教育中的设计与应用　　044
　一、团体活动的总目标　　044
　二、活动对象　　044
　三、团体活动设计的理论基础　　045
　四、团体活动方案与实施流程　　047

第四章　团体沙盘心理技术与大学新生的适应性教育　　048

第一节　开展大学新生适应性教育的目标与基本要求　　048
　一、大学新生在适应过程中面临的主要心理冲突　　048
　二、做好大学新生适应教育的意义与要求　　050

第二节　团体沙盘心理技术在大学新生适应性教育中的设计与应用　　051
　一、团体活动的总目标　　051
　二、团体活动的对象　　051
　三、团体活动设计的理论基础　　051
　四、团体活动的方案与实施流程　　052

目录 CONTENTS

第五章　团体沙盘心理技术与大学生寝室人际关系的改善　061

第一节　改善大学生寝室人际关系的意义与目标　061
一、大学生寝室人际关系及其特点　061
二、改善大学生寝室人际关系的意义　063

第二节　团体沙盘心理技术在改善大学生寝室人际关系中的设计与应用　065
一、大学生寝室人际关系团体心理沙盘活动的总目标　065
二、活动对象　065
三、大学生寝室人际关系团体沙盘心理活动设计的理论基础　065
四、大学生寝室人际关系团体沙盘心理活动的方案及实施流程　067

第六章　团体沙盘心理技术与大学生班级主题班会　069

第一节　开展大学生班级主题班会的意义　069
一、主题班会的概念　069
二、大学生开展主题班会的意义　069
三、开展大学生主题班会的要求与注意事项　071

第二节　团体沙盘心理技术在大学生主题班会中的设计与应用　072
一、团体活动的总目标　072
二、活动对象　072
三、团体活动设计的理论基础　073
四、团体沙盘主题班会活动的方案与实施流程　074

第七章　团体沙盘心理技术与大学生积极心理品质的培养　076

第一节　培养大学生积极心理品质的必要性　076

一、积极心理品质基本内涵　　　　　　　　　　076
　　二、培养大学生积极心理品质的必要性　　　　　077
第二节　团体沙盘心理技术在培养大学生
　　　　积极心理品质中的设计与应用　　　　　　080
　　一、团体活动的总目标　　　　　　　　　　　080
　　二、活动对象　　　　　　　　　　　　　　　080
　　三、团体活动设计的理论基础　　　　　　　　080
　　四、团体活动的方案及实施流程　　　　　　　081

第八章　团体沙盘心理技术与大学生职业生涯
　　　　规划　　　　　　　　　　　　　　　　　083

第一节　大学生开展职业生涯规划，做好就业准备　083
　　一、大学生职业生涯规划的内涵　　　　　　　083
　　二、开展大学生职业生涯规划的意义与途径　　084
第二节　团体沙盘心理技术在大学生
　　　　职业生涯规划中的应用　　　　　　　　　088
　　一、总目标　　　　　　　　　　　　　　　　088
　　二、活动对象　　　　　　　　　　　　　　　088
　　三、团体活动设计的理论基础　　　　　　　　088
　　四、团体活动的方案与实施流程　　　　　　　089

第九章　团体沙盘心理技术与大学生压力应对
　　　　效能的提升　　　　　　　　　　　　　　092

第一节　提升大学生压力应对效能的意义　　　　　092
　　一、应对效能的基本内涵　　　　　　　　　　092
　　二、提升大学生应对效能的必要性　　　　　　093
第二节　团体沙盘心理技术在提升
　　　　大学生压力应对效能中的应用　　　　　　094
　　一、团体活动的总目标　　　　　　　　　　　094
　　二、活动对象　　　　　　　　　　　　　　　094
　　三、团体活动设计的理论基础　　　　　　　　094

目录 CONTENTS

二、团体活动的方案及实施流程 096

第十章　团体沙盘心理技术与大学生生命教育 098

第一节　大学生生命教育的目的与要求 098
一、生命教育内涵 098
二、开展大学生生命教育的意义与要求 100

第二节　团体沙盘心理技术在大学生
生命教育中的设计与应用 101
一、团体活动的总目标 101
二、活动对象 101
三、团体活动设计的理论基础 101
四、团体活动的方案及实施流程 102

第十一章　团体沙盘心理技术与高校学生干部合作力培养 104

第一节　大学生干部合作力简介 104
一、大学生干部合作力基本内涵 104
二、大学生干部合作力培养的意义和途径 105

第二节　团体沙盘心理技术在培养大学生
干部合作力中的设计与应用 107
一、团体活动的总目标 107
二、活动对象 107
三、团体活动设计的理论基础 107
四、团体活动的方案及实施流程 109

第十二章　团体沙盘心理技术与高校留学生心理健康教育 110

第一节　留学生心理健康教育的意义与基本要求 110
一、留学生心理健康教育的必要性 110
二、运用团体沙盘心理技术开展留学生心理
健康教育的可行性 111

三、留学生心理健康教育的基本内容　　111
第二节　团体沙盘心理技术在留学生
　　　　心理健康教育中的设计与应用　　112
　　一、团体活动的总目标　　112
　　二、活动对象　　112
　　三、团体活动设计的理论基础　　112
　　四、团体活动的方案及实施流程　　114
　　五、对留学生开展沙盘心理健康教育的建议或
　　　　注意事项　　116

第十三章　团体沙盘心理技术与高校辅导员的
　　　　　自我成长　　119

第一节　高校辅导员自我成长的目的与要求　　119
　　一、高校辅导员自我成长的意义　　119
　　二、高校辅导员自我成长的途径和方法　　121
第二节　团体沙盘心理技术在辅导员的
　　　　自我成长中的设计与应用　　123
　　一、团体活动的总目标　　123
　　二、活动对象　　123
　　三、团体活动设计的理论基础　　123
　　四、团体活动的方案及实施流程　　125

应用案例篇　　**Page** 127

案例一　大学新生入学适应团体沙盘之《团体
　　　　安全感的建立》　　128

案例二　《心理健康与自我发展》课之《大学生
　　　　恋爱心理发展》　　134

目录 CONTENTS

案例三　大学生职业生涯规划之《天生我才必有用》　　143

案例四　大学生主题班会团体沙盘之《生命的美好》　　148

案例五　大学生寝室人际关系团体沙盘之《我的童年》　　154

案例六　大学生积极心理品质团体沙盘之《内心的宝藏》　　160

案例七　大学生压力应对效能团体沙盘之《相遇在沙的世界》　　165

案例八　高校学生干部合作力训练团体沙盘之《守护》　　171

案例九　大学生心理危机干预应激晤谈之《让往事随风而逝》　　181

案例十　大学生入党积极分子特色党课团体沙盘之《党啊，亲爱的妈妈》　　188

案例十一　留学生心理健康教育团体沙盘之《朋友》　　197

案例十二　辅导员自我成长团体沙盘之《感知压力，释放情绪》　　202

后记　　207

参考文献　　209

理论篇

第一章
当前高校学生工作的现状与发展空间

第一节 当前高校学生的主要心理特点

进入21世纪以来，高校学生工作的工作对象、工作环境、工作方式发生了巨大的变化，尤其是"00后"大学生群体的出现，为教育工作者提出了新的课题。

大学生多为18～24岁的青年，正处于由家庭走向社会的特殊阶段，是世界观和人格发展的关键期，也是心理障碍的多发期。

综合一些学者的相关研究和调查，当代大学生普遍存在以下心理特点和影响因素。

一、认知方面

（一）思维特点

大学生有强烈的认知欲望、较强的猎奇心理，但同时由于阅历与经验缺乏，使得求新的过程中易受挫折，认识上易形成反差。思维是认知的核心成分，大学生的思维具有独立性和批判性，喜欢怀疑与批判，同时还具有较强的发散性，富于创造性，正在向辩证思维发展，但还比较缺乏判断能力，还处于非此即彼的单向思维定式中。

（二）学习特点

大学阶段是大学生学习知识、掌握本领的最佳时期，大部分大学生在大学期间都会认真学习专业知识，为将来就业和发展奠定基础。但是，从中学到大学，学习环境和学习方式都发生了转变，由中学时老师和家长督促着学，到现在自己管理自己。于是，很多大学生像脱缰的野马尽情地驰骋在网络和娱乐之中，荒废了学业，等到考试的时候，出现焦虑紧张、烦躁不安等各种负面情绪，因此在学习方面产生许多心理问题。比如：感知障碍，对学习内容反应迟钝；知觉经常出现错误；记忆障碍，记忆力减退；思维障碍，抽象逻辑思维水平下降，抽象概括能力低下等。这些障碍直接影响大学生学习潜力的发挥，导致学习成绩下降，使大学生出现烦躁、焦虑、抑郁等心理问题。

另外，部分大学生对所学专业不感兴趣，对未来无期待、无动力、无目标，这也是大学生产生学习问题的原因之一。学不喜欢的专业，做自己不喜欢的事情，让他们长期纠结，学业负担过重，又找不到合理的学习方法。另外还有四、六级英语考试、考研等各种的考试压力，各种原因交织在一起，很容易让他们的精神长期高度紧张，如果得不到有效的指引和疏导，很可能出现持续性的焦虑、强迫、幻想，更有甚者可能出现抑郁、精神分裂等心理疾病。

二、情感方面

在情感方面，当代大学生的情感内容丰富多彩，由直露性逐渐呈现内隐性，情感体验较为敏感。有研究文献提到，大学生"时常能体验到幸福占69.3%、受挫后会低落一段时间占70.1%、自己的情绪很容易受外界的影响占47.9%"。同时他们也具有突出的两极性，易于出现激动、乐观、热情的积极倾向，也易出现愤怒、悲观、颓废的消极倾向。

当代大学生情感较为脆弱，他们中大部分为独生子女，因此，在他们成长的过程中大多没有经历过什么挫折，没有经历过历练，情感脆弱，依赖心强。有时一点小事儿都会让他们的情绪走向极端。

恋爱与性的问题是处于青春期的当代大学生非常突出的问题。由于性心理的成熟和性意识的觉醒，给大学生的心理带来了很多不安和困扰，若把握和处理不好，极容易形成心理健康问题。有研究表明，性困扰是当代大学生经常面对的心理问题。浙江大学曾对319名大学生做过调查，统计结果表明，平时有性冲动的占87.4%。此外，发生边缘性行为的占相当大的比例，几乎与恋爱的比例相等。大学生具有强烈性冲动的同时，又存在着对性的否定和批判，致使他们处于深深的苦恼之中。在大学里，恋爱成为大学生一个"永恒话题"。然而，由恋爱与性带来的问题也渗透到大学生学习、生活和价值观等各个方面。

大学生恋爱与性有关的心理问题主要表现在异性交往困难、陷入多角恋爱不能自拔、单相思、失恋、对性冲动的不良反应、性自慰的焦虑与自责等。恋爱攀比现象层出不穷，有的因为失恋而常年精神萎靡不振；还有的学生因为性欲满足不了而养成手淫的习惯，让自己背上沉重的包袱，甚至对生活失去信心；也有的学生因周末孤独、焦虑与难以克制的性欲，产生偷窥异性的冲动，或引发同性恋倾向。

三、意志力方面

意志力是指人自觉地确定目标,并根据目标支配、调节行动,克服困难,实现目标的心理过程。每个人的意志力的强弱是不同的,人的意志力主要包括自觉性、果断性、坚韧性、自制性4种品质。自觉性即目标明确,一切行动都为了目标的实现而积极地学习、工作,敢于吃苦耐劳,勇于自我牺牲;果断性即做事情不优柔寡断,善于迅速地明辨是非,能在适当的时候坚决地采取行动和执行决定;坚韧性即无论遇到多大的困难和挫折都能坚持到底,不半途而废;自制性即在意志行动过程中能够驾驭自我,克制自己的欲望和情感,控制自己的语言和行为,不感情用事。

当代大学生大部分是独生子女,相当一部分大学生自制力较差。他们的成长又恰逢互联网的发展和普及,后者对大学生的学习、生活和心理健康产生着越来越重要的影响。2018年第41次《中国互联网发展状况统计报告》指出,截至2017年12月,我国手机网民规模达7.53亿,手机上网人群占比由2016年的95.1%提升至2017年的97.5%。大学生是手机上网人群的重要群体,也可以说网络与大学生生活息息相关,改变着他们的思想的同时也改变着他们的观念和精神世界。但是网络是把双刃剑,带给大学生方便的同时也带来许多问题,其中比较突出的是以下三个方面。

第一,相当一部分大学生都有"手机依赖症",甚至有些人已经严重影响正常的学习和生活。有76.5%的当代大学生平均每天手机上网1个小时以上,甚至有17.7%在3小时以上。他们上网做得最多的事情,首先是看电影、听音乐等休闲活动,占69.6%;其次是聊天、交友,占59.7%;然后才是学习,占40.0%(万美容等,2013)。可想而知,近二成的学生每天将3个小时以上的时间花费在学习以外的事情上,充足的学习时间难以得到保证。受调查的学生表示上课玩手机现象较为普遍,并多次提到"老师上课的质量决定我每个月手机的流量",这在一定程度上表明"手机依赖症"对当代大学生课堂学习带来的影响。

第二,网络依赖影响了当代大学生日常生活与人际交往。智能手机和移动网络的发展使上网变得更加方便自由,这强化了当代大学生对网络的依赖倾向。71.3%的受调查学生每天都会用手机上网;有7.7%的学生表示,"即使不知道做什么,也会上网随便看看";有的睡觉前总是要玩会儿手机才能入睡;聚会吃饭或搞活动时也常常习惯于玩手机而较少主动参与。如果过多依赖网络,上网时间过多,会影响当代大学生的生活与交往,进而影响其生活体验。有关调查表明,网络全日可用和手机便捷上网,助长了大学生"无早起、无早读、无早锻炼、无早餐"的不良习惯的养成,早上精神消沉,晚上"夜猫子"的"消晨族"的出现,严重影响了他们的睡眠质量和生活规律。

第三,网络环境缺乏道德约束,网络影响可控性较低,使得当代大学生的道德自律、网络道德素养越来越受到关注和担忧。由于很多"网络红人"凭借不雅、雷人言行快速走红，众多媒体为迎合大众"围观"和低级的世俗情趣需要而推波助澜。大学生从反感、无所谓到习以为常，潜移默化地受低俗化的审美情趣、浮躁的世态影响，道德素质令人担忧。

大学生随着年龄的增长、社会阅历的丰富，意志品质较以前都有不同程度的提高，很多大学生开始有意识地重视自我意志品质的培养，在实际生活中不断规范自己的行为，有目的地锻炼自己。但是大部分学生的意志品质仍有待加强。调查显示，有55.1%的大学生在果断性、坚韧性、自制性方面都很薄弱，表现出明显的差异性，特别是随着教育环境和教育程度的不同，这种差别更加明显。另外，还有相当比例的人做事缺乏持久的心理品质，受自身情绪及外界因素影响，经常表现为感情用事。

四、人际交往方面

人是群居动物，交往是人的基本需要之一，人只有通过交往才能完成社会化，成为社会需要的人。大学生正处于人生的黄金时期，大学生的所有活动都是在与人际交往的过程中实现的；人际交往是大学生社会化的基本途径，也是他们健康成长的基本保证。对于正在学习、成长中的大学生来说，培养良好的人际交往能力，不仅是大学生活的需要，也是将来走向社会的需要。

很多大学生在高中阶段只关注学习，注意力都集中在学业上，很多问题没有显现出来。到了大学以后，来自不同区域、不同民族的同学集中到一起，无论是生活习惯还是处事方式都存在着这样或那样的差异。学校各种社团活动使得同寝室、同班级、同学校的同学之间交往日益密切；相对来讲，对人际关系的关注超过了学习，这让很多大学生一时间无法适应。有些同学渴望友谊，但却不知道如何与别人交往；有些同学不愿意敞开心扉，宁愿自我封闭。这些矛盾导致他们孤单、苦闷、自卑，缺少支持和关爱。

难以融入交往圈子，迫切需要人际沟通，是当代大学生亟须解决的问题。当代大学生大多数都是独生子女，父母长辈的溺爱，给他们心理素质造成了一些消极影响，使得他们缺乏集体责任感与包容心；更有甚者，缺少独立生活环境下的生存能力。互联网的快速发展更是加剧了大学生社交能力缺乏的趋势，许多学生沉浸于网络世界，丧失了面对面交流的机会以及能力，进而形成恶性循环。

大学生渴望友谊，希望有丰富的人际交往，但是现实中却存在着人际交往的种种困惑、不适，对人际交往的满意程度普遍较低，人际交往障碍已经成为影响大学生心理行为的主要问题之一。

五、社会化方面

大学生社会化是大学生能否顺利步入社会的重要环节，也是一个人成长的标志。当代大学生生活在条件相对优越的年代,他们中有很多人是独生子女,集"万千宠爱"于一身,位于"6+1"家庭的核心。较好的物质条件和资源为当代大学生的成长提供了较好的享受与发展基础,广泛的兴趣爱好,多才多艺,这不但增加了他们展现自我的能力和自信心,丰富了生活体验,同时也培养了积极的人生态度。但由于家长们对子女的精神需求缺乏引导、过度溺爱,使很多大学生缺乏独立处事能力,自我意识膨胀,以自我为中心,不太考虑别人的感受,集体观念不强,缺乏责任意识。在学生的消费观念与行为上,重人情消费且存在攀比现象,"在消费上出现了与年龄不相符的消费倾向";此外,社会上出现的诸如"我爸是李刚"的众多"拼爹"现象,也体现了权力家庭化的消极影响。

大学期间,大学生摆脱家庭的束缚,开始了独立自主的生活。随着知识的丰富、阅历的增加,他们的思想与行为的自律性、理性成分开始增加,对社会价值规范的认同和理想信念逐渐形成,社会化步伐明显加快,慢慢表现出成年人所具有的"社会身份"特征。但大学时期是大学生进入社会的"延缓期",其成年后的某些权利、义务、责任被推迟到毕业进入社会时才能充分地履行,加之经济地位尚不能独立,大大制约了他们的整体独立性。所以大学生的"成年"更多意义上是生理上的成年,从社会身份上来讲并未"成年"。社会身份未得到确证,还处于边缘地带。人生的众多基本问题也还没有得到确定,特别容易受到外界的冲击与影响,从而引发种种矛盾。

大学生处于由未成年人向成年人过渡的两种不同社会身份之间的边缘地带,使得他们的发展呈现出更大的开放性、多元性和可塑性。同时,也很容易导致成人社会的某种偏见和大学生自身不正确的自我认识,甚至出现一些逃避、叛逆、怪异的极端行为。

六、自我意识方面

当代大学生是见证国家快速发展与强大中生长的一代,因此他们中大多思想非常活跃,在看待问题时有自己独特的想法。

他们受到社会文化的影响较大,有的大学生在追求自己的理想时会比较功利,考虑社会理想这一部分的因素会大大减少,而更多考虑的是怎样让自己获利,持有这种想法的学生还不在少数。

大学生的生理发育已经趋向成熟,但心理发展和社会性成熟还处于过渡时期。青年期作为人的"第二次诞生"期,其根本标志是自我的发现,因而大学生的自我意识十分强烈,对自我发展需求迫切,自我抉择明显,自我认可较高。他们在自我意识方面呈现出以下特点。

(一)自我认识

由于理想自我与现实自我常常不一致,大学生易引发各方面的自我矛盾。

理想自我就是个体期待自己是怎样的，即在个体的自我概念中定位"我应该是什么样的人"。现实自我是个体对当前自我状况的认识和评价。理想自我是个体期望达到的自我状态。两者之间的差距，既是个体进步和完善的动力，也是当今大学生烦恼的重要根源。大学生是抱负水平相对较高的群体，现实自我和理想自我之间的差距短时间难以弥补，导致一部分大学生产生自卑和自责情绪，或者沉迷于好高骛远、难以踏实做事的虚幻自信中。

（二）自我控制

自我控制即自我控制的能力。自控是指相对于他控而言的，它可以解释为一个人支配和控制自己的情绪，掌握自己的心境，约束自己的行为的能力。首先控制你自己，然后你才能控制别人，无法控制自己的人，将永远无法控制别人。

对大学生而言，自我控制能力是非常重要的，很多人在追求目标时，明明知道自己应该坚持，但却因缺乏自控能力而频频放弃，越来越多的大学生因为自控力缺乏而导致各种问题的出现：小至控制不了自己对大学新鲜事物的诱惑，不能合理分配时间，导致荒废大学美好时光，常见的例子是有部分大学生因为各种理由耽误自己的学习时间，整天无所事事，沉迷于网络世界，找不到自己的位置；大至不遵守校规校纪，校内滋事，甚至违反社会法纪，影响社会治安，导致不但不能完成自己的学业，还要受到相关部门的依法处理。这都是缺乏自我控制造成的。

（三）自我评价

由于大学生自我评价和自我调节能力还相对滞后，大学生明显地存在自评与他评的差异。调查结果发现，大学生常常把他人的评价作为自我的标准，过多关注是否符合别人的评价标准，由此导致的自我不确定性是大学生产生烦恼的重要来源。而健康和成熟的自我最重要的特征是独立于他人的评价，能够基于个人经验，完成对现实自我的客观评价和认识，坦然地接纳自己。因此，实现由外在评价标准向内心评价标准转化，才能获得对自我的信心和个人成长的愉快体验。

过低的自我评价，处于这种意识状态的大学生，经常把理想与现实进行比较，导致对理想我期望较高，又无法达到，对现实我不满，又无法改进。他们在心理上的一个特征就是自我排斥。由于在成长过程中，理想我与现实我的距离过大所导致的自我矛盾冲突，他们往往会产生否定自己，拒绝成长的心理倾向。这些大学生往往降低个人的社会需求水平，对自我过分怀疑，压抑自我的积极性，并可能引发严重的情绪损伤和内心冲突。他们的心理体验伴随较多的自卑感、盲目性、自信心丧失和情绪消沉、意志薄弱、孤僻、抑郁等现象。尤其是面对新环境的挫折和重大生活事件常常会产生过激行为，酿成悲剧。

过高的自我评价，这是一种与过低自我评价相对立的自我意识状态。在这种自我概念支配下，个体往往会形成错误的、不切实际的理想自我，并认为理想我可以轻易实现。这种类型的大学生往往盲目乐观,以自我为中心,自以为是,不易被周围环境和他人所接受与认可,容易引起别人的反感和不满,因此极易遭受因失败和内心冲突而产生的严重的情绪挫伤,导致苦闷自卑、自我放弃,有时甚至引发过激行为和反社会行为。

七、适应能力方面

角色转变与环境适应是每一个大学生都必须经历的过程,由于现实中的大学与许多新生心目中向往的大学存在着较大的差距,导致后者在心理上会产生失落感。陌生的生活环境、依赖于学生自主性的教学模式和舍友、同学、老师之间的人际关系的处理,都可能让他们产生困惑,从而引发心理问题。没了高中时学习佼佼者的优越感,使得他们难以塑造良好的心理自信心。

尤其对大一新生来说,出现这种适应性的心理问题比较普遍。山东农业大学的贾元义等学者对大学生适应方面调查数据显示:68.6%的新生能够及时适应大学生活,认为大学生活很有趣;有76.19%的新生认为,目前的大学生活与想象中的大学有着差距,但差距不大;对于大学中可能出现的挫折与困难,有80.71%新生认为自己会选择积极去面对,想办法解决。地域的差异、饮食习惯差异、性格不合等多方面因素导致大学宿舍关系紧张,一度成为困扰许多大学生的问题。调查结果显示:86.64%的学生与舍友相处较好,宿舍关系融洽;当自己与舍友出现分歧或矛盾时,87.45%的同学会选择与对方认真沟通,解决矛盾;33.27%的同学认为自己在解决矛盾时遇到最大的障碍是缺乏沟通技巧。对以上数据分析发现,缺乏沟通技巧是导致问题有没有妥善解决的主要原因(贾元义,2018)。

八、生命价值与价值观方面

目前我国普通高校在校学生近2500万人,在这庞大的学生群体中,既有目标明确、体验成长和收获、努力的奋斗者,也有生命价值迷茫、人生方向模糊、在失望纠结中对人生目的、责任等的冲突和焦虑日益凸显的失意者。自闭、自残、自杀、暴力等危机事件时有发生,缺乏心理重建,内部动力与外部支持的意识严重失衡。

在我国,自杀是整个人群的第五大致死原因,是15~34岁人群的首要死亡原因。我国大学生终身自杀意念发生率多在10%~40%,有的甚至更高。研究表明,我国大学生的自杀率为1.24(每10万人),重点高校的自杀率为2.37(每10万人)(胡月等,2018)。

大学生自杀行为是任何一个高校教育工作者都不愿意看到的事情,这不但会给自杀学生的家庭带来毁灭性的打击,也会给周围的同学带来恶性示范及严重的心理创伤,不仅可能引发模仿性自杀,而且还会对今后的生活产生严重心理阴影。因此如何避免大学生自杀，如何对有自杀意念的大学生进行危机干预，应该成为教育工作者研究的问题。自杀意念，是个体在思想上产生的想要死亡的想法，但没有付出行动，是自杀行为的重要组成部分和必经阶段。

当前，大学生漠视生命、残害生命、游戏生命甚至结束生命，这一系列现象从表面上看是大学生无法有效应对挫折与压力导致的极端现象，实际上是当前大学生生命意识淡薄、价值观异化引起的；但根本原因是他们对生命价值缺乏应有的尊重，缺乏生命智慧，对生命关怀的缺失，没有形成正确、全面的生命价值观而导致的。

当代大学生的思想活跃、开放，能接受各种不同的观念，个性张扬，追求新鲜，标新立异；同时，也带来了社会价值观念紊乱和多元并存等问题，使得当代大学生茫然而无所适从，政治信仰多元化、复杂化，道德认知上出现诸多"不清楚"和矛盾状态。

首先，信仰缺失。据调查统计，当代大学生"没有信仰"占11.2%；信仰迷失，"说不清"自己的信仰的占8.8%。信仰多元并存，信仰对象包容庞杂。这显然与社会存在的信仰危机现象有着直接的联系和相同的根源。

其次，社会道德出现滑坡现象。由调查结果显示，影响当代大学生坚持诚信的最大因素不是身边的同学作弊、评奖造假，而是"社会腐败现象"的不良风气。有的学生感慨和担忧"多年在学校受到的教育，经受不住对社会现实中不良现象的一瞥"。相关研究表明，社会上存在值得关注的道德"态度冷漠"现象，"冷漠的人绝不仅仅是个别例子，而是大量群体的存在"。

再次，社会愈加注重财富、权力在人生价值中的意义。当下，许多人在物质上并不贫乏，但他们并没有感到幸福，而是孤寂、无聊，没有意义感。一方面是由于市场经济把人们的占有和表现欲望激发到了前所未有的程度，使得不少人持"占有财富就是获得幸福"的观念，过分地强调了物质的价值意义；另一方面，人们精神生活得到解放的同时，也出现了精神世界的失落、精神动力不足。如果仅仅是通过财富满足需要，而未能通过一系列心理和精神环节使其升华，就难以获得幸福等意义性的体悟。这对当代大学生的直接影响体现为大学生越发注重财富和权力对实现人生价值的意义。

第二节　当前高校学生工作的现状与困境

随着当前社会进入全球化、信息化，高校学生规模的日益扩大，"90后""00后"学生特殊的身心特征，我国高校教育体制的深入改革，我国的高校学生工作正处于转型期和突破期，虽然当前的高校学生工作取得了一定的成绩，但同时也面临着巨大的挑战和压力。在新形势下，我们要认清高校学生工作的现状，总结成功的工作经验，同时也要看到高校学生工作中的不足，进一步转变传统的工作观念、工作体制、工作方式和工作内容，深化改革，树立"以人为本"的柔性管理模式，达到"立德树人"的教育的根本目的。

一、高校学生工作的概念和内涵

高校学生工作是一个庞大又细致、系统又琐碎、专业化又细致分工的复杂工程，在我国的不同时期具有不同的内涵。传统意义上的高校学生工作主要是指高校管理者对高校学生进行思想政治教育和管理工作。但随着社会的发展和高校教育的改革，高校学生工作逐渐发展为管理—教育—指导—服务等多方面为一体的工作模式，高校学生工作形式发生了巨大改变，工作内容也日益丰富和完善。我们将高校学生工作的内容定义为高校管理者运用管理学、教育学、心理学等学科知识，顺应高校大学生身心发展规律，为高校大学生的成长成才而做的一系列管理、教育、指导和服务工作，具体工作内容涉及学生的日常事务管理、思想政治教育、心理健康教育、资助管理、就业指导等。高校学生工作的好坏不仅关系到学生的成长成才，也会影响整个高校的教学科研工作，因此高校学生工作需要高校的各个行政职能部门、教学部门和各二级学院之间的密切配合。

二、当前高校学生工作的现状

在新形势下，我国高校工作既取得了较好的成绩，同时也存在着较大的不足。

（一）高校学生工作取得的成绩

1.高校学生工作协助高校培育了大量的人才

高校是培养人才的教育机构，在学生成长成才的过程中，高校学生工作发挥了重要的作用。思想政治教育是高校学生工作最重要的工作内容之一，高校学生工作不仅对高校大学生进行了思想政治教育，对大学生进行了世界观、价值观和人生观的引导，同时对大学生进行心理健康教育，让高校大学生在思想上积极奋进，在心理上健康成长，为我国的现代化建设和共产主义事业培养了思想政治觉悟高、心理健康素质过硬的现代化人才和接班人。

2.高校学生工作为高校的教学和科研提供了强有力的保障

教学和科研是任何一所高校安身立命之所在，但是如果缺乏了高校学生工作，任何一所高校的教学和科研都难以正常进行，因此高校学生工作是高校教学和科研的排头兵，为高校的正常教学和学生的正常学习、生活提供了支持和保障。

3. 高校学生工作维护了国家和社会的稳定

随着国际、国内形势的急剧变化，互联网信息的爆炸式传播，加之"90后""00后"学生"三观"尚未确定，在复杂的社会环境中，当代大学生极易受到不良信息和不良势力的影响，但是在我国高校学生工作的指导下，当代大学生树立了国家意识、大局意识和民族意识，将危害国家和社会的不稳定因素控制在了一定范围内，因此高校学生工作为国家的安全和社会的稳定做出了一定的贡献。

4. 高校学生工作创建了一套符合中国国情的学生管理制度

在实际的学生工作中，高校学生工作者总结经验和教训，或者借鉴国内外的经验，创建了一套符合中国国情的、具有中国特色的学生管理制度，使得学生工作有规律可循，有规范可依，也让高校大学生学会依照规章制度办事，在一定程度上对高校大学生进行了依法办事、依法治校、依法治国等法治教育。

5. 高校学生工作培养了一支学生工作队伍

新时期，高校学生工作越来越注重对学生工作者的锻炼和培养，特别是对高校辅导员老师的培养。无论是理论水平还是实践经验，高校学生工作对辅导员老师的业务能力和专业能力要求越来越高，为了跟上时代的发展、学生的需求，高校学生工作都加大了对高校学生工作者综合素质的培养力度，造就了一支思想过硬、素质高、能力强的学生工作队伍。

（二）高校学生工作存在的不足

随着我国社会主义市场经济体制和社会的快速发展，传统计划经济下的高校学生工作模式越来越显示出不足和弊端。

1. 高校学生工作机制以"条块式"为主

目前我国的高校学生工作管理机制总体来说形成了从上至下的垂直领导模式，学校与各院系之间形成了高度集中的领导与被领导的关系。高校学生工作的职能部门设在学生处（部），二级学院由书记、副书记牵头，团委书记和辅导员老师组成二级学院学生工作办公室开展工作。在一定的时期内，"条块式"的高校学生工作机制起到了很大的作用，有利于从上而下地贯彻实施高校的政策方针和规章制度，针对性强。但同时也存在各种问题：第一，高校学生工作不仅是学生处一个职能部门的工作，需要高校各个职能部门之间的合作，但是在实际的工作过程中，存在工作内容重叠、责任分散，各部门各自为政，部门与部门之间沟通不畅的情况；第二，下达学生工作任务的部门和执行学生工作任务的各二级学院之间由于存在着领导和被领导的关系，二级学院不能根据自身学院的特点，自我安排、自我管理，大大束缚了二级学院的主观能动性和积极性；第三，在实际的工作中，辅导员老师感觉工作任务重、工作量大，但由于处在被领导的地位，不敢挑战领导，长期下来会积压很多负面的工作情绪，从而影响了高校学生工作者的工作积极性和工作激情。

2.高校学生工作理念以刚性管理为主，重管理、轻服务

目前我国的高校学生工作仍然以"专制家长式"或"灌输式"的说教为主。以规章制度为条件，利用约束、监督、惩罚、处分等手段进行刚性管理，使学生处于被压制而不是启发、被堵截而不是疏通的被动位置，忽视了学生的情感需要和个性差异，忽视了双向沟通和学生主观能动性的发挥。在处理学生问题时，部分学生工作者居高临下，态度不够友好，服务意识淡薄，同时行政手续繁冗，需在各个部门之间协调，办事效率低下。

3.高校学生工作内容泛化，同时不能满足现实需求

高校学生工作内容随意性大，临时性工作量大，耗时多，费精力大，缺乏一定的科学性和针对性。而各二级学院的学生工作内容泛化，和教务岗、行政岗等工作职责划分不清，以至于辅导员老师身兼数职疲于应对。同时，随着社会的发展和分工的细化，高校学生工作的内容逐渐不能满足现实需求。

4.高校学生工作方式单一

我国目前的高校学生工作方式仍然采用单一的方式。在评选奖助学金时仍以成绩为主要指标，忽略了学生综合素质和综合能力的发展。在行为反馈时，以惩罚为主，较少奖励。辅导员老师记住的仍然是两头的学生，要么表现突出，要么表现差劲，而对于中间默默无闻的学生关注度较低。

5.高校学生工作队伍建设水平仍需提高

尽管我国高校学生工作重视辅导员队伍的建设，但是仍有很大的发展空间。一方面，我国高校的辅导员老师被大量重复性、程序化的事务性工作占据过多的时间和精力，缺乏对学生工作进行调查研究和理论思考，学生工作的学术化程度不高。目前我国高校学生工作队伍的工作仍然依靠经验，理论素养低，缺乏科学性和专业性。另一方面，很多的高校学生工作者仍然采用原有的知识体系和教育理念，没有及时、系统地更新知识，也没有树立新的学生工作理念。

6.高校学生工作缺乏长效的激励机制

目前我国高校学生工作的社会认可度不高，在一定程度上对高校学生工作的认识存在偏差和不到位，认为学生工作只是处理事务性工作或者行政工作，具有较高的可替代性。同时高校对辅导员老师的工作缺乏一定的激励机制，工作做好了被认为是本职工作没有奖励，做得不好却被扣除奖金、取消评优评先资格，导致大部分辅导员老师缺乏成就感和意义感。因此，部分高校学生工作者消极怠工，处在工作不积极、没有热情的状态，极大地影响了学生的成长和成才。

7.高校学生工作专业化要求有待提高

目前我国的高校学生工作仍然依靠经验，理论研究比较零散，缺乏系统性，对学生工作的规律认识不清，总结不到位，研究不深入。同时高校学生工作的师资队伍缺乏专业知识和专业技能的系统培训，专业性较低，专业素养欠缺。

三、当前高校学生工作的发展空间

为了深化我国高校教育改革，促进学生的全面发展，培育社会迫切需求的高素质的人才和社会主义事业的合格接班人，我国高校学生工作要切实跟上时代发展步伐，改革传统的工作观念、工作机制和工作方式，创新工作理念，创新工作体制，创新工作手段。

（一）树立"以人文本"的工作理念

1.树立"以学生为中心"的工作思想

树立"以学生为中心"的工作思想，就是要改变传统的"以教师为中心"的工作思想，要摒弃学生被动配合老师的工作观念，摒弃教师主宰学生评优评先资格、奖助学金资格的行为方式。树立"以学生为中心"的工作思想，就是要将学生的需要放在首位，尊重学生人格和尊严，尊重学生间的个性差异，贴近学生的生活实际和情感需求。

2.贯彻柔性管理的理念，增强服务意识

当代大学生追求个性解放、人格平等和自由权利，依靠"强权"压制的刚性管理已经不再适合学生的发展需要，取而代之的则是柔性管理。柔性管理秉承双向沟通的原则，尊重学生的意愿，尊重学生的个性独立与个人尊严。而目前高校成为学生自主缴费、高校自主招生的独立法人，在目前市场经济下，从某一个角度说，学生是通过消费行为购买教育产品，是一种服务与被服务的关系。但是我国目前的高校学生工作中，服务意识淡薄，为了更好地促进高校的发展、教育事业的进步、学生的成长和成才，高校学生工作要增强服务意识，为学生的生活和学习提供宽松的环境和优质的服务资源。

3.培养民主管理的意识，强化学生主人翁地位

第一，要改变传统学生工作管理者管得过多、管得过细、管得过杂的"保姆式"管理方式。一方面，这种方式让高校学生工作者特别是辅导员老师疲于处理学生的事务性工作，工作重、压力大、工作成绩小。另一方面不利于学生独立意识的培养，容易让学生产生依赖性，同时又感觉被束缚。第二，高校学生工作要相信学生的自我教育和自我管理能力。学生不仅仅是被管理者，也是参与者，高校学生工作要将学生作为管理的主体，要保障学生的参与权，要主动征询学生的管理意见，培养学生的主人翁意识，培养学生的自主管理能力、自我教育能力和独立意识。

（二）积极推进高校管理体制改革

1.建立合理有效的管理机制和领导机制

长期以来，我国高校学生工作实行校、学院（系）两级等级制管理机制，同时党政分开，而教育行政化导向过于明显。要进行深入的高校学生工作体制改革，首先就要改变这种过于明显的官僚式、行政式的管理和领导机制。第一，建立党政合一的领导管理体制；第二，充分发挥基层学生工作组织的积极性和主动性。

2.完善机构设置和职能设置

目前我国的高校学生工作机构为分管学生工作的院级领导，下设处（部）级的学生处，学生处又下设各个科室，如学生教育管理科、心理健康中心、宿管中心、资助中心、就业指导中心等，但具体活动实施和执行都在各二级学院（系），由于各二级学院缺乏相对应的机构设置，具体的实施往往落到负责学生工作的二级学院副书记和各个带班辅导员身上，缺乏相对应的职能部门和工作人员。因此，在条件允许的情况下，建议在各二级学院设立相应的学生工作办公室，下设对应的学生教育管理科、心理健康中心、宿管中心、资助中心等，特别是专业性要求高的心理健康工作、就业指导工作等，各二级学院需要设置专人专岗进行对接和负责。

3.优化和丰富工作内容

随着社会的发展，高校学生的需求也日益发生变化，面对高校学生的成长成才需求，高校学生工作要不断优化、更新工作内容，满足学生的需要。首先，满足学生心理需求。高校学生面临着越来越大的学习压力、人际交往压力、就业压力和情绪情感困扰等心理问题，需要专业老师的帮助和指导。其次，加大对学生的就业指导。随着高校教育由精英教育转为大众教育，高校学生已经不再是象牙塔里面的佼佼学子，就业压力剧增。在高校学生一入学时就要为学生开设相关的就业指导和专业发展课程，让学生日益明晰自己所学专业的优势和发展前景，了解各个行业的就业需求和动态变化，尽早确立明确的职业生涯规划。

（三）加强高校学生工作者队伍建设，促进高校学生工作专业化发展

我国高校的学生工作队伍主要是各二级辅导员老师，对于辅导员老师要加强专业化和科学化建设。第一，建立有效的激励机制。对于辅导员的工作要提高思想认识，建立可量化的绩效考核和评价系统，对于工作表现突出、成绩优异的辅导员老师给予一定的精神和物质上的鼓励和激励。第二，建立长期和短期相结合的辅导员人才培养和晋升机制。第三，提升辅导员老师学生工作的理论层次，用科学的理论指导学生工作实践。第四，针对辅导员老师为其制订工作赋能计划并制定整体人格成长发展制度，在他们能有效工作的同时，其个人人格也能有所发展。

第二章
团体沙盘心理技术在高校中的应用

第一节 团体沙盘心理技术概述

一、沙盘心理技术的内涵及理论基础

（一）沙盘心理技术的内涵

沙盘心理技术亦即沙盘游戏，是一种以荣格心理学原理为基础，由多拉·卡尔夫发展创立的心理方法。沙盘心理技术是采用意象的创造性治疗形式，"集中提炼身心的生命能量"（荣格），在所营造的"自由和保护的空间"（良好的咨访关系）气氛中，把沙子、水和沙具，运用在富有创意的意象中，便是沙盘游戏之心理辅导的创造和象征模式。一系列的各种沙盘意象，反映了沙盘游戏者内心深处持续的意识和无意识之间的沟通与对话，以及由此而激发的治愈过程和人格发展（参见2005年7月罗马国际沙盘游戏治疗大会）。

沙盘心理技术不仅仅是一种心理方法，能够广泛地针对诸多心理问题进行工作，而且也是心理教育的一种技术，在培养自信与人格、发展想象力和创造力等方面发挥积极的作用；同时，"以整合意识与无意识为目标的沙盘游戏，可以帮助我们自性的成长和心性的发展，以获得真实的自性化体验"。（高岚，2012）

沙盘心理技术也可以作为普通人心理健康与心灵成长的工具。通过摆放沙盘内的沙具，塑造一个与他（她）内在状态相对应的心理世界，展现出一个人美妙的心灵花园。童年期经历对人格发展有着重要的影响，这些经历主要与早期婴儿与父母的依恋关系状况以及儿童早期的探索行为受到阻断的程度有关。在沙盘工作过程中沙盘师基本不干预参与者的活动。因此参与者可以非常自由地表达自我，宣泄不良情绪，以及在深层修复受到创伤的早期人格结构。沙盘

心理技术的本质在于唤醒个体无意识与躯体感觉，碰撞出某种最本源的心理内容。该疗法最初主要用来对受虐待儿童、自闭症儿童、情感障碍儿童、恐惧与焦虑儿童、学习困难儿童等进行心理干预。近年来，我国学者通过吸收中国文化的精髓，有了中国本土化的发展与创造，已经把该疗法广泛地运用在了心理咨询、心理治疗、心理教育、人力资源开发等各个领域。沙盘心理技术一方面可用于各种心身疾病的专业治疗；另一方面，沙盘心理技术作为一种综合性的心理教育技术，对于心理健康的维护与人格发展、艺术表现与创造力的培养和生活质量的提高以及以个性化为目标的心性发展与完善等方面都有积极意义。

（二）沙盘心理技术的起源与发展

沙盘心理技术的起源与发展得益于三代学者的努力（威尔斯、洛温菲尔德、卡尔夫）。"沙盘游戏治疗学会（ISST）"成立于1985年，标志着沙盘游戏疗法体系的成熟。

1.最初的创意：威尔斯与"地板游戏"

威尔斯（H.G.Wells，1866—1946），英国的一位作家，1911年出版了《地板游戏》（Floor Games）。在此书中，他记述了自己与两个儿子一起分享的自发游戏过程。这一过程已经具有了后来沙盘游戏的基本雏形（图2-1、图2-2）。

威尔斯及其著作《地板游戏》的意义在于：在其独立的研究中发现，荣格的集体无意识和原型理论，能够提供对于他感兴趣的研究问题的合理解释。而他的独立研究，也能提供许多支持荣格分析心理学理论的依据。

图2-1　威尔斯于1911年出版的《地板游戏》

2.沙游的框架：洛温菲尔德与"游戏王国技术"

玛格丽特·洛温菲尔德（Margaret Lowenfeld，1890—1973）出生于英国，她是游戏王国技术（世界技术，The World Technique）的创始人。她自幼喜欢读威尔斯的作品，尤其是那本《地板游戏》。1928，洛温菲尔德建立了自己的儿童诊所，她准备了很多小玩具，让候诊的孩子们自由地游戏，她

图2-2　威尔斯观察两个儿子游戏

发现了这个游戏对于孩子身心疗愈的作用。沙盘游戏有了基本的架构，孩子们自发地为这个游戏取名为"游戏王国"（图2-3）。

图2-3　洛温菲尔德与孩子游戏

1935年，洛温菲尔德出版了自己的第一部专著《童年游戏》，她认为游戏对于童年是至关重要的，游戏涉及儿童的适应过程，与一个人的成长与发展密切相关。1979年（她去世6年后），她的第二部专著《游戏王国技术》出版。她认为儿童的手在"游戏王国"中表现了自己，透过这种表现也发现了"自己"，透过那丰富的象征体验着自己的情感、自己的忧伤和自己的喜爱。

3. 多拉·卡尔夫与"沙盘游戏"的创立

多拉·卡尔夫（Dory Kallf，1904—1990）是两个孩子的单亲母亲，1949年经历了生活困苦与心理危机后，她开始了在瑞士苏黎世荣格研究院6年的学习。

图2-4　卡尔夫与孩子做沙盘游戏

1954年，卡尔夫参加了洛温菲尔德在苏黎世的讲座，深受启发，也由此引发了一种内在的梦想：寻找一种能够有效帮助儿童进行心理分析的方法与途径（图2-4）。

1956年，多拉·卡尔夫在洛温菲尔德那里学习一年后回到瑞士，致力于把洛温菲尔德的"游戏王国技术"与荣格分析心理学相结合的努力与工作。她童年受父亲影响，喜欢中国文化，因此她也想把东方的思想融合在更为有效的儿童心理工作实践中。在征得洛温菲尔德的同意后，卡尔夫用了"沙盘游戏"来命名自己的理论与实践。

1962年，苏黎世第二届分析心理学国际会议提交《原型作为治愈的因素》论文。1966年，多拉·卡尔夫的唯一专著《沙盘游戏》出版。

1985年，"沙盘游戏治疗学会"（ISST）在多拉·卡尔夫的主持下正式成立。

4. 沙盘心理技术的发展

后来的荣格学派学者们在沙盘心理技术应用过程中，有了很多创新。美国荣格学派学者格思拉·德·多美尼科在不动摇沙盘心理技术理论基础的前提下，提出了诸多新主张：沙盘形状与尺寸根据不同的使用者做成不同的尺寸；放弃象征，关注过程，就是沙盘制作过程中意义的形成；关注的重点是沙盘制作的整个过程,以及创造的景象和不同阶段的治愈作用意义的形成;不强调"无意识",通过促使来访者体验沙世界和自己沙盘制作的过程,直接触及人类意识的深层;相信心灵的自我成长力量;沙盘师是一个陪伴、观照、调解者;沙盘作品是心灵图画直接的呈现,是真实的而不是象征;沙盘师无须解释沙盘作品,要忘记自己的专家角色,与来访者一起成为心灵沙世界的共同探索者;沙盘体验应用到日常生活中,包括沙盘师也要经常运用沙盘心理技术来进行自我觉察、认识、接受和实现。

沙盘心理技术传入中国20多年,申荷永教授、张日昇教授等带着各自的团队做了大量的前期努力,培养了一大批从事沙盘心理技术的教学、研究、应用和服务的队伍,获得了可观的研究成果。沙盘心理技术和沙盘设备已经普及到了各个领域,如教育系统、公安司法系统、医疗保健系统、组织机构管理系统、社区家庭等,也得到了各级政府、各行业的支持。随着发展,很多学者又从各自的学术视角提出了创新的应用,如刘建新、于晶及其团队研发的本土化"团体沙盘心理技术"、魏广东的"爱·沙游"等,使沙盘心理技术在具有深厚的文化根基的中国国土上有了更广泛、更深入的应用,未来必将有更持久的应用。

(三)沙盘心理技术的理论基础

多拉·卡尔夫认为,她是在荣格分析心理学和中国文化这两大思想来源的基础上,有效地整合了威尔斯的地板游戏,尤其是洛温菲尔德的世界技术。这也就意味着,对荣格分析心理学、中国文化和多拉·卡尔夫思想的了解,是理解与把握沙盘心理技术的关键。

1.荣格分析心理学

荣格分析心理学是以心理分析之无意识理论为基础,注重共情(Empathy)与感应,在"沙盘"(Sandtray)中发挥原型和象征性的作用,实现心理分析的综合效果,安其不安、安其所安、安之若命。它的"集体无意识"(Collective Unconscious)、"原型"(Archetype)和"原型意象"(Archetypal Images)、个体无意识、情结等的概念以及词语联想、梦的分析和积极想象(Active Imagination),特别是"相信心理事实""扩大意识容器"等,都是沙盘心理技术的重要理论基础。

(1)集体无意识及原型。集体无意识是人类原始经验的集结,是人类进化的整个精神遗产,在每一个个体的大脑中重生。集体无意识的内容里包括本能和原型。本能是行为的推动力,原型是领会和构筑经验的方式,是集体无意识的主要内容,它们像命运一样伴随我们每一个人,其影响可以在我们每个人的生活中被感觉到。荣格认为,某些思想和观念的倾向是遗传的,原型用原始的形象来表达就是原型意象,即原型将自身呈现给意识的形式。包括:人格面具、阿尼玛和阿尼姆斯、智慧老人、内在儿童、阴影、自性。在这些人格组合中,人格面具是人与人格日常功能最相关的原型,而自我原型是人格固有功能中最重要的一个。在沙盘心理技术工作中,原型发挥了极大的治愈力量。

(2)个体无意识及其情结。个体无意识是不被自我承认的经验、思想、情感以及知觉保存在个人的无意识中,个人的冲突、未解决的道德焦虑和充满感情的思想是个人无意识的一个重要部分,它们也是被压抑的或是个人难以接受的。通常这些因素作为个人无意识的内容出现在梦中,并且在梦的演出中扮演主动的角色。有时思想和感情是彼此互相联系的或代表一个主题。当它对个体形成一个感情冲突时,则称之为"情结"。个体无意识主要是由各种情结构成的。我们接纳并且我们拥有情结,学会观照与协调我们的情结,我们就会把控我们的生活;而如果情结拥有我们——心理病症就开始表现了。在沙盘中往往情结会呈现,沙盘师的目标是帮助来访者使情结(无意识)上升为意识。并不是所有的情结都是消极的,一些情结也许是积极的。

(3)荣格的词语联想。通过词语联想技术及其临床应用,荣格发现了情结的存在及其作用。1904—1911年间,荣格通过词语联想的研究,提出了他的关于情结的心理学理论。他发现联想测验中的情结指标,不仅仅提供了心理世界的情感能量,而且提供了有关无意识的潜在内容及其所具备的情感能量。

(4)分析心理学的梦的分析与积极想象。梦是研究精神病患学和心理学中不可或缺的要素,积极想象是荣格发明出来的最重要的心理分析方法。无论是运用积极想象,还是分析梦,这两种内在工作的核心在于找到无意识中需要整合的一部分——人格化——与之对话——和解。

(5)扩大意识容器的意义。意识作为人类精神过程的存在,无论是教育还是心理治疗都不可或缺,只有通过学习扩展自己的意识范围或意识容器,个人才能获得充分的发展。

2.中国文化

多拉·卡尔夫在构筑其沙盘心理技术体系的时候,也在努力发挥中国文化对于心理分析的影响和作用,其中主要涉及《易经》和阴阳五行的思想,以及周敦颐所开创的新儒学的整合性哲学。中国文化中的阳明心学也是此技术的重要理论基础。

3.卡尔夫的整合性思想

多拉·卡尔夫认为,在自由与保护的沙盘心理技术工作过程中,来访者会表达前言语阶段的经历和受阻的心理能量,并且可以表达其原型和内心的世界,有助于来访者产生调和与整合心象,重新确立自我和自性的重要联系,重新获得体现自性的机会,发挥出内在自性的作用,获得一种心理的整合性发展。这也是荣格所强调的心理分析的目的——自性化过程及其发展。"为来访者提供一个自由与保护的空间,是促发来访者内在力量的前提,是所有治愈的条件中最基本的条件",通过游戏,在这种自由与保护的空间中获得自性的体验与自性的发展。"自由与保护""安全和安全感"是儿童健康成长的必需条件，也是治愈的重要因素。在沙盘创建的安全环境中，心理问题和创伤经验，不再被隐藏和压抑，而是通过沙盘"游戏"，获得了表现和转化。借助沙盘及沙具，来访者创建起与其内心相呼应的外在图画。通过自由与创造游戏，来访者的无意识过程，以一种三维的形式在图画的世界中得以视觉地呈现，即，经由一系列的意象，自性化的过程会被激发和实现。

（四）沙盘心理技术的基本原理

无意识是相对于意识而言的，是个体不曾觉察到的心理活动和过程，无意识也是不能自觉调节和控制的心理现象。而意识是能够被主体觉知到的成分。个体无意识是一个容器，蕴含和容纳着所有与意识的个体化机能不相一致的心灵活动和种种曾经一时是意识经验，不过由于各种各样的原因受到压抑或遭到忽视的内容，如令人痛苦的思想、悬而未决的问题、人际间冲突和道德焦虑等。这些无意识的内容看不见摸不着，无法用语言来表达与形容。沙盘心理技术为无意识的表达提供了空间，在沙盘中无意识内容被揭示，当意识与无意识相遇后，无意识意识化，意识容器变大，就更能接纳自己，接纳别人，使自己的身心和谐与统一。

1.沙盘是通往无意识的最好途径

沙盘心理技术的创始人多拉·卡尔夫认为，意识与无意识的分离导致心理问题的产生，亦即如果一个人自我的意识与无意识相互矛盾无法整合，则会产生心理问题。为此须寻找一种方法去了解自己的无意识，意识与其无意识进行对话与沟通，并进行整合。而沙盘心理技术为来访者提供了接触内在心灵的通道，是运用非言语的工作形式通往无意识的最有效工具。对来访者来说，沙盘心理技术是一种自然的心理方法。

2.尊重、接纳是面对无意识的态度

面对无意识，我们要采取尊重、容纳、信任、支持的态度，因此在来访者沙盘制作中沙盘师不是默默的旁观者，更不是分析、解释、评估、判断者，而是以"游戏"的心态积极、认真、用心的参与者，带着关爱的陪伴、观照、守护者，耐心的倾听、等待者，默默欣赏者，用心感受者，必要时的真诚分享者，"感受"和"接受"沙盘过程中发生的一切。如果采取上述的工作态度及工作方式进行有效的工作，则需要沙盘师通过整合沙盘心理技术的诸因素而创设一个自由和受保护的安全空间，在这个安全空间里来访者能够充分表达前言语阶段的经历，让他们的意识和无意识在沙盘中相联系。因为这个空间可以融合心理的所有维度，有助于来访者产生调和与整合心象，重新确立意识自我和自性的重要联系。

3.无意识的意识化是心理转化的基础

在沙盘心理技术中，来访者在沙盘所限定的区域里，借助沙盘、水、沙

具和一些材料等发挥自主想象创造一些场景，这就像是"一座心灵花园"（茹斯·阿曼），像一个展示来访者心灵内容的容器，使来访者的内心世界在沙盘中具象化、具体化，来访者把其与内在自己的关系带到外在现实，并且允许无意识内容被揭示。这种无意识内容被具体、形象地呈现出来，就可以把来访者被压抑的或未知的东西带入到意识中来呈现。

沙盘既是来访者内心世界与外在生活的"中间地带"，也是沙盘师与来访者之间的"中间地带"。沙盘师把这个"中间地带"营造得安全和可接纳，来访者就会在这个地带运用自己鲜活的创造力，敞开心扉，意识层面和无意识层面的内容得以展开且一起呈现，并得以具体形象化，创造着自我的"世界"；另一方面，沙盘师与来访者的无意识与意识也在这个"中间地带"相遇及互动，沙盘师与来访者一起成长。沙盘是通过赋予模糊内容一个可见的形式来澄清它，这种方式常常是必要的。

当来访者通过创造沙盘世界看到了自己的未知领域并且对无意识内容有了更多的了解时，他们就能够获得原来被他们否认的能量和领悟。有学者总结了荣格理论来说明沙盘心理技术："意识和无意识的合作导致个体心灵上的整合和力量。"沙盘心理技术提供了这种意识和无意识合作的框架，让无意识意识化，使治愈与转化有了可能并得以实现。

4.沙盘心理技术发挥效力的工作机制

沙盘心理技术是如何起作用的、如何让来访者发生转化呢？沙盘游戏就像生活本身一样，发挥效力的机制的产生，耐人寻味。

（1）游戏是连接过去与现实的桥梁。皮亚杰认为，游戏是儿童发展的最主要的动力来源。荣格认为，"幻想"是所有可能性之母。在幻想中，内心世界与外在世界就像是所有的心理对立一样，被结合在一个活生生的联合体之内。人们需要并渴望通过游戏来释放创造力、内在感觉和记忆，并将它们带到外在现实。沙子和水是幻想游戏的特别有力的工具，大部分人童年都有玩沙玩水的经历。可以说，沙盘心理技术起到了连接过去经历的作用，它创造出一条通向人们内心世界的桥梁，激发内在的创造能力。

（2）调动了多种感官，提高了整合效力。沙盘心理技术为来访者的内在想法和感觉提供了有形的证据，沙盘世界可以看得到、听得到、摸得到、嗅得到，并且可以按自己的意愿来改变。荣格认为，一个无法靠认知方法理解或化解的情绪体验，常常可以通过赋予它一个可见的形状而得到处理。在自己创造的世界中，一些无意识的解决方案这时就能被传送到建造者的手上，一个被整合的实体跃然呈现在沙盘之上，这时来访者或许会顿悟，为自己找到答案而感到惊喜。

（3）通用语言提供了表达心灵内容的可能。沙盘心理技术中的沙具、沙、水等具有象征意义，是一种心灵的通用语言，有很多时候我们说不清楚我们内心到底发生了什么，而通过沙具、水、沙盘等工具，来访者就不断地把内在的未知内容表现出来。沙盘心理技术为来访者提供了一个表达其最内在想法和感觉的途径。因为沙子和水可以启动前语言阶段的意识,沙具等又能表达他们想表达的,故在理解心灵表达时,语言技巧就不再是必需的了。而对于那些凭借语言来使自己的思维变得理性和逃避问题实质的来访者,沙盘心理技术会阻止他们理性的心智,让其无意识地以非言语的形式讲出"自己的故事"。

(4)安全的空间软化防卫,减少抗拒,利于转化。当来访者抗拒某些困难问题时,沙盘心理技术就是一个比谈话疗法具有更小威胁的方法。在整个沙盘心理技术过程中,沙盘师始终以尊敬和尊崇的态度,秉承"不分析、不解释、不评价、不判断"的工作原则为来访者提供了一个自由、安全、受保护的环境,有利于来访者对过去经历和创伤的表达。在这个安全、自由、受保护的环境中,来访者通过不断地创造、破坏、再创造、再破坏这一过程,来展现和审视他们自己的沙世界。他们可以及时地从过去经历的"受害者"转变成旧体验的主人和新体验的改变者、创造者。这个安全空间可以软化来访者的防卫,使其减少抗拒,而无需任何语言,来访者内心最关心的问题就会自然浮现在沙盘上。只要有呈现,问题就有了解决的可能。

(5)调动每个人内在的"天理良知",激发天生的成长力量。王阳明认为,"天理良知"在每一个人内心,"吾性自足,不假外求",我们只需要坚信自己内心的"天理、良知"或"24种积极心理品质","向内看"并在"事上练"即可。荣格认为,每一个人都有解决自己问题的能力。而沙盘心理技术就为来访者提供了自己解决问题的平台,并从受害者转变成自愈者、创造者的机会,激活每个人的内在力量来决定自己的成长历程和方法。来访者自己决定在沙盘工作中是否披露自己或将要学习什么,只有来访者自己准备好要处理的无意识内容才会进入意识。沙盘师要尊重来访者对他们自己内心"世界"的个人解释和创作,来访者独特的体验和领悟便得以证实。

(6)来访者与沙盘师共同从沙盘心理技术中获益。沙盘心理技术是一种处理许多生活事件的强有力的工具,这些生活事件包括创伤、人际关系问题、个人成长、灵性自我的整合和转化等,因此沙盘师与来访者都可以从中获益。并且,来访者的许多投射都呈现在沙盘中了,而不是投射到沙盘师身上,因此说沙盘师处理移情所需的能量便减少了。

二、团体沙盘心理技术的核心理念

团体沙盘心理技术是刘建新教授、于晶教授带领下的健心海专家团队经过十余年研发和培训实践创立的。它以荣格分析心理学、中国文化、卡尔夫的整合性思想和积极心理学为理论基础,坚持以来访者为中心,借助结构式团体充分发挥沙盘各要素、团体凝聚及每一个人的能动性,通过多层次的无意识——意识化过程,逐步调整认知与行为,最终达到心理健康教育、心灵成长及心理辅导的目的。"团体沙盘心理技术"的核心是让所有的参与者在团体或个体一对一的体验中注重感受，只强调沙盘的自我觉察、自我发现、自我认识、自我和谐、自我成长、自我实现的功能，本着"不分析、不解释、不评价、不判断、重感受、重陪伴"的工作原则，创设一个自由与安全的受保护空间，使参与者在体验过程中加强意识与无意识的沟通与对话，并实现转化与自愈。

1. 自己是自己心灵内容的专家

沙盘心理技术有许多功能，大部分人认为它可以评估诊断："我摆完了，请帮看看我有什么问题？"其实来访者把自己的心灵内容呈现在沙盘中，他自己通过感受最清楚自己心灵的内容，他是他沙盘画面的解释者。他在对自己的沙盘画面解释的过程中，就会自我觉察、自我发现、自我认识、自我和谐，并开始进行自我成长和自我实现。如果把没有常模和没有标准化的沙盘心理技术作为一项评估诊断工具，远不及那些有常模、标准化的、信效度高的心理量表更可信、更有效。

2. 以来访者为中心，为其创设安全与受保护的空间

团体沙盘心理技术把"不分析、不解释、不评价、不判断、重感受、重陪伴"作为沙盘心理技术培训和实践的基本工作原则。沙盘工作者对于别人的感受不能用自己的价值观来判断、分析、评价，而更需要做到为他创建自由与安全受保护的空间，陪伴他释放无意识，并且加强感受性来认识他自己的无意识内容。

"四不"（即"不分析、不解释、不评价、不判断"），真正给来访者提供一个自由、安全、受保护的空间，让他把自己的心灵内容敢于表达出来，因为有了表达才能有觉察，有觉察才有认识，有所认识才能有所成长，并在工作中强调"二重"（即"重感受、重陪伴"），更是要求沙盘工作者在实施沙盘心理服务过程中，要带着关爱陪伴、守护、观照，耐心倾听和等待，默默欣赏，陪伴着来访者感受其自己的心灵内容，这才体现出沙盘工作者的核心精神。

3. 心外无理，心外无物

王阳明在《传习录》中这样表达："始知圣人之道，吾性自足，向之求理于事物者，误也。"这是明代大儒王守仁（亦称阳明先生）在贵州龙场悟道的感悟。他说："若鄙人所谓致知格物者，致吾心之良知于事事物物也。吾心之良知，即所谓'天理'也。致吾心良知之'天理'于事事物物，则事事物物皆得其理矣。"这也正是心理学的起源与终极意义——世界是心的反映，认识自己的心才能认识世界。因此，只有向内修心，感受自己和他人的"此心光明"，逐步达到"致良知"，从而实现"知行合一"。

在沙盘心理技术情境中呈现的无意识心灵内容，是需要在实际的沙盘体验中感受和理解的，感受自己内心的内容，从而理解后上升到意识，继而扩大意识容器。因此，我们更多地注重沙盘的体验，这种体验让学习者向内渐进式感受和理解无意识，体验意识和无意识的多层次沟通与对话。我们坚信"谁难受

谁改变"的理念，在向内加强感受性的体验中，可以掌握沙盘心理技术的广义和狭义的工作程序，从而把培训过程中的体验，转化到自己今后的生活及工作实践中。

4. 团体工作效能大于个体

一般的心理问题可以在类似人际社会的团体下来进行心理辅导。团体辅导与咨询的实施方式可以分为结构式、半结构式、非结构式。我们的团体沙盘心理技术选择的是结构式的。这里的结构式团体是指团体有预定的目标和明确的主题，有适合的工作对象，比较注重针对团体所要达到的目标设计活动，以引导成员参与团体学习。我们借助结构式团体小组的形式，通过团体有规则的游戏，逐渐建立个体在团队里的安全感，即团队安全模式。通过小组成员间的真诚分享，不仅能深刻体验自己在沙盘心理技术情境中的感受，从而觉察自己、认识自己、接纳自己和表达自己，更能觉察、认识、理解别人和尊重、表达、接纳、包容别人，从而使小组内的每一个成员都能成长。

这种结构式团体，心理健康教育、心灵成长及心理辅导的功能清晰，团体领导者的身份易辨认，聚焦于团体沙盘辅导的主题而采用较多的引导技巧，选择有针对性的结构式练习，预先要有设计好的团体方案和操作流程，来促进团体成员的互动，以达到团体的目标。

5."得过病的医生会成为更好的医生"

结构式沙盘小组中"轮值组长"的设置使每个轮流担任轮值组长的学员有比其他学员拥有的、逐渐增加的、类似"来访者"的角色与权利，自己决定主题，自己制定设置摆放规则。这种"轮值组长"的设计是源于我们坚信"得过病的医生会成为更好的医生"。在结构式团体沙盘小组中，或是在沙盘师培训中，除"轮值组长"外，其他人要么以参与者的身份，或是以"沙盘师"身份来听从或满足"轮值组长"的愿望。这种"沙盘师"（参与者）和"来访者"（轮值组长）之间角色的转换训练是非常重要和绝对必要的，目的是训练每一个人在沙盘情境中从"分析、解释、评价、判断"工作态度转变到"不分析、不解释、不评价、不判断、重感受、重陪伴"的工作态度，从由向外求转变为向内寻。

6. 自我成长是心理工作的首要前提

在荣格分析心理学的体系中，自性属于人类全部潜能及人格整体性的一种原型意象。自性作为人类心灵内在的一种整合法则，与一个人的心理生活，乃至其一生的命运息息相关，具有核心的意义和作用。荣格有时认为自性是心理生活的源头，但他有时也把自性化作为一种目的。在我们每个人的生活与生命中，自性要求被认识、被整合、被实现。《庄子·外篇·达生》："不开人之天，而开天之天，开天者德生，开人者贼生。不厌其天，不忽于人，民几乎以其真。"庄子认为：不要开启人为的思想与智巧，而要开发自然的真性。开发了自然的真性则随遇而安，获得生存；开启人为的思想与智巧，就会处处使生命受到残害。不要厌恶自然的禀赋，也不忽视人为的才智，人们也就几近纯真无伪了！这里的真性就是人的天性。荣格自称为庄子的追随者，他的整个思想体系深受中国文化的影响。自性的概念，是荣格研究集体无意识的最重要的成果。在对所有其他原型的研究和写作都已完成后，荣格才最后发现了自性原型。他这样总结说："……自性是我们生命的目标，它是那种我们称之为个性的命中注定的组合的最完整的表现。"（《荣格文集》，卷七，第238页）而自性，放在我们中国文化的范畴来描述，所追求的正是打碎这些加于人身的藩篱，将人性解放出来，重新复归于自然，达到一种"万物与我为一"的精神境界。在沙盘操作体验中，无论是沙盘师还是来访者，让其内在的自性涌现，成为一个人生活与生命的中心，是对其"集中提炼身心的生命能量"（荣格）。

沙盘体验者的主人格和次人格，都需要体验者不断感受自己的无意识个人情结，情结"发现"和"处理"越多，就越能让意识的主人格稳定，并起到较好的自我觉察、自我认识、自我沟通、自我成长效果。团体沙盘心理技术的培训和应用，除强调在沙盘团体体验中加强对沙盘各要素的感受和理解、对操作原则及理念的掌握、对操作过程的熟练外，更重要的是强调沙盘工作者的自我人格成长。这是我们结构式团体沙盘的核心之核心。这也是成为一名好的沙盘工作者的必经之路。

7.重复的力量，注重知行合一

《传习录》记载了王阳明的这样一段对话，问："静时亦觉意思好。才遇事，便不同，如何？"先生曰："是徒知养静，而不用克己功夫也。如此临事便要倾倒。人须在事上磨，方立得住；方能静亦定，动亦定。"的确，许多人都有这样的体会，在学习中可以保持内心平静，一旦遇到问题就内心慌乱。王阳明认为历事才能炼心，在事上磨炼，内心才会有强大的力量，个人才能成长。他还认为"知是行之始，行是知之成"，知必然要表现为行，不行不能算真知。道德认识和道德意识必然表现为道德行为，如果不去行动，不能算是真知。所以我们注重课后的练习，发挥重复的力量，通过课后作业的完成和在生活中的克己省察，完成大量的操作性体验，并接受督导，更多地探索无意识，不断扩大意识容器，实现自性化。

三、团体沙盘心理技术的基本设置与操作流程

团体沙盘心理技术在操作中要遵循"不分析、不解释、不评价、不判断、重感受、重陪伴"的基本工作原则。这不仅为来访者提供自由、安全、受保护的空间，更是在这个工作过程中通过"四不两重"的关爱陪伴，让来访者敢于表达自己的无意识，并通过感受与自己无意识沟通对话，从而提炼自己无限的身心生命能量。在结构式团体沙盘工作里，我们把沙盘工作实施的过程总结为

"以游戏的心态,积极认真、用心参与,带着关爱陪伴、守护、观照,耐心倾听和等待,默默欣赏,用心感受,必要时真诚分享"。

1.主题沙盘操作

(1)一般性主题操作。由沙盘工作者或小组带领者来确定主题,设置与团体需求的主题或是与个人成长有关的主题都可以。如"梦想""家园""未来""战争""童年""我是谁""礼物""你说我听"等可以作为主题,成为大目标下的小目标。

一般主题操作程序如下。

步骤1:团队破冰及组建(最好组建成封闭的团体,第二次以后的操作可以不用再重新建团队,这也更利于建立安全感,对无意识进行工作)。

步骤2:培训师确定一个主题,或给一个主题方向(如:"家"为主题方向,前面的定语由各小组的轮值组长来确定,且需要是正向积极的定语),以便针对要解决的问题进行有效的工作。

步骤3:轮值组长制定了规则要求之后,小组就进入无声的主题沙盘创作阶段,更多地呈现自己的无意识。

步骤4:组内分享。让每一个参与者借助自己的沙具与画面,通过叙述来觉察自己的无意识,并通过倾听每一个组内成员的分享,加强彼此了解,增加信任。

步骤5:组间分享。轮值组长留在小组内作为解说,其他小组成员到其他小组倾听其他小组的故事。这个组与组之间交流的过程,便是向别人学习与交流,并进一步扩大认知范围的过程。这个过程再一次扩大意识容器,对于"××的家"主题下的问题解决更有促进作用。

步骤6:请二三个体验者谈谈这次体验的感受,这在加强学习的同时,提高自己感受的锻炼。

(2)积极心理品质主题操作。积极心理学核心发起人彼得森和塞利格曼通过调查研究,将人类的个人优势归结为以下6大类24小类(表2-1)。

表2-1 人类的个人优势总结

1.智慧	(1)创造性;(2)好奇心;(3)批判性思维;(4)好学;(5)洞察力
2.勇气	(6)勇敢;(7)毅力;(8)诚实;(9)热情
3.仁爱	(10)爱与被爱的能力;(11)善良;(12)社交智慧
4.公正	(13)团队合作;(14)公平;(15)领导力
5.节制	(16)宽恕;(17)谦虚;(18)谨慎;(19)自律
6.卓越	(20)对美的欣赏;(21)感恩;(22)乐观;(23)幽默;(24)信仰

我们把24小类个人优势当作人类原本就有的24类积极优秀品质,并以此作为沙盘主题,是更有积极引导意义的主题沙盘(主题设置时要更贴近你所工

作的年龄段能够理解的表述）。通过主题沙盘认识自己的性格优势，调动自己内心的"良知"，对人们建立正面的态度和快乐的生活非常有帮助。

积极心理品质的操作程序如下。

步骤1：团队破冰及组建（最好组建成封闭的团体，第二次以后的操作可以不用再重新建团队，这也更利于建立安全感对无意识进行工作）。

步骤2：培训师讲一个与主题有关的故事（最好是培训师自己的故事）以引发参与者的情感，或再加入音乐一起，调动每一个人内心的积极力量。

步骤3：让每一个人根据主题去拿 N 个沙具，回到小组内自己想怎么摆就怎么摆，主持人与参与者此时都不说话，以保持内心无意识地涌动。

步骤4：摆放结束后，组内分享。让每一个参与者借助自己的沙具与画面，通过叙述来觉察自己的无意识，并通过倾听每一个组内成员的分享，加强彼此了解，增加信任。

步骤5：再由组内每一个人以第一人称单数"我"在小组内试着把别人的积极品质当成自己的品质来讲，进一步扩大意识容器。

步骤6：组间分享，轮值组长留在小组内担任解说，讲解也用第一人称单数"我"来讲述自己组的画面故事。除讲解员外的小组成员到其他小组倾听其他小组的故事。这个组与组之间的交流的过程，便是向别人学习与交流，并进一步扩大认知范围的过程。这个过程再一次扩大意识容器，对于"××"主题下的问题解决更有促进作用。

2. 无主题沙盘操作

随着小组成员越来越成熟，有时轮值组长也可以不设置主题，甚至可以不设置规则，以便让自己与小组成员的无意识更加顺畅地表达。

3. 一对一沙盘操作

团体沙盘中有时不能照顾到个别人的个别问题，在遵循"四不二重"及其"工作过程"的理念基础上，需要对他们进行一对一的沙盘工作。告诉体验者时间设置，50分钟为一次工作（儿童可以40~50分钟）；并告诉体验者可以随意拿沙具，想怎么摆就怎么摆。如果体验者不知道如何开始，可以带着他摸摸沙或看看沙具，有他喜欢的就拿回来。在体验者认为完成的时候停下来，或者根据时间在适当时候可以倒计时提醒他，留出分享交流的时间。

四、团体沙盘心理技术的适用范围

沙盘心理技术传入中国20多年，随着中国本土化的发展，很多学者又从各自的学术视角提出了创新的应用。如刘建新、于晶及其团队研发的本土化"团体沙盘心理技术"广泛应用于各行各业，应用于不同人群的不同问题，不仅可以借此技术进行心理健康教育，还可以进行心灵成长教育，更可以进行心理治疗。至此，使沙盘心理技术在具有深厚的文化根基的中国国土上有了更广泛、更深入、更持久的应用。

第二节　团体沙盘心理技术在高校的应用

一、团体沙盘心理技术在高校应用的现状

（一）沙盘心理技术在高校的应用状况

从沙盘心理技术的使用领域来看，沙盘心理技术最初被应用于临床，近10年才逐渐被引入学校；从使用价值来看，该技术既可以用于治疗，还可以用作正常人的心理保健方法；从适用人群来看，该技术对不同年龄段的人都适用；从使用方式来看，沙盘心理技术最初用于个案研究，近10年来开始尝试团体沙盘心理技术的应用。

近年来，由于国家对高校大学生心理健康教育的高度重视，对高校心理健康教育无论是体制机制、队伍建设、课程教学、经费投入、硬件建设等都给予了明确的规定。因此，很多高校在心理健康教育硬件投入时都添置了沙盘设备，建立了沙盘室，也派出老师参加各种沙盘心理技术的培训。目前在高校，沙盘心理技术主要还是作为咨询的一个辅助手段在使用。也有个别老师利用沙盘开展团体心理辅导（一般是一个沙盘团体），研究团体沙盘对大学生心理健康教育的积极影响。张澜等探讨了团体沙盘游戏具有引起学生感情共鸣、改变学生认知模式、帮助大学生发现自己的身心问题、提高大学生人际交往能力等教育功能；刘志敏（2008）研究了团体沙盘游戏对大学生人际交往障碍的影响；单志英（2011）研究了团体沙盘游戏对大学生应对方式与心理健康的影响；冯文惠（2011）分别研究了团体沙盘游戏与大学生社交焦虑的干预情况；刘仲刚（2013）就团体沙盘游戏对大学生心理健康的影响进行了研究。这些研究均发现团体沙盘游戏对大学生应对能力、交往能力、提高自信、改善情绪等效果显著，是对大学生进行心理健康教育的一个新的有效方式。

但是因为传统的观点认为，沙盘心理技术必然要涉及其理论基础——精神分析理论，当要对来访者的沙盘进行分析、判断、评价、解释的时候，很多没有受过精神分析专门训练的老师就会感到力不从心，无法深入。因此，沙盘室的实际空置率很高，并没有真正发挥出为广大师生服务的功能和作用。

（二）团体沙盘心理技术在高校的开展情况

团体沙盘心理技术是健心海团队十余年来潜心研究和大量应用实践的结晶，是沙盘心理技术理论和技术中国本土化的产物，它在坚持沙盘心理技术原有的荣格分析心理学、中国文化、卡尔夫的整合思想的基础上，扩充了王阳明

的心学、积极心理学、体验式教学理论、团体心理辅导理论等为其理论基础，同时还实现了螺旋心理剧、音乐疗法、舞动疗法、催眠疗法、完形疗法、叙事疗法、焦点咨询技术等多种心理技术的融合，使之更加适合中国文化下的中国人群。

团体沙盘心理技术目前广泛应用在医疗保健系统、公安司法系统、教育系统、社区家庭、企事业等，尤其在高校得到了较广泛的应用，主要应用表现在以下几个方面。

1. 用于个体咨询

对存在心理问题的学生提供心理咨询服务，是高校心理工作者的工作职责之一。老师们提供咨询时依据的理论、采取的技术手段因人而异，咨询效果也各不相同。沙盘心理技术由于效果稳定，越来越受到专业人士的喜爱。

多拉·卡尔夫认为，心理问题的产生是因为意识与无意识相互矛盾而无法整合。因此必须寻找一种方法去了解自己的无意识，让其意识与无意识进行对话、沟通并进行整合。沙盘心理技术为来访者提供了接触其内在心灵的通道，是运用非言语的工作形式通往无意识的最有效工具。

在沙盘心理技术中，来访者在沙盘空间里，借助沙盘、水、沙具等基本要素，发挥积极想象创造一些场景，使来访者的内心世界在沙盘中被具象化、具体化。这样无意识内容被具体、形象地呈现出来，把来访者被压抑的或未知的东西带入到意识中来呈现，使之可观、可感。当来访者看到了自己的未知领域，并且对无意识内容有了更多的了解时，他们就能够获得原来被他们否认的能量和领悟，经由表达—转化—整合直到治愈。

另一方面，结构式团体沙盘师坚持"不分析、不解释、不评价、不判断、重感受、重陪伴"的基本原则（即"四不二重"基本原则），为来访者营造了一个自由、安全与受保护的空间，在这里来访者的意识与无意识进行多层次的沟通和交流，使无意识不断意识化，使压抑的情绪得到表达，心理问题得以转化或治愈。同时，"四不两重"的基本原则，有利于减少来访者的防御和阻抗，有利于来访者对过去经历和创伤的表达。因此，用团体沙盘心理技术开展个体咨询，是目前高校咨询工作中普遍应用的方式之一。

2. 开展团体心理辅导活动

团体沙盘心理技术借助结构式团体，在主题下有规则地开展游戏活动，通过逐渐建立个体在沙盘心理技术团队里的安全感，即建立团队安全模式，并通过小组成员间的真诚分享，让参与成员不仅能深刻体验自己在沙盘情境中的感受，从而觉察自己、认识自己、接纳自己和表达自己，更能觉察、认识、理解别人和尊重、接纳、包容别人，从而使小组内的每一个成员都能成长。目前在高校主要开展的沙盘团体有新生适应性教育团体、寝室人际关系建设团体、大学生积极心理品质培养团体、大学生职业生涯规划团体、大学生生命教育团体、大学生恋爱情感提升团体、大学生学团干部素质培养团体、大学生压力应对与情绪管理团体等。哈尔滨工业大学也应用此技术对留学生新生群体开展团体心理辅导，受到普遍欢迎。

3.用于开展大学生心理健康教育课程教学

哈尔滨工业大学心理健康教育中心的朱岳梅博士，利用团体沙盘心理技术开设大学生心理健康教育课程，设计一系列团体活动。其总目标为：帮助学生在体验式教学中学习并应用心理健康知识，增强心理健康意识，提升心理健康素养，促进形成自尊自信、理性平和、积极向上的社会心态。

从2018年春季学期开始，朱岳梅博士在其所工作的哈尔滨工业大学连续开设此课程，参与对象为通过教务系统限期限量选课的在读各年级本科生。课程人数限定选修60人，因课程冲突等原因，实际上课45～50人。每次课程分8组，每组6～7人，同时进行操作体验。按照24课时安排教学内容，分6个单元（团队建设和认识心理健康、自我意识发展、情绪发展、人际关系发展、大学生恋爱心理发展、意志发展和自信提升），每个单元4课时，每课时50分钟。

成都电子科技大学心理健康教育中心的李媛教授带领其团队，以公选课的方式，利用团体沙盘心理技术面向全校开展大学生压力应对效能培养、大学生心理素质训练、和谐人际关系建设等课程。每门课24学时，每次3学时，共8周完成。

4.开设留学生沙盘心理健康课

随着我国高等教育国际化的进一步发展，越来越多的留学生来华求学。他们主要来自老挝、泰国、印度等东南亚国家。由于"文化休克"现象带来的影响，使得留学生面临着环境适应与学习压力等多重压力，他们中普遍存在压抑、孤独、焦虑、抑郁等负性情绪。传统的心理咨询、心理健康教育课程因为语言障碍无法正常开展。成都纺织高等专科学校的向群英教授从2014年起尝试对所在学校的老挝留学生开设沙盘心理健康必修课，大二秋季开班，24学时，每周3学时，共8周，受到留学生的欢迎，收到了很好的教学效果。因为团体沙盘心理技术属于非言语的无意识工作模式，它重体验、重陪伴，一方面引导留学生对自我的觉察、认知、接纳和自我完善；另一方面，结构式团体小组活动形式使组员之间能得到很好的支持和尊重，建立友谊，避免了孤独感。使用团体沙盘心理技术对留学生开展心理健康教育，极大地克服了语言障碍和文化差异带来的影响。

5.开展学生干部、班级心理委员的心理素质培养

学生干部是高校大学生中的核心力量，他们的心理素质如何，直接影响着班风、校风，影响着学生工作的效果。心理委员是专门负责和协助辅导员、心理健康教育中心开展心理健康教育活动的中坚力量，对心理委员个人的心理素质要求较高。因此，对学生干部、心理委员进行综合素质和心理素质的培养非常必要。而团体沙盘心理技术强调采取结构式团体小组形式开展体验和分享，

利用团体的动力和相互映照，从而帮助体验者觉察自己、认识自己、接纳自己和表达自己，更能觉察、认识、理解别人，促进彼此沟通交流，从而使小组内的每一个成员都能成长。大连理工大学的马笑玲老师开展学生干部的合作力培养；成都体育学院的刘霞老师、贵州职业技术学院的孙丛亮老师、四川华兴职业技术学院的陈越老师组织开展心理委员沙盘培训。

6. 举办辅导员压力与情绪管理工作坊

高校辅导员是高校学生思想政治教育的核心力量，他们是大学生人生道路上的管理者和引领者，也是大学生心理健康、思想健康的守护神。辅导员工作关系高校培养什么人的问题，从长远看，关系到国家和民族的前途与未来。辅导员的主要任务是从事大学生的思想政治教育，学生日常管理、就业指导、心理健康以及学生党团建设、学生心理危机干预等方面的工作。辅导员的工作内容繁杂，能力要求高，同时还面临着提高学历和科研、职称晋升等个人发展课题。因此，辅导员工作压力和心理压力极大。

长期的高压力必然影响到辅导员的心理健康状况，而辅导员的心理健康直接影响着大学生的成长成才，影响着学校里的各项工作。因此，关心辅导员的心理健康，帮助他们释放压力、疏解情绪是高校学生管理部门的工作职责之一。成都体育学院、四川交通职业技术学院等先后开展了辅导员自我成长与压力管理工作坊，重庆轻工业职业技术学院、成都航空职业技术学院心理健康教育中心还长期举办辅导员团体沙盘心理成长工作坊。

7. 开展心理应激晤谈

随着社会的发展、人的价值观多元化和生活方式多样化，大学生由于学业受挫、失恋、就业压力、心理疾病等原因诱发的心理危机导致大学生自杀和伤害他人的事件时有发生。心理危机已经对我国高校大学生健康成长构成了严重威胁，大学生心理危机预防与干预以及危机事件后的应激晤谈工作是高校学生管理工作中的一个重要难题。

团体沙盘心理技术中，来访者在沙盘师营造的自由、安全、受保护的空间里，在沙盘所限定的区域里，借助沙、水、沙具等沙盘诸要素，发挥自主想象创造一些场景，有利于来访者对过去经历和创伤的表达。在这个安全、自由、受保护的环境中，来访者通过不断地创造、破坏、再创造、再破坏，来展现和审视他们自己的沙世界。他们可以及时地从过去经历的"受害者"转变成旧体验的主人和新体验的改变者、创造者。这个安全空间可以软化来访者的防卫，使其减少抗拒，而无需任何语言，来访者内心最关心的问题就会自然浮现在沙盘上。只要有呈现，问题就有了解决的可能。沙盘心理技术比谈话疗法具有更小威胁，因此，用于危机干预应激晤谈，效果稳定。哈尔滨工业大学曾将团体沙盘心理技术和应激晤谈技术（CISD）进行整合，应用于学生自杀事件后的班级心理危机干预和公寓管理员阿姨的心理危机晤谈，收到显著效果。

二、团体沙盘心理技术在高校应用的理由

团体沙盘心理技术之所以在高校得到越来越广泛的应用，原因在于以下几个方面。

（1）团体沙盘心理技术有助于实现高校心理健康教育的根本任务。

2001年颁布的《教育部关于加强普通高等学校大学生心理健康教育工作的意见》（教社政〔2001〕1号）提到，高等学校大学生心理健康教育工作的主要任务是："根据大学生的心理特点，有针对性地讲授心理健康知识，开展辅导或咨询活动，帮助大学生树立心理健康意识，优化心理品质，增强心理调适能力和社会生活的适应能力，预防和缓解心理问题。帮助他们处理好环境适应、自我管理、学习成才、人际交往、交友恋爱、求职择业、人格发展和情绪调节等方面的困惑，提高健康水平，促进德智体美等全面发展。"

2018年，中共教育部党组印发的《高等学校学生心理健康教育指导纲要》（教党〔2018〕41号）提出，要坚持育心与育德相统一，加强人文关怀和心理疏导，规范发展心理健康教育与咨询服务，更好地适应和满足学生心理健康教育服务需求，引导学生正确认识义和利、群和己、成和败、得和失，培育学生自尊自信、理性平和、积极向上的健康心态，促进学生心理健康素质与思想道德素质、科学文化素质协调发展。

团体沙盘心理技术以王阳明的心学和积极心理学为理论基础。王阳明认为，"天理良知"在每一个人内心，"吾性自足，不假外求"，我们只需要坚信自己内心的"天理、良知"或"24种积极心理品质"，"向内看"并在"事上练"。因此要格物致知，并提出要知行合一。积极心理学是一种以积极品质和积极力量为研究核心，致力于使个体和社会走向繁荣的科学研究。因此，积极心理学区别于消极心理学的本质特点是它致力于研究人的发展潜力和美德等积极心理品质，通过对这些积极心理品质的探索与研究，提倡用一种积极的心态来对人的许多心理现象（包括心理问题）做出新的解读，从而激发人自身内在的积极力量和优秀品质，并利用这些积极力量和优秀品质来帮助有问题的人、普通人或具有一定天赋的人最大限度地挖掘自己的潜力并获得良好生活。

在沙盘师营造的安全、自由、受保护的环境中，来访者的过去经历和创伤得以呈现和表达，来访者通过不断地创造、破坏、再创造、再破坏，来展现和审视他们自己的沙世界。他们可以及时地从过去经历的"受害者"转变成旧体验的主人和新体验的改变者、创造者。在这个过程中，压抑的情绪得到疏解，原有的认知得以改变，内在的潜力得以激发，真正达到培育学生自尊自信、理性平和、积极向上的健康心态，提高学生的心理健康素质的目的。

（2）团体沙盘心理技术能较好地满足高校师生日益增长的心理健康服务的需要。

2001年颁布的《教育部关于加强普通高等学校大学生心理健康教育工作的意见》（教社政〔2001〕1号）是第一个关于大学生心理健康的文件；2011

年教育部办公厅印发的《普通高等学校学生心理健康教育课程教学基本要求》（教思政厅〔2011〕5号）、2018年中共教育部党组印发的《高等学校学生心理健康教育指导纲要》（教党〔2018〕41号）文件的陆续出台，高校大学生心理健康教育得到前所未有的高度重视，随着心理健康教育深入、持久的普及，广大师生的心理健康意识越来越强，维护心理健康的愿望越来越强烈，他们迫切需要更好地认识自我、提高自信、学习管理情绪和压力、学习建立人际关系的方法，当他们有心理困扰时希望能得到及时、有效的心理健康服务。

然而，目前高校的心理师资力量严重不足。按国家规定，高校需要按照1∶4000的比例来配置心理专职老师，一个万人规模的大学，专职心理教师也不过2名而已，有些高职院校甚至只有1名专职心理老师。心理老师除了提供咨询、危机干预、心理测试与回访，还担负着教学、科研以及其他行政事务。然而，我国高校目前大学生心理问题的筛查率达到20%左右。因此供需矛盾非常突出。

而团体沙盘心理技术，采取结构式团体的方式，每个团体5~8人，一个沙盘师一次可以带6~7个小组，可以同时为40~50个人甚至更多人提供服务，能有效缓解目前高校心理健康教育中供需矛盾突出的问题。

（3）团体沙盘心理技术以结构式团体的方式开展工作，充分发挥团体的功能，效率更高，效果更稳定。

一个人要了解自己，最好是从团体的互动中去了解；要改变自己，最好是从团体交往中改善；要实现自我，最好是从团体工作中去实现。团体辅导相关理论认为，在团体情境中提供心理帮助与指导是一种团体辅导的形式，它通过团体内人际交互作用，促使个体在交往中通过观察、学习、体验、认识自我、探讨自我、接纳自我，调整和改善与他人的关系，学习新的态度与行为方式，以发展良好的生活适应能力。团体心理辅导具有教育、发展、预防、治疗四大功能。因此，团体工作大于个体，借团体的形式，帮助个人的成长。

团体沙盘心理技术秉承"不分析、不解释、不评价、不判断，重感受、重陪伴"的基本工作原则，强调"以游戏的心态积极、认真、用心参与，带着关爱的陪伴、守护、观照，耐心倾听和等待，默默欣赏，用心感受，必要时的真诚分享"的工作过程。借助结构式团体小组的形式，重视在结构式团体框架下的心理体验。采取总目标下有计划、有规则的游戏设置，逐渐建立个体在团队里的安全感，即建立团队安全模式。坚持以来访者为中心，真正给来访者提供一个安全、自由、受保护的空间，以尊重、容纳、信任、支持的态度面对无意识，让来访者深入体验自己在沙盘情景中的感受，体验无意识与意识的多层次沟通，从而觉察自己、认识自己、接纳自己和表达自己。再通过小组成员间的交流互动和真诚分享，感受个体之间的差异，发觉自身存在的人格、情绪问题；更能觉察、认识、理解别人和尊重、表达、接纳、包容别人；并从其他成员身上相互镜照，达到相互尊重、接纳包容、欣赏感动、自我提升的目的，逐步改变过去碰到心理问题时向外求的心理需要和行为模式，一步步地转变为向内、从自身寻求问题答案,最终形成"反求诸己"的心理模式,改变自己的行为方式,从而使小组内的每一个成员都能成长。因此,效率更高,效果更稳定。

(4)团体沙盘心理技术秉承的体验式教学理念,弥补了高校现行大学生心理健康教育教学中的不足。

2011年,教育部颁布的《普通高等学校学生心理健康教育课程教学基本要求》(教思政厅〔2011〕5号)对作为心理健康教育模式的重要一环的课程教学进行了具体要求。该文件明确提出,高校学生心理健康教育课程是集知识传授、心理体验与行为训练为一体的公共课程。然而,由于学生人数众多、教学组织难度大,因此,大学生心理健康教育课程教学基本上采取的是大班制教学,偏重于心理知识和调节,方法的讲授、灌输,而心理体验和行为训练则严重不足。

体验式教学法的核心在于激发学生的情感,不仅可以激发学生的兴趣,而且有利于培养他们的创造性思维。它力求在师生互动的教学过程中,达到认知过程和情感体验过程的有机结合,激情与明理、导行的相互促进,让学生在体验学习中学习有关的知识内容,领悟做人的道理,选择行为方式,实现"自我教育"。同时在学习的过程中,体验认识提高的快乐,道德向上的快乐,独立创造的快乐,参与合作的快乐……从而使教学过程在学生主动、积极的体验中,生动、活泼地完成教学任务,实现教学目标。

团体沙盘心理技术以体验式教学理论为指导,特别强调重感受、重体验。在沙盘情境中通过让学生进行"全人"的参与的体验,不仅有认知的参与、情绪的感受,还包括身体的感觉,使学生在活动的过程中不仅关注活动内容本身,而且关注此时此地真实的自己,这种全然的体验会帮助学生进入无意识层面了解自己,认识自己,并将自己的无意识意识化,通过觉察、反思、分享、表达,进一步体验自己的认知、情绪和身体的感觉,并将这种收获运用于课后的实践,作用于日常的行动,真正达到学习心理知识与掌握心理调节技能并重,提高学生心理健康素质的目的。

(5)团体沙盘心理技术"四不两重"的基本原则,克服了因要分析、评价、解释、判断所需要的专业精神分析知识上的不足。

沙盘心理技术(沙盘游戏)在中国传播已经有20多年的历史了,沙盘心理技术(沙盘游戏)既可以作为心理治疗的方法,也可以作为对正常人开展心理健康教育的媒介和方法。当作为心理治疗方法时,必然会有分析、评价、判断与解释。当要对来访者的沙盘去进行分析、判断、评价、解释的时候,很多没有受过精神分析专门训练的老师就会感到力不从心,无法深入,因此,沙盘室的实际空置率是很高的,并没有真正发挥出为广大师生服务的功能和作用。

团体沙盘心理技术坚持"不分析、不解释、不评价、不判断,重感受,重体验"的基本原则。在来访者沙盘制作中,沙盘师不是默默的旁观者,更不是分析、解释、评估、判断者,而是以"游戏"的心态积极、认真、用心的参与者,带着关爱的陪伴、观照、守护者,耐心的倾听、等待者,默默欣赏者,用心感受者,必要时的真诚分享者,"感受"和"接受"沙盘过程中发生的一切。而来访者可以自由、大胆地在这个安全空间里充分表达前言语阶段的经历,让他们的意识和无意识在沙盘中相联系。因为这个空间可以融合心理的所有维度,有助于来访者产生调和与整合心象,重新确立意识自我和自性的重要联系。

这样就可以克服高校心理专职老师没有精神分析背景带来的局限问题,从而让高校心理机构的沙盘设备充分用起来,能真正为广大的师生服务。

三、团体沙盘心理技术在高校应用中需注意的问题

（1）当团队成员不遵守规则时。当有的团队成员在沙盘操作活动不遵循规则时,带领者所做的提醒不要针对某一组或某一人。对带领者来说,最重要的是自己相信并能让学生们相信沙盘的治愈功能,相信团体的凝聚力,相信这名成员自己内在的成长能力。为此,团体带领者要有足够的耐心等待下去,也许二次、三次、四次,甚至再多几十次,他会在团体沙盘体验中获得治愈。

（2）成员有情绪反应时。在团体沙盘操作过程中,若有成员情绪特别是负性情绪反应比较大,沙盘带领者首先要"抱持住",相信他自己和小组成员的治愈能力,给他足够的时间表达情感。必要时可以调动小组成员用他们自己的方式来陪伴这位同伴。如果他情绪反应特别激烈,可以适当地拥抱这位学员,可以请在场的学员来一起完成。

（3）当团体沙盘活动中有突发状况时。当团体沙盘活动中有成员突然大喊、大叫,突发激烈争吵时,带领者要给他足够的时间表达情感,相信他自己和小组成员的内在沟通能力和内在解决问题的能力。也可以根据实际情况做些干预,将争吵平息下来并作为一个在小组内进行讨论的问题,在培训中或者培训后讨论。

（4）团体沙盘工作的时间提醒。在团体沙盘活动中,根据时间设置可适当提醒成员关于沙盘工作的时间。

（5）当小组成员不想分享时。在小组内分享的那个成员就是当下的来访者,其他人都带着关爱陪伴,给他一定的时间与耐心。如果他实在不想说,其他人就静静地陪伴一会儿。

（6）带领者被邀请参加小组活动时。当只有一个小组在进行沙盘操作时,若带领者受到组员邀请进入小组活动,则带领者可以放下"专家面具"进组一起"玩"。但如果有两个以上小组在进行沙盘活动时,建议带领者尽可能不参加任何一组的活动。

（7）有人不想参加活动时。小组成员是否参加沙盘活动要采取自愿原则,如果有的成员不想参加某一轮的沙盘活动,应尊重他的选择,不强迫他。

（8）小组某成员报告有人"捣乱"时。当有小组成员向带领者报告小组内有人"捣乱"时,带领者要给他足够的时间通过"捣乱"来表达需要,相信他

自己和小组成员的内在沟通能力和内在解决问题的能力。带领者可以把这个问题交给这个小组来讨论，相信小组能很好解决这个问题。

（9）小组某成员过来问是否可以多拿沙具时。小组某成员过来问他是否可以把一组沙具算一个沙具时，把这个问题也交给小组来讨论，或最后主要由轮值组长来决定。

应用设计篇

第三章
团体沙盘心理技术与大学生的心理健康教育

第一节 大学生心理健康教育的目标与基本要求

一、大学生心理健康教育的必要性

（一）大学生心理健康教育是实现真正的教育的需要

大学生心理健康教育是培养社会主义建设者和接班人，培养实现"中国梦"的追梦者和中华民族伟大复兴的建设人才的教育工程的重要部分。我国高等教育肩负着培养德智体美全面发展的社会主义事业建设者和接班人的重大任务，必须坚持正确政治方向。办好我们的高校，要坚持不懈促进高校和谐稳定，培育理性平和的健康心态，加强人文关怀和心理疏导，把高校建设成为安定团结的模范之地。

大学生心理健康教育是一切教育的起点。吴霞在其《改革开放以来大学生心理健康教育研究》博士论文中详细论述了大学生心理健康教育的基础性。具体表现在以下三个方面。

首先，大学生心理健康教育构建教育的生命基础。生命是教育的前提和基础，生命的发展是教育的根本使命。一方面，人的生命的存在是教育出现的生物前提，让教育得以可能去帮助人与自然之间获取信息和能量的交换；另一方面，人的生命也是对精神和社会属性发展的追求，人要以社会的形态生存，就必须要在生命的基础上获得文化、智慧、道德、人格等精神方面的发展。以上这些都在心理健康教育中得以体现和关照，它不仅涵盖大学生的生活、生命、人性、价值等层面，尤以心理健康危机系统的构建彰显珍视生命、发展生命的意义和价值，阻碍心理疾病、人格缺失对人生命的践踏。这不仅是塑造具有健全人格和主动发展精神的人的基础，也是构建和维护教育得以存在和延续的生命基础。可见，大学生心理健康教育是维护人的生命的基石，生命是教育思考的原点，在一定意义上，心理健康教育直面了人的生命，是为人的生命质量的提高而进行的社会活动。

其次，大学生心理健康教育承担人才培养的非智力基础。人是有思想、有感情、有个性、有精神世界的，作为人才培养基地的大学而言，其主要任务就是"育人"，育有思想、有感情、有个性、有精神世界的人，而不是"制器"，不是制造高智商、高能力，却呆板、没有情感、没有灵魂的人。许多实证研究也表明，成功的人才只有20%的有效动力来源于智力因素，有80%的主要原因取决于非智力因素，也就是说人才培养的基础不是智商，而是涵盖气质、性格、人文精神等的非智力因素。因此，作为以培养非智力因素为主的大学生心理健康教育，也就承担起了人才培养中的非智力基础的意义和价值。

最后，大学生心理健康教育维护社会主义和谐社会的基础。因为只有心理健康的人才能够乐观地面对人生，正确认识社会发展变化的规律，关心他人，遵纪守法，自觉地承担社会义务，拥有和谐的人际关系，为社会的发展贡献自己的力量，以此为基础的人群才可能构建现实中的和谐社会。以培养社会主义合格建设者和可靠接班人为己任的大学教育而言，向社会输送构建和谐社会基础的心理健康的学生，也就是在实现社会主义和谐社会的基础，所以大学生心理健康教育也就富有维护社会主义和谐社会的基础性特征。

那么，什么样的教育才是好的教育呢？卢梭在其名著《爱弥儿》中说道："什么是最好的教育？最好的教育就是无所作为的教育：学生看不到教育的发生，却实实在在地影响着他们的心灵，帮助他们发挥了潜能，这才是天底下最好的教育。"而著名哲学家雅斯贝尔斯在他的《什么是教育》中写道："教育的本质意味着：一棵树摇动另一棵树，一朵云推动另一朵云，一个灵魂唤醒另一个灵魂。"这个表述让人感觉教育是一门艺术，很美、很灵动。

苏联著名教育家苏霍姆林斯基说："只有能够激发学生去进行自我教育的教育才是真正的教育。"教育的终极目标是使受教育者获得自我学习、自我教育、自我管理的技能，激发学习的兴趣，实现终身主动学习的目标。大学生心理健康教育是实现真正的教育的需要，心理健康教育的过程是授之以渔而不是授之以鱼。

（二）大学生心理健康教育是健康中国战略的需要

党的十九大报告中提到要实施健康中国战略，在《健康中国2030规划纲要》中提到，要加大学校健康教育力度，将健康教育纳入国民教育体系，把健康教育作为所有教育阶段素质教育的重要内容。世界卫生组织（WHO）将"健康相关教育及信息"视为"健康的潜在决定性因素"，因此，教育对健康至关重要。而心理健康是健康的重要组成部分，大学生心理健康教育是促进大学生心理健康的重要途径。人民健康是民族昌盛和国家富强的重要标志，大学生的健康是作为社会主义合格建设者和可靠接班人的重要保障。大学生心理健康教育作为引导大学生健康成长和发展的重要举措,历来受到党和政府的高度重视。

2001年颁布的《教育部关于加强普通高等学校大学生心理健康教育工作的意见》(教社政〔2001〕1号),提到了高等学校大学生心理健康教育工作的主要任务;2005年颁布了《教育部 卫生部 共青团中央关于进一步加强和改进大学生心理健康教育的意见》(教社政〔2005〕1号)。2011年,教育部办公厅印发的《普通高等学校学生心理健康教育课程教学基本要求》(教思政厅〔2011〕5号)(以下简称《基本要求》)对作为心理健康教育模式的重要一环的课程教学提出了具体要求。《基本要求》明确提出,高校学生心理健康教育课程是集知识传授、心理体验与行为训练为一体的公共课程。课程旨在使学生明确心理健康的标准及意义,增强自我心理保健意识和心理危机预防意识,掌握并应用心理健康知识,培养自我认知能力、人际沟通能力、自我调节能力,切实提高心理素质,促进学生全面发展。

从以上文件的发布时间和内容可以看到,党和政府高度重视大学生心理健康教育,随着时代的发展不断提出新的要求、拿出新的举措。从文件内容上来看,关于大学生心理健康教育的任务和目标也是在不断清晰和明确。心理健康教育的重要性还被写进了法律,在2013年5月1日起施行的《中华人民共和国精神卫生法》第二章第十六条明确要求,各级各类学校应当对学生进行心理健康教育。

令举国高校心理工作者欢欣鼓舞的是2016—2018年,国家、政府又先后出台了多个相关重要文件,其间,习近平总书记在多种场合对心理健康教育发表多次重要讲话。

2016年,22部委联合印发《关于加强心理健康服务的指导意见》(国卫疾控发〔2016〕77号文件)(以下简称《意见》)中提到,心理健康是影响经济社会发展的重大公共卫生问题和社会问题。《意见》提出我们的总体目标是,到2020年全民心理健康意识明显提高,到2030年全民心理健康素养普遍提升。

2017年12月,中共教育部党组印发《高校思想政治工作质量提升工程实施纲要》(教党〔2017〕62号),将"心理育人"纳入高校"十大"育人体系。纲要提到,要坚持育心与育德相结合,加强人文关怀和心理疏导,深入构建教育教学、实践活动、咨询服务、预防干预、平台保障"五位一体"的心理健康教育工作格局,着力培育师生理性平和、积极向上的健康心态,促进师生心理健康素质与思想道德素质、科学文化素质协调发展。2018年7月,中共教育部党组印发的《高等学校学生心理健康教育指导纲要》(教党〔2018〕41号)进一步提到,心理健康教育是提高大学生心理素质、促进其身心健康和谐发展的教育,是高校人才培养体系的重要组成部分,也是高校思想政治工作的重要内容。

作为心理健康教育工作者,感受到党中央、国务院对心理健康教育工作的高度重视，有责任、有义务积极探索，勇于实践，不断总结，努力探索符合中国国情，符合中国大学生心理特点的心理健康教育工作途径和方法，着力构建具有中国特色的心理健康教育理论、方法和工作模式。

（三）大学生心理健康教育是保障大学生自我发展的需要

大学生处于人生发展的重要时期，处于由高中生到社会人的过渡阶段；大学生是面临着由高中较为单纯的学习生活，到大学毕业后独自承担社会责任的成熟个体。在这期间，大学生会面临学业、人际、恋爱、职业生涯发展等多种问题和挑战，也会出现各种心理问题。

大学阶段是人生发展的关键时期。大学生需要在大学里学习知识技能，培养能力素质，乃至作出人生发展的重要决定。这些任务的顺利完成，都需要以心理的健康发展为前提。因此，心理健康是大学生健康发展的基础，是大学生适应现代社会必须要具备的素质，是大学生成功发展的保障。

首先，心理健康是大学生身心健康发展的需要。人是一个身心统一体，心理问题往往与人的生理疾病互为条件。一方面，长期的身体疾病可以引发心理问题；另一方面，长期存在心理问题且得不到调适，也会引发身体疾病。如果大学生的心理不健康，经常处在紧张、焦虑、抑郁、悲伤、恐惧或愤怒之中，又得不到及时调整，他们的身体健康也会受到损害。此外，从精神病学的角度来看，不良情绪还容易导致心理障碍。不良情绪如果过度集聚或长期得不到及时调整，就会影响人的大脑功能，造成大脑功能失调，从而导致各种神经症或精神疾病，如抑郁症、焦虑症、精神分裂症等，严重者甚至会产生自杀行为。

其次，心理健康是大学生适应现代社会的需要。良好的心理素质是时代发展的需要，是社会全面发展对培养高素质创新人才的必然要求。现代社会挑战与机遇并存，面对社会的迅速变革，每个大学生都会承受来自学习、人际交往、求职择业、事业发展、恋爱婚姻等多方面的巨大压力，需要有较强的社会适应能力，培养自信、乐观、创新、合作、进取等良好的个性品质。在现代社会中，谁具备了以上这些心理品质，谁就能够获得成功和发展。

心理健康是大学生成功发展的需要。美国成功学家安东尼奥尼说："每个人都有一座潜能金矿，蕴藏无穷，价值无比。"当一个人拥有自信、情绪积极乐观、意志品质坚强时，他便能够最大限度地发挥自己的潜能；而当一个人处于自卑、愤怒、抑郁、焦虑、紧张等消极状态时，他对外界的感知能力也会下降，从而限制自己潜能的发挥。一些大学生尽管智商很高，学习成绩也很优秀，但是由于心理不健康，出现了心理疾病，甚至产生了自杀危机，其个人价值无从实现，也阻碍了成功发展。

因此，大学生心理健康教育既是国家战略的需要，也是实现真正教育的需要，更是保障大学生自我发展和成功的需要。

二、大学生心理健康教育的基本内容

（一）大学生心理健康教育内容的参考依据

2001年颁布的《教育部关于加强普通高等学校大学生心理健康教育工作的意见》（教社政〔2001〕1号）提到，"高等学校大学生心理健康教育工作的主要任务是：根据大学生的心理特点，有针对性地讲授心理健康知识，开展辅导或咨询活动，帮助大学生树立心理健康意识，优化心理品质，增强心理调适能力和社会生活的适应能力，预防和缓解心理问题。帮助他们处理好环境适应、自我管理、学习成才、人际交往、交友恋爱、求职择业、人格发展和情绪调节等方面的困惑，提高健康水平，促进德智体美等全面发展"。该文件成为21世纪指导我国高校心理健康教育工作的最早期文件。

2011年，教育部办公厅印发的《普通高等学校学生心理健康教育课程教学基本要求》（教思政厅〔2011〕5号）对作为心理健康教育模式的重要一环的课程教学进行了具体要求。该文件明确提出，高校学生心理健康教育课程是集知识传授、心理体验与行为训练为一体的公共课程。课程旨在使学生明确心理健康的标准及意义，增强自我心理保健意识和心理危机预防意识，掌握并应用心理健康知识，培养自我认知能力、人际沟通能力、自我调节能力，切实提高心理素质，促进学生全面发展。

2018年，中共教育部党组印发的《高等学校学生心理健康教育指导纲要》（教党〔2018〕41号）（以下简称《指导纲要》）进一步提到，心理健康教育是提高大学生心理素质、促进其身心健康和谐发展的教育，是高校人才培养体系的重要组成部分，也是高校思想政治工作的重要内容。《指导纲要》是关于高校心理健康教育的最新的纲领性文件，其明确提出高校心理健康教育的指导思想为：深入学习贯彻习近平新时代中国特色社会主义思想，全面贯彻党的教育方针，把立德树人的成效作为检验学校一切工作的根本标准，着力培养德智体美全面发展的社会主义建设者和接班人。坚持育心与育德相统一，加强人文关怀和心理疏导，规范发展心理健康教育与咨询服务，更好地适应和满足学生心理健康教育服务需求，引导学生正确认识义和利、群和己、成和败、得和失，培育学生自尊自信、理性平和、积极向上的健康心态，促进学生心理健康素质与思想道德素质、科学文化素质协调发展。可见，《指导纲要》的出台既是学习贯彻习近平新时代中国特色社会主义思想和总书记关于心理健康教育重要论述的需要，也是推动相关文件精神落地生根，切实加强高校思想政治工作体系建设的需要，更是加强新时代高校学生心理健康教育工作的需要。毫无疑问，《指导纲要》将领航大学生心理健康教育再出发，而心理健康课程则是保障再出发的装备和能力。

高校进行大学生心理健康教育课程改革和课程内容、课程形式设置上应遵守《指导纲要》提出的四项基本原则：① 科学性与实效性相结合；② 普遍性与特殊性相结合；③ 主导性与主体性相结合；④ 发展性与预防性相结合。

众多文献表明，心理健康与诸多因素有关，大学生心理健康教育既要遵循大学生的个体和群体的心理健康发展规律，也要兼顾社会发展和中国文化的影响，同时还要符合各高校各学科对人才培养的需要。课程开发要树立大学生心理健康教育观，进一步提高心理健康教育的科学性、实效性、普及性、发展性，积极培育未来社会精英的大学生的心理健康意识，最大限度地满足大学生心理健康发展需求，提高他们在认知、情绪、意志、自我意识、人际交往、亲密关系等多层面的心理健康素养。

（二）大学生心理健康教育的基本内容

大学生心理健康教育，是指以大学生为教育客体开展的培养其良好心理品质、塑造健全人格的教育活动。首先，要注重培养良好的心理品质；其次，要着力塑造健全人格。

大学生心理健康教育注重培养良好的心理品质。传统的大学生心理健康教育"主要是针对心理疾病与基本适应问题"，仅实现了对大学生心理的非病状态和良好的适应状态的教育目标，忽视了对健康心理的更高层次，即培养负责任的、勤奋的、独立的、积极的良好心理品质的实现。因而大学生心理健康教育既要消除疾病和基本适应问题，更要注重培养良好的心理品质；既要尊重和利用大学生自我意识运行的心理机制，展开大学生的自我教育、自我管理、自我完善，又要高度关注个别学生自我意识的偏差和矛盾，对少数学生加以重点的关注和关怀；既要坚持对大学生理想自我的提升，给他们提出和推荐具有亲切性和感知度的榜样，引领他们理想自我的发展，又要坚持增强大学生自我意识调控的能力，让他们具备调节情绪、抵抗挫折的素质。通过注重培养自尊、自爱、自律、自强的良好心理品质，引导大学生形成积极向上的人生态度和执着坚定的信念，塑造有社会主义责任感和历史使命感的人才，使大学生自身的聪明才智用于改造世界，并在推动社会进步中发展自己，促进大学生思想道德素质、文化素质、专业素质和身体素质协调发展。

大学生心理健康教育要着力塑造健全人格。素质教育的核心就是培养人的全面发展，这里的全面发展既是知识能力的发展，更是人格的不断完善，因而健全人格的塑造成为大学生心理健康教育不可忽视的部分。大学生群体多数不曾经历苦难，独立生活能力相对较弱，情感体验多以自我为中心。进入大学之后，如何整理自己的物品，如何规划自己的时间，如何面对学校的纪律和规定，如何面对没有选择的集体宿舍，如何面对来自不同地区的室友，如何更多地宽容与理解他人，这些问题的对待和处理都成为大学生要去克服的难题。而这些问题的解决都是以人格的不断完善为基础。如果大学生不具备较为完善的人格，则在上述问题中极易表现出偏执、病态甚至扭曲的行为，因而在大学生心理健康教育中，必须以多种方式实现健全人格的培养。

第二节 团体沙盘心理技术在大学生心理健康教育中的设计与应用

一、团体活动的总目标

利用团体沙盘心理技术开设大学生心理健康教育课程,设计一系列团体活动。其总目标为:帮助学生在体验式教学中学习并应用心理健康知识,增强心理健康意识,提升心理健康素养,促进形成自尊自信、理性平和、积极向上的社会心态。

具体目标表现在以下几个方面。

知识层面:使学生了解心理健康的有关理论和基本概念,了解大学生心理健康的标准及意义,了解大学阶段人的心理发展特征及异常表现,了解自我意识、情绪管理、人际关系、恋爱心理、意志品质等相关的基本知识和自我调适的方法。

体验层面:使学生在团体活动中体验自己和感受他人,通过帮助他人满足自我需要,获得积极情绪,感受团队力量。体验尊重与被尊重、关照与被关照、成长与助人成长的快乐。体验自我探索、自我认识、自我接纳、自我成长、自我和谐的心理过程。

能量层面:使学生在认识、接纳、欣赏、感恩的体验过程中逐步增加对自己的认可、对他人的欣赏、对团队的信任,对未来充满信心和力量,提升主观幸福度,促进心理健康观念、态度和行为习惯。在能力方面提升团队融入、情绪管理、人际交往、问题解决、爱与被爱的能力并运用于生活中。

二、活动对象

运用团体沙盘心理技术开展大学生心理健康教育课程的上课对象为在校在读的大学生。笔者从2018年春季学期开始,在所工作的哈尔滨工业大学开设此课程5次,参与对象为通过教务系统限期、限量选课的在读各年级本科生。根据5次课程的数据统计,58%为大一学生,27%为大二学生,7%为大三学生,8%为大四学生。这样的活动对象具有以下几个特征。一是事先制订了充分的课程计划和准备计划,安排有固定程序活动让成员来实施,重视团体初期阶段的团队建设,中期阶段的团队凝聚力强化,结束阶段的团体整合。这样的团体有凝聚力,成员投入度高,互动比较多。二是团体成员都是本校在读的大学生,他们的年龄、学历、心理困扰相似,团体成员之间容易沟通,能互相关心和启发,不孤立,有共同话题,容易产生共鸣、共情,团体成员间容易相互理解和支持。三是从第一次上课到课程结束,成员固定不变,除非极特殊情况，成员不会中途加入和退出。这样成员相互之间熟悉程度高，团体安全感、信任感、凝聚力都很强。四是课程目的是心理健康素养的提升和自我的成长与发展，不涉及心理治疗，也不强调技能的训练，它不是一个治疗团体，也不是一个技能训练团体。这是一个结构式的、同质的、封闭性的、成长性的团体。

根据结构式团体沙盘培训经验，参训总人数考虑到场地、设备及课程效果等因素，本课程人数限定选修60人，因课程冲突等原因，实际上课45~50人。根据经验，每组5~6人一组最合适，每次课程分8组，同时进行操作体验。

三、团体活动设计的理论基础

运用团体沙盘心理技术开设的大学生心理健康教育课程，课程名称为《心理健康与自我发展》，课程尊重学生主体地位，充分调动学生主动性、积极性，利用团体的动力激发个体的自我发展潜能，培养学生自助及助人意识和能力，帮助学生缓解来自生活、学习、情感、人际交往等方面的压力，以科学态度对待心理问题，增强心理保健意识，提高防范心理疾患的能力，切实提高心理健康素养，促进自我全面发展。课程设计团体活动的理论基础主要由团体动力理论、体验式教学理论、团体沙盘心理技术、大学生核心素养和积极心理干预理论等组成。

（一）团体动力理论

樊富珉认为，在团体情境中提供心理帮助与指导是一种团体辅导的形式，它通过团体内人际交互作用，促使个体在交往中通过观察、学习、体验、认识自我、探讨自我、接纳自我，调整和改善与他人的关系，学习新的态度与行为方式，以发展良好的生活适应能力。简而言之，借团体的形式，助个人的成长。

美国团体心理治疗大师欧文·亚隆认为，人们内心的困扰均源于人际关系的冲突，最好的解决之道就是利用团体的动力去化解。

团体沙盘心理技术运用在大学生心理健康教育课程时，通过设置结构式团体，经过足够的团队建设建立安全模式，在人与人的互动中让了解变得有趣，让沟通变得容易。该技术既可帮助学生自己，也可促进他人进行自我觉察、自我认识、自我发展，同时还可在与他人互动时，认识他人、接纳差异、发展关系、提高能力；在与团队合作时，促进沟通，感受理解与被理解、尊重与被尊重、帮助与被帮助，增加个人效能感和团体归属感。相信团体的凝聚、促进、疗愈、转化的动力，通过团体有规则的游戏，通过小组成员间的真诚分享，互为镜照，从而使小组内的每一个成员都获得成长。

（二）体验式教学理论

开设大学生心理健康教育课程的目的决定了课程不仅要进行知识传授，更要加强大学生心理体验与行为训练。著名教育家杜威的"做中学"的教育思想也强调在活动、参与和实践中学习知识和技能。"体验"是为受教育者创设一定的情境，让他们亲身经历、感受、验证与学习内容相关的东西，从而获得扎实的科学知识与技能，养成良好的道德品质。体验具有过程性、亲历性和不可传授性，是充满个性和创造性的过程。

体验式教学的核心是体验、反思和行动。丹尼尔·戈尔曼认为，情绪系统可以不依赖于新皮层自动作出反应，有些情绪反应和情绪记忆可以在完全没有任何意识和认知参与的情况下进行。那些影响到我们心理健康状况的情绪多半都处于无意识层面，不能被我们意识到，但是它却会影响和支配我们的行为。只有意识化的情绪才能进行更高级的加工和处理。对即刻情绪体验所起的作用就是对这部分情绪进行觉察，意识到它们在此时此刻的存在，意识到它们正在带给我们心理和行为的影响，是行为改变的前提。因此，在课程中通过让学生进行"全人"的参与的体验，不仅有认知的参与、情绪的感受，还包括身体的感觉，使学生在活动的过程中不仅关注活动内容本身，同时也会关注此时此地的真实的自己，这种全然的体验会帮助学生进入无意识层面了解自己，认识自己，并将自己的无意识意识化，通过觉察、反思、分享、表达，进一步体验自己的认知、情绪和身体的感觉，并将这种收获运用于课后的实践，作用于日常的行动。

（三）团体沙盘心理技术相关理论（略）

（四）大学生核心素养和积极心理干预理论

2016年，由北京师范大学林崇德教授带领的专家团队历时3年研究提出的《中国学生发展核心素养》，确立了中国学生的六大核心素养为人文底蕴、科学精神、学会学习、健康生活、责任担当、实践创新。

大学阶段是学生核心素养的强化和提升期，结构式团体沙盘课程通过一些主题和非主题沙盘的制作和体验过程，让学生的核心素养得以培养和提升。如：在人文底蕴这个素养中，学生能在课程中提升人文情怀和审美情绪，尤其是提升了以人为本的意识，更能尊重、维护人的尊严和价值，关切人的生存、发展和幸福等；提升了他们发现、感知、欣赏、评价美的意识和能力，具有健康的审美价值取向。在科学精神这个素养中，学生的思维能够更加缜密，能多角度、辩证地分析问题，更好地作出选择和决定；能提高他们的好奇心和想象力，培养探索精神，积极寻求有效的问题解决方法。在学会学习这个素养中，学生能通过课程更加乐学善学，勤于反思，提升信息意识。在健康生活这个素养中，学生通过课程更加珍爱生命，健全人格，能正确认识与评估自我，依据自身个性和潜质选择适合的发展方向，合理分配和使用时间与精力，进行更好的自我管理。在责任担当这个素养中，课程使学生更加自尊自律、诚信友善，有感恩之心，有团队意识和互助精神，对自我和他人负责，有规则意识，敢于承担社会责任。在实践创新这个素养中，能使学生更加善于发现和提出问题，培养了他们解决问题的兴趣和热情，提升了问题解决的能力。

将团体沙盘心理技术应用于大学生心理健康教育课程，也符合积极心理学的积极心理干预理论。积极心理学认为：在关注人的软弱一面的同时，也看重人独特的优势和长处；在致力于修护生命伤口的同时，也竭力建立生命中美好的特质；在努力帮助受心理困扰的人的同时，也关心如何使普通人活得更丰富。结构式团体沙盘可以关注到所有的人，通过积极心理品质主题沙盘的创造，可以强化学生的人格优势，可以更好地预防心理问题的产生，阻止心理问题的发展，从而提升大学生心理健康教育的效果和意义。

四、团体活动方案与实施流程

大学生心理健康教育课程《心理健康与自我发展》团体方案见下表。

注：本课程按照24课时安排教学内容，分6个单元，每个单元4课时，每课时50分钟。

教学单元	教学目的	沙盘操作主题或活动内容
第一单元： 团队建设和认识心理健康	① 组建团队，建立安全感和归属感； ② 了解课程，引发兴趣； ③ 多角度认识心理健康	热身活动：破冰 自我介绍：用沙具代表自己 团队建设 沙盘1：我和我们的团队 沙盘2：我理解的心理健康
第二单元： 自我意识发展	进一步加深安全感和归属感；合理认知自己并悦纳自己，提升自信；反思大学生活，做出合理规划	热身活动：多元排队 感受自我的独特性和多样性活动：同一个沙具，不同的故事 沙盘3：童年我最自豪的一件事 沙盘4：我的大学（过去、现在、将来）
第三单元： 情绪发展	体验积极情绪；提升自我觉察、自我管理的能力；进一步感受团队的力量	热身活动：击鼓传花 沙盘5：感知我的情绪 沙盘6：管理我的情绪
第四单元： 人际关系发展	受人际互动；增加人际吸引；提升人际交往能力	热身活动：你做我跟 沙盘7：我最欣赏的一个人 沙盘8：感恩
第五单元： 大学生恋爱心理发展	完善恋爱观；端正恋爱动机；提升爱的能力，培养爱的责任	热身活动：友谊之花 沙盘9：我的恋爱观 沙盘10：爱的储蓄罐
第六单元： 意志发展和自信提升	提升意志品质和抗逆力；进一步悦纳自己，提升自我和他人的和谐；感受团队温暖，强化人际资源	热身活动：小鸡变凤凰 沙盘11：坚持 沙盘12：暖心爆棚 团队告别

第四章
团体沙盘心理技术与大学新生的适应性教育

第一节 开展大学新生适应性教育的目标与基本要求

一、大学新生在适应过程中面临的主要心理冲突

大学的学习和生活方式与高中的大有不同,具体表现在学习方法、学习方式、人际关系和周围环境等方面。此外,由于地理因素,一些大一新生可能会进入一个完全不熟悉的陌生环境去读书,因此,部分学生会出现不适应的现象。通过对辽宁省大连市一所综合性大学的大一新生进行开放式问卷调查,"你入学后,面临的主要问题有什么?"问卷调查结果显示,60%的大学新生面临着学习适应和人际适应问题。不适应会产生焦虑、急躁、不安等负性情绪,这对他们的身心健康会产生负面影响,也会影响到他们大学的学习质量。

大学新生在适应过程中面临的主要心理冲突表现在以下几个方面。

(一)自身要求独立和依赖的矛盾

生活自理适应能力是大学新生适应能力的重要组成部分。进入大学前,大多数学生相对处于学业压力状态。家长会让学生全身心投入学习,因此会帮助学生承担一些本属于自己应该承担的生活自理事务,导致一部分大学新生进入大学后对自己的生活自理方面很迷茫。而且大学生活是一种独立的集体生活,许多生活问题需要靠自己去解决,于是就会出现一些暂时性的适应不良问题,还表现在适应集体住宿问题上,从原来在家庭生活中,享受一个房间的生活习惯,变成一个集体宿舍的形式,一起生活。因为每个人的家庭背景、经济地位、个人经历、兴趣爱好等都是不同的,彼此之间在相处的过程中可能会因为

一些小事情而产生一些摩擦，因此，大学新生刚住进集体宿舍有可能不习惯，严重的可能会产生失眠、恋家等现象。

根据对大连市五所高校大一新生入学适应的问卷调查发现，农村地区新生总体上比城市新生自理能力强，能够独立处理生活事件，适应性较好。当今的大学新生由于大多未曾接受良好的独立生活自理教育，并且部分新生人格发展不完善，具有激进、偏激、心浮气躁的人格特点，或多或少地存在生活适应能力不足问题。

（二）渴望求知与盲目学习的矛盾

进入大学后，新生会改变他们的学习态度，从过去的被动学习转化为主动学习，高中的学习时间是每节课45分钟，而大学课堂是每节50分钟，通常是两节连上或者三节连上。在时间上，课程的时间和效率都发生了变化，这也是大一新生掌握新的学习方式的一种挑战。高中学习的考试形式是通过每年一次的期末考试，第二年直接升入下一个年级，但是大学的考试方式完全不同于之前的高中学习模式，大学的成绩是以学分制来决定，如果未通过每门课的结课考试，累计到一定程度严重的情况下会导致留级，或者是在最后一次的毕业考试中进行大考，只有通过才能够拿到毕业证和学位证。相较于高中时代多而复杂的学习内容，大学的学习内容深，而且专业理论涉及面广，只能靠大学新生自己去挖掘钻研，才能感受到专业知识的乐趣，否则只能停留于表面的学习，无法深入探索。而且大学的学习内容也需要提前预习，否则会导致上课听不懂、不理解，下课茫然无措，长此以往会导致新生缺乏动力去学习。这种缺乏动力常常表现在行为上。如：课堂上精神萎靡、注意力分散、课前不预习、课后不复习巩固及作业不认真完成；把精力用在其他活动上，不够奋发进取、自甘落后，准备混到毕业。

（三）渴望交往和自我封闭的矛盾

在一个新的环境中，大学新生将有不同的方式来处理新的人际关系。大学新生面对陌生的环境，首先会产生陌生感而不想参加集体活动，他们更愿意处在较为熟悉的环境中，以找寻心理上的熟悉感与认同感。除了环境因素，个人因素在人际交往中也起着很大的作用。而这源于自身性格特点，一些学生擅长与他人交往，这不仅增加了接触对象，而且交往内容、交往形式也更为广泛多样。然而一些学生由于社交回避的性格特征，会出现交不到朋友、成为"孤独个体"等情况，这将直接影响他们的适应能力。个人的心理因素、交际的意图和他们所处的环境共同影响着交往行为。

根据对大连市五所高校大一新生入学适应的问卷调查发现，出生于城市的大学新生在处理人际关系方面要好于出生于农村的新生。可以推测的是农村大学新生面对多样化的人际关系以及陌生的环境，往往容易自我封闭，而且在人际交往方面处得不得当。大学之前的人际交往是以教师和家长为主导，他们以细致控制的方式管理学生。但是大学的人际交往模式是一个积极主动形式，导致一部分大学新生在人际交往中缺乏主动性，随着时间的推移他们很容易被周围的同学忽视，同时也不会关心他人。他们内心渴望交往，但是交往内容局限化和交往方式封闭化导致大学新生产生交往上的障碍，使他们无法适应大学新生活。

（四）理想与现实的矛盾

一部分大学新生将现实的大学生活和理想的大学生活相比较后，会产生一些心理上的失落感。而这种失落感如果得不到很好的调节，将会影响个体的发展。大学新生面对适应困难时，最主要的问题不是在于大学新生所面临的困难事件，而是在于个体面对所发生的困难事件时的态度和观点。

通过与大学新生的深度访谈可以发现，有30%的大学新生刚入学前对大学的学习生活充满了向往，但是当实际进入大学后，感觉大学的生活并不如心中所想象的满意，因而会产生倦怠。大学新生由于心理结构发展还未平衡，因此对于一些事情的自我意识常常处于矛盾状态。大学新生自我价值取向单一，自我评价、自我认识以及自我调节系统发展处于特殊时期，缺乏对自我能力和适应水平的客观认识以及对处于困难的程度进行判断和解决。如果没有很好地处理自我认知上的偏差，进而会引发心理危机，产生入学适应不良，对未来的大学学习生活产生影响。

二、做好大学新生适应教育的意义与要求

（一）影响大学新生的学习生活及未来的就业

随着部分高校招生规模的不断扩大，大学生数量也逐渐增多，因此大学新生的入学适应问题也不断地凸显出来。如果大学新生人际关系处理不当产生不适应，会影响到入学后无法适应集体生活而产生退学，或者是家长来陪读等相关问题，继而直接影响到个人和家庭的生活秩序。学习上的不适应会影响到大学新生对学习方法和内容的掌握能力，导致考试挂科，严重的会影响到大学新生升至高年级等问题，间接影响到以后大学新生是否能顺利毕业以及是否能够顺利就职。其次，高校应提早识别入学适应不良的新生，帮助大学新生更好地度过大学生活，以期为国家、企业培养新世纪合格优秀的人才。

（二）有利于提高高校心理健康教育水平

进入大学之后，会开启一段全新的生活模式，使大学新生获得一个认识世界的崭新视角。高校需对新生入学适应问题倍加关注，因为每年都有个别大学新生由于人际关系或学业不适而产生心理障碍、应激事件以及同学、老师之间的冲突问题，并对大学生的在校生活及高校声誉产生重大影响。可见，高校新生适应教育仍需要进一步改善，对心理健康教师专业队伍的建设、心理健康服

务系统、心理健康工作机制与理念都需要进一步完善。保证大学新生入学适应教育工作的科学化，确保适应教育的有效性。对大学新生入学适应进行分析和研究，为高校心理健康教育工作者提出可应用的理论模式。

（三）有助于大学新生提高心理自我调适能力

大学新生适应性教育可以对大学新生自身的优点和缺点等各个方面进行准确的指导，并且帮助新生积极地面对那些难以改变的客观事实。在其他方面，比如学习上、心态上也要积极应对。要协助大学新生筑造起坚强的信心来应对一切挑战，用各种方法调整自我，并且向着正确的、可行的和科学的目标前进。此外，大学新生应该主动调节好自己的情绪，培养自己的良好素质，这样才能在学习和生活中保持乐观和自信。面对大学新生入学困难的问题，要学会心理自助，老师应及时地对学生的点滴进步予以肯定，以充分的社会支持增强其自信心，提高入学适应能力。

第二节　团体沙盘心理技术在大学新生适应性教育中的设计与应用

一、团体活动的总目标

（1）了解新生适应中存在的主要问题。
（2）了解影响新生适应的主要因素。
（3）培养新生爱的能力、真诚、感恩、合作等积极心理品质，提高新生入学适应能力。

二、团体活动的对象

大学一年级新生，专业不受限制，随机分成5～7人一组，一般4～8个组为宜。

三、团体活动设计的理论基础

（一）当代生命全程发展理论

贝尔特斯（P.B.Baltes）认为，生理上、认知上及社会上的变化都会影响人的发展。其中变化包括身高、体重、经验以及知识上的正向增长，也包括随着人的年龄的增长在人体生理机能的退化等的负向变化。贝尔特斯认为，在人的发展过程中，不能忽视背景因素在其中发挥的重要作用。主要从以下三方面进行分析：首先，由人的生理因素影响的，并且伴随人的年龄阶段增长的变化，如入学、退休等正常的社会生活事件的影响；其次，人在面对重大的社会历史事件而影响到人的发展，如20世纪20～30年代经济大萧条、两次世界大战以及后来的计算机革命等；还有由发生的重大、非正常的生活事件对人的心理或生理上的影响，如家人中父亲或母亲的亡故、火灾等。

（二）人的发展的生态学理论

美国学者布朗芬布伦纳（Bronfenbrenner）提出的人类发展生态学理论（the Ecology of Human Development）认为，人的发展是一个成长着的人其有机体在其生命全程发展过程中，与其生存环境的变化而不断相互适应的过程，并且这一过程受到周围环境的影响。布朗芬布伦纳主要提出环境因素对个体行为及心理发展变化的重要作用，同时还提出社会生态环境以四层柱状同心圆为体系，从里到外分别是微系统、中间系统、外部系统和大系统。微系统指的是家庭和学校等，因为对人的影响最为直接。

（三）积极人格发展理论

积极人格发展理论认为，人在人格的形成和发展过程中具有很大的主动性，是自我能动性建构的过程。积极人格理论强调人自身的能力和潜力在人格形成中产生的重要影响，当一个人有积极的行为，所以他的经验，对自己的心理认知模型中，行为和周围的环境会自觉地发挥积极作用，促进自身人格的构建。根据积极人格理论，良好的人格培养的关键，在于一个人是否能够积极地追求幸福，在过程中体验幸福。同时，在能够发挥自己的能力和潜能时，促进自己的积极力量不断壮大。本研究是基于24种积极人格理论，选择"领导""感恩""希望"和"爱"等作为培养研究的一部分，以促进大学新生积极心理品质的发展，从而提高大学新生的入学适应能力。

（四）团体沙盘心理技术相关理论（略）

四、团体活动的方案与实施流程

（一）活动准备

1.教学环境布置

以结构式团体小组形式的全程体验沙盘心理技术培训，6～8人为一个小组，每个小组一个沙盘。因此培训现场的沙盘数量要根据小组数量而定，即有多少个小组就有多少个沙盘。团体过程中还要尽可能避免出现各种外界负面影响因素等。这种安全的物理环境设置，会让每一个小组成员尽可能沉浸在自己小组体验分享中，增强了学习效率和效果。放置沙具的沙具柜或桌子最好摆在现场的四周（或中间），便于学生选择。沙具数量1200个为基础，最佳的沙具配置50～60个/人为宜，一般不少于30个/人，以利于各小组成员能够找到自己最适合的沙具。同时，要准备水、铲子、刷子等备品，也要准备一些可以自制沙具的材料，以备同学们使用。

2.教学设备

电脑、投影仪、音响等多媒体设备，书写白板、白板笔、板擦各1个，8张4开的彩色硬纸、彩色笔若干。

3.课堂作业

要求在课堂上每一个当"轮值组长"的学员要完成课堂作业。作业内容要求包括：小组成员、成员所拿沙具、成员分享内容、沙画主题、对沙画的整体感受、自己的感悟。

（二）活动时间

每周一次，每次120分钟，共7次。

（三）活动过程

在团体沙盘的实施过程中，通过观察大学新生的情绪、行为、认知、人际的变化，从而了解大学新生入学适应水平的发展。依据24种积极心理品质设置团体沙盘主题，设置7次团体沙盘心理活动课程。在结构式团体沙盘活动中促进大学新生积极心理品质的发展，从而能够帮助大学新生顺利地度过入学适应阶段。

具体活动内容如下表所示。

单元名称	目标	主要活动内容
第一单元： 安全感的建立	1.相互认识，初步建立团队，安全感的建立。 2.认识、了解沙盘心理技术的工作原则和工作过程	1）课程安排与考核要求。 2）介绍沙盘、沙盘工作过程和基本原则。 3）破冰活动（室外）：大风吹、找零钱。 4）分组、团建。 5）摸沙，冥想有关自己的3个信息。 6）用沙具呈现自己的3个信息。 7）确定当天的轮值组长，组内分享。 8）组间分享：小组内交流之后，留下轮值组长讲述自己小组内的故事，小组内的其他成员到其他小组倾听故事。 9）最后在大组中进行感悟分享。 10）分享结束后，轮值组长进行拍照留念，并随时记录

续表

单元名称	目标	主要活动内容
第二单元： 今天我坐庄 （当轮值组长）	培养领导力	1）热身泡泡糖游戏。 2）重新选出轮值组长，由轮值组长确定主题、制定规则。 3）取沙具，制作沙盘作品。 4）轮值组长组织大家，组内分享。 5）调整沙具、组间分享。 6）分享与总结，布置写感悟作业。 7）宣誓，结束
第三单元： 爱的鼓励	培养爱的品质	1）热身挑战24秒游戏。 2）《一瞬间的永恒》音乐中，描述一件与爱有关的事情，你的感受如何，并根据感受拿沙具呈现。 3）轮值组长组织大家，组内分享。 4）组间分享。 5）活动后的分享与总结，布置写感悟作业。 6）宣誓，结束
第四单元： 感恩	培养感恩的品质	1）捏肩捶背热身。 2）《感恩的心》音乐中，用沙具表达你最想感谢的人以及原因或你与他的故事。 3）轮值组长组织大家，组内分享，组间分享。 4）活动后的分享与总结。 5）布置写感悟作业。 6）齐唱《感恩的心》，宣誓，结束
第五单元： 希望	培养希望的品质	1）《爱我你就抱抱我》舞蹈热身。 2）《花絮轻撒》音乐中摸沙，同时感受近期的中等的压力事件。 3）取沙具呈现，组内分享。 4）取沙具表示应对压力的措施，组内分享。 5）组间分享。 6）活动后的分享与总结。 7）布置写感悟作业，宣誓，结束
第六单元： 我们是好孩子	培养真诚的品质	1）水果家园游戏热身。 2）歌曲《最好的未来》中寻找内在小孩，回忆自我能回到几岁的状态，并且描述当时的故事与你的感受。 3）取沙具呈现组内分享自己的故事。 4）集体创作沙画，轮值组长为自己的小组进行解说。 5）布置写感悟作业，宣誓，结束
第七单元： 沙盘创意竞赛	培养创造力与合作精神	1）在《相亲相爱一家人》音乐中，团队共同创作一幅沙画，主题任选。 2）要进行评比，选出最有创意奖、最佳主题奖、最佳画面奖、最佳团队奖、最佳解说奖。 3）结束、全体《我和你》手语操

附：结构式团体沙盘开展后学生的分享

10个小组参加团体沙盘活动，并且小组制作团体沙盘的过程都是在带领者的引领下完成。每一次团体沙盘课后，都会对参与团体沙盘的学生进行书面非结构式的访谈。由于篇幅所限，选择B组1～7次的团体沙盘学生的自我评价适应能力发展变化过程。

第一次的团体沙盘主题为"安全感的建立"。主要通过建立团队，让学生在安全的环境中感受沙的基本元素，培养被试的团队精神的积极心理品质。沙画如图4-1所示。以下是学生在制作沙盘时的感悟。

队员甲：很多时候应该学会放下手机，学会倾听他人，去认真地倾听每个人内心的声音，更加了解同学。

图4-1 "安全感的建立"主题沙画

队员乙：我是一个不善于表达自己的人，很少会与他人吐露心声。通过这次团体沙盘课程，我第一次与他人讲述内心的故事，我发现原来有一些心里话是可以与别人沟通的。

队员丙：因为团队安全的力量，我们更加团结，也了解他人，读懂了自己。

队员丁：沙盘体验课程能够让我有比较大的变化，变得更加愿意相信别人，更加乐于展现自己。

队员戊：学会了倾听，学会了观察，不以自我为中心。明白了集体的重要性，如果一个集体中，大家各行其道，就会像一盘散沙，但是在集体中如果大家能够相互包容、照顾彼此，就能让集体关系更加密切。

第二次的团体沙盘主题为"今天我坐庄"。学生在选择沙具的时候更多选择以人物为主，代表潜意识的选择，主要培养领导力的积极心理品质。具体的沙画如图4-2所示。

队员甲：想起了无知

图4-2 "今天我坐庄"主题沙画

懵懂的、冲动的自己，也会想起我的家人。在这个集体中让我感受到我们的成长，是缘分让我们更加亲密，很幸运我们彼此遇见，做着一些有意义的事情，一起分担、一起快乐、一起成长。彼此之间相互了解，相互珍惜。

队员乙：我在身体和情绪上都感觉到很放松，通过变化位置，让我们换个角度重新审视自己和他人的沙具，体会到了不同的小故事带来的意义，也让我们更加了解他人。

队员丙：对自己所摆放沙具的不同角度去观察会有截然不同的感受，好多沙具是相同的，然而不同的人拿到一样的沙具也会有完全不同的想法和故事。

队员丁：让我更加放开自己，忘记烦恼和焦虑，打开了心中曾经放不下的结。通过一次次的沙盘活动，我不仅能够减轻自己的压力，感受到了周围同学的爱，也更加熟悉和了解同学，更好地控制和调节自己的心态。感觉与队员们建立了良好的信任关系，愿意与他们分享我的故事。

队员戊：首先是让我的身体感觉很舒服，我很开心。而且我们的小组在爱的包围中更加愿意展现最真实的自己，我们能够在第一时间想到对方。

第三次的团体沙盘主题为"爱的鼓励"。通过描述一件与爱有关的事情，感受内心的情绪和身体反应上的变化，以此培养爱的积极心理品质。沙画如图4-3所示。

图4-3 "爱的鼓励"主题沙盘

队员甲：让自己更加能够坦然接受自己的不足和不完美，以更加平和的心态对待一切，因为每个人都会有一些不好的过去，但是最重要的是能够勇敢面对，从过去走出来，勇敢面对未来，使自己更加地冷静、自信。

队员乙：我更加地放松，能够全身心地投入到故事中，也能够对他人在成长过程中所发生的故事有所了解，产生了共情。我懂得了爱会伴随一个人的一生，不会因为时过境迁而消失，因为心中的感觉是最真实的。

队员丙：给了我一个机会去思考那些充满爱的画面，从小到大，我们都是被爱所包围着,也正是因为这样,许多的爱被视为理所当然,现在要做的便是回味我们充满爱的成长经历,感谢爱我们的人,因此我们要用实际行动去爱护我们曾经爱我们的人。

队员丁:每个人的成长经历过程中充满了大大小小的爱。我们需要做的就是寻找个机会思考会为别人带来的爱,感谢爱你的人,并且将这份爱传递给他人。

第四次的团体沙盘主题为"感恩",通过扩大意识容器,用沙具表达内心最想感谢的人,以此培养感恩的积极心理品质。沙画如图4-4所示。

图4-4 "感恩"主题沙画

队员甲:首先是想到了很多的感动瞬间,其次感谢所有的遇见,感谢遇到我的同学们,收获了感动,也收获了友谊。我们不断地成长,遇到了各种不同的人,但是总有人给我留下了不一样的情感,感谢所有带给我美好的人。

队员乙:我们要细心倾听他人的故事,而且每个沙具都与他人的沙具有种很奇妙的关系,仿佛在陌生之中早就熟悉了,我很享受这种感觉,这种沙具带给我独特的感觉。而且我在选择沙具的过程中身体很放松,心情很愉快。快乐地回忆起一些美好的故事,不由自主地也快乐起来。

队员丙:让我更多地了解周围的同学,给我一种放松的状态。在成长的路上,因为有老师和同学的陪伴才不会孤单,让我感受到了温暖。

队员丁:使自己的心境更加开阔,忘掉了过去的烦恼,让我回忆生活很多美好的瞬间和感动,同时,也让我更加自信,更加懂得如何表达自己。通过参加沙盘活动,让我对过去的一些事情释怀,也让我更加懂得感恩和珍惜。

第五次的团体沙盘主题为"希望"。学生通过描述最近的一个压力事件,感受内心的体验,再改动沙具的位置,与小组成员分享如何应对压力,以此培养希望的积极心理品质。沙画如图4-5所示。

图4-5 "希望"主题沙画

队员甲：让我慢慢地放松下来，同时也能够找到压力的来源，慢慢地释放自己的压力。每个人都要经历很多不同的阶段，而我在这个阶段感觉自己又重新找到了目标。

队员乙：让我的压力得到了释放，心理和身体上都得到了放松，让我知道了我们应该在面对困难的时候寻求外界的帮助，把压力转化成动力。

队员丙：沙具能够帮助我全身心得到放松，压力得到了释放，在与他人诉说之间更加了解彼此，让我学会了站在他人的角度上体会他人所面对的压力。让我对看事情的角度有了进一步的思考。

队员丁：使我对自身的压力有了清晰的认识，也得到了他人的鼓励，使我有了前进的动力。相信他人的帮助，学会了倾诉。

队员戊：我把我的压力通过沙具的方式告诉我的组员们，我的组员分担了我的压力，我感觉我的压力都变轻了，自己有压力，别人也有可能会有压力。我们之间应该互相帮助，积极乐观地面对生活。

第六次的团体沙盘主题为"我们都是好孩子"。通过寻找自身内在的小孩，回忆自我能回到几岁的状态，并且描述当时所发生的故事与当下的感受，以此培养真诚的积极心理品质。沙画如图4-6所示。

图4-6 "我们都是好孩子"主题沙画

队员甲：回到了过去，我感受到了过往的一些事，但是这些事情也沉淀了自我，触碰了自我，让我更加认清我自己。无论这个世界有什么样的改变，我们应该保持内心的不变。

队员乙：从心情到内心都有感动和想念。不要只懂得一味索取，而应该要懂得给予家人和朋友爱与关怀。

队员丙：感觉自己也回到了小孩子的心态，更能够纯粹地感受到单纯的快乐。心中永远有一个自己，有时候我们要像一个小孩子，认真看清我们自己。

队员丁：能够更加适应周围的环境，敞开心胸从容地接纳一切和面对一切，更好地控制自己的情绪，学会了接受别人的帮助和关心，同时也要懂得感恩和付出。

队员戊：本次沙盘课让我回忆起小时候的快乐，这是我第一次在沙盘活动中讲述自己小时候的故事，也让我感受到了快乐、开心。很多时候的很多事情只有在经历了才懂得珍惜。因此我从现在开始要珍惜周围的一切，珍惜每一天。

队员己：我回到了最无忧无虑的年纪，让我感觉很轻松、很快乐。每个人心里都会有一个宝宝，我们应该让我们的小宝宝在适当的时候开心轻松。

第七次的团体沙盘主题为"沙盘创意竞赛"。本次的团体沙盘为结束沙盘，因此团队共同创作一幅沙画，主题任选，最后各个小组进行评比，选出最有创意奖、最佳主题奖、最佳画面奖、最佳团队奖、最佳解说奖，以此培养具有创造力与合作力的积极心理品质。沙画如图4-7所示。

图4-7 "沙盘创意竞赛"沙画

队员甲：本次沙盘，我作为我们小组解说员，我最大的成长就是我提高了语言组织和表达能力，并且在一次次的讲解过程中有所提高。

队员乙：最后一次的沙盘课结束了，有点不舍得，每一次的沙盘课都特别开心，在我的心里，这7次课程都给我留下了感动。

队员丙：我知道自己未来应该有什么样的追求，我变得更加明确自己想要什么，我也学会了应该勇敢地面对自己的内心，不再逃避，勇敢地面对生活和学习。

队员丁：本次沙盘课激发了自身的想象力与创造力，让我的身心感觉舒服和愉悦。

通过7次团体沙盘课程，在学习、认知、情绪、人际关系、环境认同方面都有不同程度的积极变化。在人际关系上，增强了同学之间的感情，愿意相信别人，体会别人的情绪与感受。更能够理解父母的养育之恩与他人的感受，也感受到了集体的力量；在身心症状上，情绪慢慢平稳，能够放松下来，体会到了舒服、快乐的感觉；在环境认同上，能够越来越适应周围的环境，对未来的生活充满了奋斗目标；在学习上，能够认清自己，发现自己，有学习的强烈愿望和前进的动力。

第五章
团体沙盘心理技术与大学生寝室人际关系的改善

第一节 改善大学生寝室人际关系的意义与目标

一、大学生寝室人际关系及其特点

（一）大学生寝室人际关系

大学生人际关系是高校校园人际关系的重要组成部分，它是大学生在学习、工作、生活过程中结成的一种人际关系。以人际关系的定义为参照，大学生人际关系由认知、情感和行为三种心理成分构成。首先，认知成分反映了大学生个体对人际关系状况的认知，是人际关系知觉的结果，是人际关系形成、发展和改变的基础。其次，情感成分是交往双方在情感上的满意程度和亲疏关系，是与人的交往需要相联系的一种体验，反映出对交往现状的满意程度。第三，行为成分是指大学生交往双方外显的行为表现，如语言、手势、举止、风度、表情等表现个性和传达信息的行为因素，它是建立和发展人际关系的交往手段与形式。大学生人际关系的特点表现为："需求的强烈性、不成熟性、单纯性和丰富性、平等性和自主性"。

大学生寝室人际关系是在寝室这一特定的时空环境中，大学生寝室成员在共同的学习、生活中结成的以精神关系为主要内容，以语言、思想、知识、情感为媒介的交往中相互结成的关系。它从属于高校校园人际关系的范畴，也是高校校园人际关系的重要组成部分。

（二）大学生寝室人际关系的特点

大学生寝室人际关系与大学生其他人际关系相比，既有联系，也有区别，大学生寝室人际关系在具备大学生其他人际关系特点的同时，也体现出一些独特的特点。

第一，相互吸引性。大学生从中学跨入大学，远离了能给予他们情感满足的父母、兄弟、姐妹。提到寝室，大多数大学生把它比作"家"。寝室在一定程度上代替了以前的家。在这个新"家庭"中，寝室成员之间在频繁的接触中，往往能够从对方身上学到社会需要的价值规范、道德准则和处世方式，使他们习得社会生活所需要的道德品质，如诚信、勇气、忍耐等。在大学生活中，几乎每个大学生寝室都按年龄大小进行了排行，一个寝室的几个同学就像一个家庭的几个孩子一样，按大小排序，谁是大哥、大姐，谁是小弟、小妹，分得很清楚。同学间平时的称呼，也不叫名字，而是叫老大老二、姐姐妹妹之类。他们希望除了能在寝室里获得自己单独的一隅之外，还能在寝室里获得以前家庭所给予的安宁；自己在这个"新家"里会得到尊重和理解，能像以前同家人相处一样相互容忍、和睦共处，能像兄弟、姐妹之间那样相互照应、相互帮助。

第二，高度集中性。寝室把来自五湖四海的大学生聚集在一个较为狭小的空间共同生活、学习、交往，人际关系高度集中。一方面，同一个寝室的大学生，年龄相差无几，又是同性，长期生活在同一狭小的区域里，时空的接近容易加强成员之间的相互交往。而另一方面，时空的接近和思想的交流也使寝室人际交往具有极强的随意性和真实性，当然也会自觉或不自觉地暴露自己真实的思想和个性。社会心理学研究发现，临近个体之间一旦超越了一定界限，互相侵扰就会增加，摩擦就会加强。比如，迟睡或早起的学生与早睡、赖床的学生之间，乱放杂物的学生与酷爱整洁的学生之间，有无午休习惯的学生之间，喜欢热闹的学生与喜欢安静的学生之间，说话随意的学生与说话严肃的学生之间，对值日认真负责的学生与对值日敷衍了事的学生之间，住上下铺的同学之间，均可能出现误解、讨厌、反感和敌视，造成紧张的人际关系。一旦这些摩擦和矛盾在时空充分接近的寝室里偶尔或彻底呈现出来，就不可避免产生人际关系紧张的局面。

第三，易冲突性。大学生寝室人际关系多是在人际相处中产生的，而不是人际交往。人际相处是指大学生在较长时间内和周围他人的共同生活，它有关系融洽与关系紧张之分。人际交往是指大学生在日常生活中和周围他人的相互交流和往来，它有适应和障碍之分。人际相处和人际交往在时间、频率、距离上的差异，导致人际相处比人际交往更难。人际交往时，人们都是保持在一定时空之外的，相互之间可能展现给对方的更多的是自己的优点和长处，有些缺点和短处可以通过时空的距离来掩饰；但人际相处是通过朝夕相处形成的，彼此的缺点和短处在面对面的相处中毫无遁形。大学生在经济情况、文化背景、性格特点、兴趣爱好、生活习惯等方面都存在着或大或小的差异，当他们共处一室时，容易产生矛盾，甚至引发寝室成员之间的人际冲突。据研究表明，在大学生寝室中，绝大多数大学生与舍友发生过各种程度不同的冲突，不存在没有发生过冲突的个案。寝室内部普遍存在着紧张的人际关系状况。

第四，后果严重性。寝室虽然只是一个很小的交际圈，可一旦处理不好，对个体、群体乃至社会，都会产生严重的后果。首先，寝室人际关系是大学生心理正常发展、个性保持健康和生活具有幸福感的必要前提，寝室人际关系的不协调带来的直接后果，将会严重影响大学生的身心健康发展。近年来，在大学生寝室中出现的各种恶性事件，给大学生寝室人际关系亮出了"红灯"。其次，寝室人际关系对寝室建设、班级建设，以及优良室风、班风、学风和校风的形成和巩固起着决定性作用。再次，对社会而言，大学生寝室人际关系问题危及的不仅是一个个体的生命，也不仅是一个寝室的和谐问题，而是整个社会的安定问题。

第五，影响深远性。大学生寝室是一个由大学生共同构建的"小社会"，是现实社会的缩影。人际关系便是这个"小社会"的主要构成因素。学生如何在这个"小社会"中"生存"，如何处理好这个"小社会"中的人际关系，不仅是大学生活的重要组成部分，也是为以后步入现实社会做好铺垫。寝室人际关系作为大学生人际关系的重要组成部分，作为校园人际关系的重要构成要素，在很大程度上已经成为了衡量大学生社会化程度的重要标尺。

二、改善大学生寝室人际关系的意义

（一）学生层面

1. 调节大学生身心健康

个人的心理健康在很大程度上是对人际关系的适应。因此，改善寝室人际关系对于大学生的身心健康发展有着重要的意义。如果人际关系失调，可能会引发各种心身疾病。改善寝室人际关系，形成和谐友好的相处氛围，可以缓解大学生对大学生活的不适应，减轻其对家人的依赖和思念，使大学生在大学环境中找到归属感和安全感，舒缓不良情绪，缓解心理压力，调节身心健康。

2. 提升大学生人际交往能力

改善寝室人际关系，使同学们能够勇于表达自己的感情，积极实践交友行为，能更好地融入高校集体学习生活，帮助学生掌握交往技巧，提升人际交往水平。

3. 增强大学生集体意识

改善寝室人际关系，能够使大学生能够认识到寝室是一个集体，并且有意识地维护这个集体，积极地为集体尽自己的一份责任，有集体荣誉感，能够把室友当作家人一样看待，与室友们有着共同的目标，对于室友们有认同感和归属感。改善寝室人际关系，可以营造大学生积极乐观的心态，注重合作，增强大学生集体意识。

4. 改善大学生精神环境

改善寝室人际关系，使来自不同地域和家庭、有着不同价值观和个性特征的寝室成员能够逐渐畅所欲言，彼此真诚地表达感受，倾听他人的心声，反思自己的处事风格和交往方式，分享自我的成长和领悟，增进彼此之间的相互理解和情感融合。寝室成员相互间逐渐消除许多因沟通不良而造成的误解与隔膜，互相宽容，彼此理解，营造良好的寝室氛围。

5. 加速大学生的社会化进程

和谐的寝室人际关系将有利于学生个人社会化的顺利完成。人的社会化是指由自然人向社会人的转变的过程。如果将自然人转换到社会人的过程看作是化学反应，那么人际交往就是催化剂。改善寝室人际关系，能够帮助大学生增强人际交往的信心；提高其人际交往的能力和技巧，能够更好地帮助大学生向社会过渡。无论今后从事何种职业，大学生们都必然会面临人际关系重建和适应的难题，而和谐的寝室人际关系是社会的缩影，是大学生们走向社会的第一步。处理好寝室人际关系，也就意味着能更好地向社会迈进，加速其社会化进程。

（二）学校层面——推动文明和谐校园建设

改善大学生寝室人际关系，构建和谐的大学生寝室人际关系，不仅对大学生自身有着重要影响，也对校园的文明建设和科学管理有着积极的作用。

首先，构建和谐的大学生寝室人际关系有利于高校发挥组织功能，增强高校办学效益。寝室是学校系统中的一个子系统，是大学生停留时间最长的场所。大学生寝室人际关系的和谐，是整个班级和谐的前提条件。唯有在寝室内部团结统一的情况下，班级才能形成强大的凝聚力。和谐的寝室人际关系，无论对于班级的发展，或是对于校园的文明建设，都具有重要意义。

其次，构建和谐的大学生寝室人际关系有利于促成良好的校园氛围，有利于扭转目前存在于大学生之间的"小团体""冷暴力"等不良风气，营造健康向上的校园环境和氛围，同时也有利于高校进一步把"以人为本"的理念落到实处。

因此，构建和谐的大学生寝室人际关系，对于创造良好的校园环境和文明和谐的氛围有着积极的作用。

（三）社会层面——促进社会和谐发展

和谐社会包含三个层面的含义：个人身心、个人与他人、人与生态三个方面的和谐。人际关系和谐是和谐社会大力倡导和追求的目标。大学生不仅是国家建设的主要力量之一，更是日后家庭教育的主要承担者，是下一代的启蒙导师。首先，改善寝室人际关系，构建和谐良好的大学生寝室人际关系，可以帮助大学生实现身心的平衡发展，培养良好的个性心理品质；其次，同他人进行交往是大学生完成社会化转变必不可少的条件。从某种意义上说，寝室集体生活可以帮助大学生形成良好的集体主义价值观和奉献意识，在今后的工作岗位上贡献发挥自己的价值。因此，构建良好的大学生寝室人际关系对和谐社会的建设和发展具有深远影响。

第二节　团体沙盘心理技术在改善大学生寝室人际关系中的设计与应用

一、大学生寝室人际关系团体沙盘心理活动的总目标

（1）发展并完善积极人格和自我意识；
（2）增强自我效能感；
（3）矫正消极的归因方式，形成积极的人际归因模式；
（4）解决沟通困扰，掌握有效的沟通技巧；
（5）激发积极情绪和情绪创造性。

二、活动对象

招募在校大学生，男女比例适当，5～6人一组（封闭式小组），4～6组为宜。

三、大学生寝室人际关系团体沙盘心理活动设计的理论基础

大学生寝室人际关系团体沙盘活动设计的理论基础主要为团体沙盘心理技术理论、团体动力学理论、自我效能理论、人际沟通理论。

（一）团体沙盘心理技术相关理论

1.团体沙盘心理技术理论（略）

2.团体沙盘心理技术的相关作用

团体沙盘心理技术在解决大学生寝室关系问题中具有适宜性。

第一，沙盘心理技术是游戏疗法的一种，它不仅不会使人产生排斥感，还颇具吸引力，使用沙盘心理技术进行寝室集体辅导，能使参与者真正地放弃戒备、阻抗等心态。

第二，团体沙盘心理技术有利于大学生认知移情与行为移情能力的提升，团体沙盘游戏通过个体自由选择与摆放沙具来表达无意识中的内容，个体不需要担心他人会窥视自己的内心，从而减轻了个体的参与焦虑，能更放松地探索

与表达自己的内心世界。这对于改变人际交往的自我偏差具有重要的作用，能有效提高个体的自我表达能力。

第三，在团体沙盘的制作过程中不允许成员间的言语交流，每个参与者需要对他人意图进行揣测，并及时调整自己的行为。制作结束后，团体成员讨论、分享制作过程中的意图，个体通过比较自我揣测与他人真实意图，逐渐学会理解他人，从而有效提高其认知移情与行为移情能力。随着团体中各成员移情能力的提高，个体在自我表露时能感受到倾听者的真诚与理解，人际敏感性降低，自我表露的意愿也随之增加。

第四，在团体沙盘中只允许个体移动自己的沙具，不能移动和触碰他人摆放的沙具的规则设置，不仅有利于更深入地探索自己的内心，还有利于帮助学生树立边界意识和规则意识。当看到别人移动自己的沙具，或者有人不遵守规则，触碰或移动别人的沙具时，听到别人分享自己的感受，也能真诚地分享自己的感受，让每个人意识到自己行为给他人的影响，从而增强自我的感受性、自我觉察能力和自我反省能力，加深对人际交往中的边界、规则的理解，从而自觉树立边界意识和规则意识。

第五，随着团体交往的加深，在遵守"不分析、不解释、不评价、不判断、重感受、重陪伴"的"四不二重"原则下，团体成员在其中收获了积极的人际交往体验，因而更愿意主动交往，也学会了适当拒绝。并且，随着人际交往活动的增加，个体体验到主动交往的作用，因而主动交往能力的长期效应将得以提升。

另外，结构式团体沙盘游戏中建构的团体凝聚力与低参与压力也可以帮助解决团体心理辅导过程中成员中途退出的问题。

（二）团体动力学理论

团体动力学认为，变化总是从"非变化"开始的，并归结于一种"非变化"，增加团体行为的促动力与减少团体行为的对抗力，是引起这种准稳定平衡变化的两种方式。此外，团体本身还具有一种"内在的对变化的抵制"，勒温称之为"社会习惯"，它隐藏于个体与团体标准的关系中，维系着团体生活的固有水平。因而，单有团体成员的变化动机尚不能引起团体行为的变化，还必须有一种足以打破社会习惯和解冻团体原有标准的力。勒温认为，团体决策可以起到这种力的作用，他把团体决策看作是联系动机和行为的中介，是团体促使个体变化的一种动力。

（三）自我效能理论

自我效能理论（Self-efficacy Theory）认为，自我效能感是个体在行动前对自身完成该活动有效性的一种主观评估，这种预先的估计对后续的行为会多方面地发生影响，包括影响人对行为的选择、影响面对困难时克服困难的决心和行为的坚持性，以及影响人的情绪状态。自我效能理论的创始人班杜拉对自我效能感的影响因素进行了大量的研究并指出，多次成功的体验会提高个体的自我效能感，对个体的"无条件的积极关注"会增强个体的自我效能感，个体通过观察能力水平相当者的活动获得的对自己能力的一种间接评估，当自己处于类似的活动情境时，也能获得同样的成就水平。

（四）人际沟通理论

人本主义心理学的重要代表人物罗杰斯在长期理论和实践研究的基础上阐述了形成良好人际关系的三原则，即倾听、真诚、给予爱及接受爱。在倾听方面，罗杰斯认为，人与人沟通交往首先要学会认真地"听"，因为要想真正了解对方就必须学会认真倾听，也只有这样才能保持深刻印象并长久地与他人接触，进而沟通和交流。他还强调，人际交往中最重要的基础是真诚，这种真诚形成于与人沟通交往中，在与人沟通交往时一定要从实际出发，从自己最真实的内心体验出发，不能为了说话或者是达到某种目的而掩饰自己的真实感受。罗杰斯认为，建立良好和谐人际关系的重要基础是给予爱和接受爱，这也是促进人格健康发展的重要因素。

四、大学生寝室人际关系团体沙盘心理活动的方案及实施流程

大学生寝室人际关系团体沙盘心理活动内容及总体方案

实施阶段	活动目标	活动内容
第一单元：与你相识	破冰之旅，建设团队，确定团体规范；体验和认知沙盘	1）带领者自我介绍，并建立与团队的联结。 2）热身活动，小组成员自我介绍，在活动中可以是乳名，将自己重新介绍给组员。 3）由轻音乐+冥想导入，摸沙并分享感受。 4）选取代表自己的3个沙具并依次分享。 5）制作沙画，串讲故事。 6）小组展示队名+队形+队呼，形成团体规范。 7）分享与总结。 8）宣誓、结束
第二单元：我的童年	探索自我，帮助进行自我认知、表达情绪，进一步建立团队成员间积极关系	1）热身活动。 2）轻音乐+指导语（关于童年的故事分享），摸沙。 3）选择3~5个沙具来讲述自己的一个童年故事。 4）制作沙画，组内分享，分享感受。 5）调整沙盘，组间分享，分享感受。 6）分享与总结。 7）宣誓、结束

续表

实施阶段	活动目标	活动内容
第三单元：我的大学	探索自我，帮助正确应对学习和生活中的困难、分析和解决问题的能力、发展自我的创造力	1）热身活动。 2）由轻音乐+冥想导入，摸沙。 3）选择4个沙具来讲述自己对大学生活的感受。 4）制作沙画，组内讲述、分享感受。 5）调整沙盘，组间分享。 6）分享与总结。 7）宣誓、结束
第四单元：心连心——信任	发展建立积极关系的能力，体验爱与被爱的力量	1）热身活动。 2）由轻音乐+冥想导入，摸沙。 3）选择3～4个沙具来讲述自己信任的人或者一件事。 4）制作沙画，组内讲述沙盘故事。 5）调整沙盘，组间分享。 6）分享与总结。 7）宣誓、结束
第五单元：感恩相遇	促进心理弹性水平的提高；增加自我价值感	1）热身活动。 2）带领者选择1个沙具分享自己大学寝室生活中感恩的人和事。 3）歌曲《感恩的心》，冥想导入，摸沙，选择生活中室友让自己感恩的一件事。 4）选择1～2个沙具；组内描述、分享感受。 5）选择3个沙具，送给自己的组员，表达感恩。 6）制作沙画、串讲故事，组间分享。 7）分享与总结。 8）同唱歌曲《感恩的心》，宣誓、结束
第六单元：自卑与超越	探索自我的自卑来源并超越自卑，促进心理弹性水平的提高；增加自我价值感	1）热身活动。 2）带领者讲一个自己体会最深的有关自卑以及超越自卑、自己真实的故事。 3）轻音乐+指导语，摸沙；选择数量不限的沙具，将自己脑海里出现的关于自卑和超越自卑的故事在沙盘中呈现。 4）组内讲述自卑的故事。 5）制作沙画，组内分享。 6）分享与总结。 7）宣誓、结束
第七单元：我们的未来	认识自己对未来生活的向往，呈现对未来的积极想象；自我成长回顾，给予团体成员支持和力量	1）热身活动。 2）由轻音乐《最好的未来》+冥想导入，摸沙。 3）选择数量不限的沙具表达对未来大学生活的期望。 4）制作沙画，组内分享。 5）调整沙画，组间分享、评选。 6）小组展示、颁奖。 7）分享活动的收获，道别。 8）宣誓、结束

第六章
团体沙盘心理技术与大学生班级主题班会

第一节　开展大学生班级主题班会的意义

大学生主题班会作为高校辅导员老师加强思想政治教育、加强班级管理、增强班级凝聚力、促进班级学生相互认识的一种重要活动形式，在高校学生工作中具有重要的作用和意义。

一、主题班会的概念

目前对于主题班会并没有统一的定义。不同的研究者从不同的角度对主题班会的内涵进行了研究。

在《简明教育辞典》中把"班会"（Class Meeting）定义为班级全体成员的会议。班会有一般班会（如周会、晨会）、民主会和主题班会三种形式。而班会的主要形式是主题班会。

《教育大辞典》则认为，主题班会（Topic Class Meeting）是指班级成员根据一个主题而举行的会议。

《中国学生教育管理大辞典》也把主题班会理解为环绕一个主题进行的全体成员的会议，是全体学生学习品德教育、思政教育不可缺少的形式。

不难看出，主题班会是在班主任老师/辅导员老师的精心准备和带领下，有目的地组织全体班级学生，围绕一个主题或事件，采用多种活动形式对全体班级学生进行思想政治教育的班级管理活动。

二、大学生开展主题班会的意义

大学生目前处于"三观"尚未完全确立，自我意识快速发展，心理上想摆脱成人控制、争取完全独立，但是经济上又要依赖父母的特殊阶段，加之目前社会已经处于全球化、信息化，而面对错综复杂的国际国内形式、真假难辨的爆炸性信息，如何增强学生的分辨能力、思考问题和解决问题的能力，是当代高校教育工作者面临的一个极其重要和必要的问题。在高等院校中，主题班会作为大学生班级管理的一种重要形式，无疑是解决上述难题必选的一种解决方法，因此在高校开展主题班会具有重要的作用和意义。

（一）主题班会有助于加强大学生思想政治品德教育

高校辅导员老师通过精心准备主题鲜明的系列主题班会，弥补当代大学生网络信息的片面化、碎片化，使大学生在学习到个人专业知识之外，还能够系统地了解当今国际国内的发展形势，了解我们国家的发展历程，了解我们国家的核心意识形态，帮助学生树立宏大的思想格局和思维方式，树立国家意识、民族意识和集体意识，树立心中有祖国、心中有集体、心中有他人的意识，树立为国家自豪、为集体争光、为他人奉献意识，帮助当今大学生学会处理个人与国家、个人与社会、个人与自然、个人与他人、个人与自己的关系，从而加强大学生的思想建设，引导大学生树立正确的世界观、人生观和价值观，形成良好的品行和德操。

（二）主题班会有助于促进高校班风、学风、教风和校风建设

通过在高校各班级开展系列主题班会，帮助大学生从"灌输式学习""要我学"的被动式学习转变为"我要学"主动式的学习方式，从而更快、更好地适应大学的学习模式和教学模式，帮助大学生深入了解专业内容和方向，培养学习的兴趣和追求，激发学生的学习热情，确立学习目标，养成爱学习、勤思考的学习行为习惯和思维习惯。同时，利用主题班会，让学生共同学习高校的学生管理制度、课堂纪律、考试和学籍管理制度等，帮助学生养成按时上下课、遵守课堂纪律、尊重授课教师、诚信考试等良好的学习习惯。学生个人端正学习态度，树立明确的学习目标，遵守学习纪律，养成良好的学习行为和学习习惯，必定会带动整个班级的学风建设，从而影响教风和校风，在整个高校形成良好的班风、学风、教风和校风。

（三）主题班会有助于高校校园文化建设和内涵建设

通过不同的活动形式，主题班会丰富了学生的内在情感和内体验，使教育活动更加生动、具体和形象，形成了丰富的教育实践经验和理论成果，一定程度上加强了校园文化建设和内涵建设。

（四）主题班会有助于促进班级建设，增强班级凝聚力和向心力

通过开展主题班会，班级成员围绕一个共同的主题，积极献言献策，在共同完成任务的同时，增强了班级成员间的交流与合作，增强了班级成员的班级责任感、荣誉感、自豪感和归属感，从而巩固了班级集体，增强了班级的凝聚

力和向心力。

（五）主题班会有助于加强学生自我教育、自我管理

在参与主题班会的过程中，激发了学生的主观能动性，调动了学生的参与度和活跃度，在主题班会中能敞开自己的内心，从而更好地发现自己、认识自己、改善自己、悦纳自己、超越自己，真正达到自我教育和自我管理的目的。

（六）主题班会有助于有利于学生素质能力的培养

在准备、参与、总结主题体班会的过程中，通过思考、发言、辩论等过程，锻炼了学生的自主思考能力、创新能力和言语表达能力，培养了学生的人际交往和人际沟通能力，促进了学生间的交流与合作。尤其是班干部，在帮助辅导员老师的过程中，更是培养了班干部学生的领导能力和组织能力。

（七）主题班会有助于师生、生生之间的沟通与交流

主题班会打破了常规的"以教师为中心"的教学模式，学生同时作为主体参与到活动的过程中，和老师处于平等的位置，具有相同的话语权。在准备和参与活动的过程中，辅导员老师和学生之间，学生和学生之间，有了更多的沟通和交流，有了思想和情感的碰撞，从而更好地理解彼此，避免了不必要的误解，增加了辅导员/班主任老师和学生之间、学生和学生之间的沟通与交流。

（八）主题班会有助于提高高校辅导员老师学生管理的理论水平和实践经验

在准备和组织主题班会的过程中，高校辅导员老师需要有较强的基本功和专业知识。辅导员老师需要不断更新教育理念，需要了解当代大学生的身心发展特点，需要了解大学生内心的真正需要，需要学会和当代大学生进行有效的沟通方式和沟通技巧等。而这一切都有待于辅导员老师站在一定的理论水平高度，在实践中不断总结经验和教训，因而开展主题班会能够提高辅导员老师的综合素质，提高学生管理的能力和水平。

三、开展大学生主题班会的要求与注意事项

开展一次效果显著、教师满意、学生受益的主题班会，离不开辅导员老师的精心准备和策划，离不开学生的参与和组织，但同时开展主题班会也必须要满足以下要求。

主题班会要主题明确，重点突出。主题是主题班会的灵魂，主题要聚焦，要具有针对性。在选择主题的时候，辅导员老师要深入了解学生，结合学生身心发展特点和实际需要，选取与学生实际生活相结合、学生感兴趣或为之困扰的事件或话题。

主题班会要内容新颖丰富，活动形式生动多样。当代大学生追求个性，喜欢标新立异，内心对新事物充满好奇心，如果主题班会内容单一，形式陈旧，很难吸引学生的用心、认真参与。只有内容丰富新颖、形式生动多样才能增加学生的兴趣，寓教于乐，让学生在积极的情绪体验中接受教育。

主题班会要具有教育性和思想性。一个好的主题班会，要在思想上对学生有所引导，在情感上对学生有所触动，在行动上对学生有所促进。主题班会的最主要作用是对学生进行思想教育，在开展主题班会的过程中，要切实提高学生的思想政治水平，提高学生的思想觉悟。

主题班会要具有计划性和系统性。一个效果良好的主题班会，需要辅导员老师在班干部的协助下做好系列准备工作。从前期的主题选择，到主题班会的活动方案和策划，正式班会的工作流程和人员分工等，都需要紧密地、有步骤地、有计划地进行系统性实施。

主题班会要具有主体性，全员参与。主题班会要坚持以学生为主体、教师为指导，要求班级成员全体参与，每一位学生既是参与者，也是受教育者。尊重每一位学生，发现每一位学生自身的优势和长处，最大限度地调动学生积极性和参与性，发挥整体大于个体之和的作用。

第二节 团体沙盘心理技术在大学生主题班会中的设计与应用

一、团体活动的总目标

（1）帮助学生树立正确的"三观"，进行思想政治引导；
（2）帮助学生树立班级意识，提高班级的凝聚力和向心力；
（3）帮助学生提高自我教育和自我管理的能力；
（4）帮助学生加强人际沟通和人际交往的能力；
（5）帮助学生在班级主题活动中更好地发现自我、认识自我、悦纳自我和超越自我，提高自我认知能力；
（6）帮助学生学会认识和调控情绪；
（7）帮助学生完善职业规划，坚持梦想。

二、活动对象

在高校一个完整班级，每组5～7人，最好不超过8人。

三、团体活动设计的理论基础

（一）团体动力学理论

团体动力学理论由勒温（K. Lewin）提出，来源于勒温的场论。场论坚持心理要研究个人与心理场之间的相互作用，既反对过分强调环境的作用，也反对过分强调内部因素的决定作用。基于此观点，团体形成后，团体并不是各个成员的简单集合，而是一个强有力的"格式塔"。团体与团体之间、团体与成员之间、成员与成员之间相互作用、相互影响，在相互作用的过程中会形成一股强大的力量，即团体凝聚力，而这种凝聚力会反过来影响整个团体形成的速度、发展的阶段及其方向。

（二）社会学习理论

社会学习理论是由班杜拉提出的。他认为，个人的任何行为都可以通过模仿学习来实现，从而获得一种新的行为方式。并且个体的行为受内部因素和环境因素的交互影响，个体在观察模仿对象的行为及其结果后，会将其内化为内部的认知、动机，从而影响外部的行为，而行为结果也会反过来影响内部的认知和动机。在团体提供的接纳、包容的温暖氛围中，成员之间通过观察他人的行为并进行自我反思，相互学习，使自己的行为有所变化，从而建立起新的行为方式。

（三）人际沟通理论

人际沟通（Interpersonal Communication）是指人与人之间运用语言或非语言符号系统交换意见、传达思想、表达感情和需要的交流过程，是人们交往的一种重要形式和前提条件。人际沟通是个体适应环境，适应社会生活，承担社会角色，形成健全个性的基本途径。因此，人际沟通具有传递信息、心理保健、自我认识和人际协调的功能。

人际沟通理论在主题班会中具有重要的指导意义，在班级中，成员之间通过学习，更好地了解自己和他人，并掌握具体的沟通技巧，学会如何传达合适的信息进行有效沟通，从而建立良好的人际关系，减少因人际沟通问题而带来的困扰、担忧和焦虑。

（四）团体心理辅导理论

团体心理辅导又称为团体心理咨询，是一门以心理学为基础的专业知识、理论与技术。它通过团体内人际交互作用，促使个体在交往中通过观察、学习、体验，认识自我、探索自我、接纳自我，调整、改善与他人的关系，学习新的态度与行为方式，以发展良好适应的助人过程。

（五）团体沙盘心理技术相关理论（略）

四、团体沙盘主题班会活动的方案与实施流程

班级主题活动次数	班级主题活动目标	班级主题活动内容
班级主题活动一：我爱我"家"	加强同学之间、师生之间的沟通和交流；增强班级的凝聚力和向心力；提高同学们的集体荣誉感	1）破冰：松鼠和大树。 2）简单介绍团体沙盘心理技术的工作原则、工作过程等。 3）摸沙、选沙具并分享感受。 4）团队建设并展示。 5）制作团体沙画，调整沙具。 6）组内分享。 7）串讲故事，组间分享。 8）宣誓，拍照，结束
班级主题活动二：感恩	让学生感受爱的伟大和无私；让学生懂得什么是感恩，为什么要感恩；懂得怎样去感恩	1）破冰：拍拍操。 2）《感恩的心》音乐中，摸沙、选沙具并分享感受。 3）串讲故事。 4）制作团体沙盘：送给感恩之人的礼物。 5）组间分享。 6）宣誓，拍照，结束
班级主题活动三：团结就是力量	帮助学生认识到团结合作的意义，从而更加地关心班级、热爱班级；体验团队合作的力量与快乐；体验个人对团队的信任与责任；学会如何合作	1）破冰：同舟共济。 2）分享刚才破冰游戏的感受。 3）摸沙并回忆在生活中还有哪些事情和人让你有刚才类似的感受。 4）每人选一件印象最深的事情并拿沙具进行呈现摆放。 5）组内分享。 6）由轮值组长确定一个和合作相关的主题，如"合作使我快乐""强大的合作力量"等并集体制作一个沙盘。 7）组间分享。 8）总结，拍照，结束
班级主题活动四：诚信从我做起	帮助学生体验诚信所带来的积极情绪体验，感受诚信的力量；树立诚信意识	1）破冰：金龙拍拍操。 2）摸沙并选沙具分享诚信故事。 3）串讲故事。 4）调整沙具，集体制作一个诚信相关的主题沙盘。 5）组内、组间分享。 6）总结与分享

续表

班级主题活动次数	班级主题活动目标	班级主题活动内容
班级主题活动五：我自信，我自豪	帮助学生体验被人欣赏、接纳、认可时的积极情绪；正确认识自己、接纳自己，增强自信心	1）破冰：戴高帽。 2）分享破冰带来的感受并用2~3个沙具呈现。 3）增加2~3个沙具呈现自己的两个优点并分享。 4）调整沙具，讲述一件让自己感觉到最自豪的事情。 5）串讲故事。 6）组间分享。 7）总结并分享，拍照，结束
班级主题活动六：风雨彩虹铿锵玫瑰	帮助学生认识挫折的双面性；学会合理归因；增强克服挫折的信心和勇气	1）破冰：风雨无阻。 2）《风雨彩虹铿锵玫瑰》音乐下摸沙，选2~3个沙具来呈现自己所遇到的中等程度的挫折事件并分享感受。 3）增加1~2个沙具并说明当时出现挫折的原因。 4）思考"如果我是你，我会怎么做……"每人给自己和其他成员各选1个沙具来应对挫折并分享感受。 5）调整沙盘，集体创作一个沙盘。 6）串讲故事。 7）组间分享。 8）一起哼唱《隐形的翅膀》，结束
班级主题活动七：生命的美好	让学生体验人生中的美好事物和经历带来的积极情绪，从而爱惜生命，感受美好，树立正确的人生观和生命观	1）破冰：手指操、鸡蛋小鸡和凤凰。 2）轻音乐下摸沙，回忆生命中让你感受到生命的可贵、美好的事例。 3）分享选取3~5个沙具呈现，分享。 4）串讲故事。 5）轮值组长确定一个积极的和生命有关的名称，如"美好的生命""有意义的生命"，集体创作沙盘。 6）组内、组间分享。 7）总结并分享。 8）哼唱《最美的光》结束
班级主题活动八：梦想圆舞曲	让学生体验梦想带来的力量、意义和积极的情绪；帮助学生认清并规划人生目标；增加面对未来的自信和勇气	1）破冰：疾风劲草。 2）摸沙、畅想自己的人生梦想。 3）取沙具呈现，组内分享。 4）想一想，毕业5年后的自己工作、生活及其他方面的情形。 5）取沙具进行呈现，组内、组间分享。 6）总结并分享。 7）哼唱《我的未来不是梦》，宣誓，拍照，结束

第七章
团体沙盘心理技术与大学生积极心理品质的培养

第一节 培养大学生积极心理品质的必要性

一、积极心理品质基本内涵

积极心理品质是积极心理学的一个概念。什么是积极心理学？积极心理学是指心理学不仅要致力于研究人类的各种心理问题，同时也要致力于研究人的各种发展潜力、美德和积极力量等（Seligman & Csikszentmihalyi, 2000）。国际积极心理学网站的首页对积极心理学有一个明确的解释，即积极心理学是一种以积极品质和积极力量为研究核心，致力于使个体和社会走向繁荣的科学研究。因此，积极心理学区别于消极心理学的本质特点是它致力于研究人的发展潜力和美德等积极心理品质，通过对这些积极心理品质的探索与研究，提倡用一种积极的心态来对人的许多心理现象（包括心理问题）做出新的解读，从而激发人自身内在的积极力量和优秀品质，并利用这些积极力量和优秀品质来帮助有问题的人、普通人或具有一定天赋的人最大限度地挖掘自己的潜力并获得良好生活。

积极心理学的创始人塞利格曼（Martin E.P.Seligman）在2000年发表的《积极心理学导论》中指出，积极心理学的目标就是促使人们把关注的焦点从修复生活中最坏的东西转移到建立正面的、积极的品质，将传统的对心理障碍和心理疾病的消极研究方向转向重视人的积极潜能和积极力量的研究。塞利格曼和西卡森特米哈伊提出了积极心理学的三大研究主题：积极主观体验、积极人格特质和积极社会系统。在积极人格特质研究中，塞利格曼和皮特森把积极人格特质分为美德和性格品质（Character, Strengths）两大类。积极品质是人类积极人格特质研究的组成部分，是对人思想、情感和行为等特质的反映和讨论。积极心理品质（Positive Mental Characters）是一种相对持久的、积极的情绪和体验，对个人成长而言，积极的心理品质主要是指爱的能力、工作的能力、积极看待世界的方法、创造的勇气、积极的人际关系、审美体验、宽容和智慧灵性等。孟万金、官群在大样本测量的基础上，运用因素分析的方法对中国大学生积极心理品质的结构和维度进行探究。结果发现：我国大学生积极心理品质有着由六大维度20个分项组成的多维度结构（表7-1）。

表7-1 中国大学生积极心理品质维度及结构

品质维度	具体内容
认知	创造力、好奇心、热爱学习、思维力
人际	真诚、勇敢坚持、热情
情感	感受爱，爱与友善、社交智慧
公正	团队精神、正直公平、领导能力
节制	宽容、谦虚、审慎、自制
超越	心灵触动、希望与信念、幽默风趣

积极心理学是用个体对人生意义的追求来诠释个体的心理，即个体的积极心理活动，其价值在于对个人及群体的生存与发展需要的满足。积极的心理品质作为积极心理的重要内容，也应最终指向人的自由而全面的发展这一目标的实现。

二、培养大学生积极心理品质的必要性

积极心理品质相对于个体、集体和社会三类主体而言，相应具有个体意义、社会意义和集体意义三个方面。

（一）个体的意义

积极心理品质的个体价值是指个体的积极心理活动对其个人全面发展需要的满足。

大学阶段正是一个人稳定个性、确定专业、萌发创造力的关键阶段，大学生积极心理品质意义的现实体现，则体现在有助于身心健康、自我调控以及个体潜能的激发三个方面。培养积极的心理品质可以增强学生心理韧性，更好地预防心理疾病。积极心理健康教育提倡"让学生自己预防自己"，只有学生自身具有良好的、积极的心理品质，如爱心、创造力、对美的感受、乐观、勇气、热情、对未来充满希望等，才是真正预防心理问题产生的最优工具。在高校心理健康教育中转变过去"问题导向"的理念，多强调人的潜能、动机、能力、幸福、希望等积极心理品质，培养注意力转移到学生的积极心理品质上来，关注这些品质的形成过程与培养规律，才能最大程度地促进学生自我心理

水平的发展,保证学生的心理健康,同时也能够促进个人、家庭、与社会的良性发展。所以,要想预防学生出现身心健康问题,就必须致力于培育学生的积极心理品质。

积极心理品质是指个体所具有的良好心理状态中所表现的突出的个性特征。积极心理品质的培养中重要的一项是积极情绪的发展。保持积极的情绪,能促进个体更好地适应环境,从而有利于个体的发展。高等教育的一个重要目的就是帮助大学生建构良好的个体自我调控能力,这种调控就是对自身情绪和行为的控制。有了乐观积极的精神,个体首先会对外部社会产生积极的看法,会主动让自己融入社会关系中,能够尊重他人并按道德要求来规范自己的行为,使自己更加适应社会环境。

在高等人才的培养中,对大学生的精神和价值观引导教育居于主导地位,个体的精神和性格品质也不全是与生俱来的,更多的是后天习得的。帮助大学生个体发展积极的心理品质,会有助于他们追求精神境界和道德修养,将大学生引向社会所希望的发展道路。

积极心理品质还有助于激发个体的创造力。创造力人皆有之,但在现实情况下,大多数人的创造力只是一种潜在素质,需要有积极的心理特征来激发、挖掘这些巨大的潜能。积极的心理品质使个体产生积极的心理倾向,相应地才会产生积极的目标,激发创造欲望,进而去追求目标的实现,从而产生出创造性的成果。我们要重视个人的心理品质发展状况,通过正确引导,使其潜能不断得到开发,从而激发个体的创造力。创造性活动并不是一帆风顺的,人们在创造性活动中总会遇到各种各样的挫折,这时韧性、勇敢、热情、坚持等积极心理品质就会成为继续创造性活动的强大动力。集体中各成员的积极心理品质的发展,有助于激发他们对更高的目标的追求,更好地掌握形势的发展趋势,在组织中也能积极发挥主观能动性,推动集体的发展。积极心理品质以积极的认知品质为基础,良好的创造力、思维力能够促进成员对现状进行理性的分析,正确把握时代发展的主流方向和趋势,从而制定出更加合理、科学的组织发展目标。

积极心态、积极人格的发展离不开积极心理品质的培养,而积极的心态、积极的人格会促使各成员之间互相尊重、互相谅解、共同协商,形成积极的、良性发展的集体氛围,这样一来便会增强个人对集体的归属感,促进组织的团结与和谐。因此,大学阶段对学生积极心理品质的关注和培养是帮助大学生更好地完成学业和为他们初入社会作充分准备的重要一步。

(二)社会的意义

积极心理品质之于社会的意义在于个体积极心理活动对整个社会正常运行和良性发展需要的满足。

具有积极心理品质的人,会产生对美好社会的憧憬和追求,会根据普遍的道德原则来规范自己的行为,去争取更好的社会存在。一个人的价值在于融入社会，须在人类整体的发展中来体现个体的价值。每个单独的个体都是独特性和普遍性的统一体，个体的独特性也只有在社会的普遍性中才能得以体现，个体的积极心理活动同样要超越个体而作出有利于社会发展的选择。

积极心理强调"幸福感"，积极心理品质的培育也是在发展个体的对"幸福"的体验和掌握获得"幸福"的能力。"幸福感"是个体心理活动中重要的因素之一，人类所追求的"幸福"应当是人与人、人与社会以及人与自然之间的三重和谐，个体只有主动地使自己融入社会、与人交往，发展良好的人际的关系，才能拥有正确的"幸福观"，才能真正获得"幸福"。而这种个体主动与他人交往，保持良好的人际关系的积极品质，需要我们主动去培养、去发展。一个和谐的社会是一个各方面利益都能得到很好协调的社会，社会和谐的基础就在于不同的社会群体对主流社会价值观的认同。对于实现社会价值观的认同，处于社会中的每个人人人有责，需要每个个体的积极参与，所以，个体的心理发展状况对构建和谐社会有着重要的现实意义。

社会存在决定社会意识，社会意识的积极发展反过来又推动社会存在的进步。社会历史的发展给我们揭示出一个重要规律：当一个社会处于富裕、和平、安宁、相对和谐的时代时，这个社会的文化发展就会特别关注人的积极性、良好的道德品质、高品质的生活内容等一些个人层面和集体层面的精神需求；反之，社会关注人的精神生活，又会进一步促进社会本身的繁荣和发展，这两者之间互为因果关系。个体积极心理品质的发展、良好心态的保持，都有助于维护社会的稳定、推动社会的发展。具有积极心理品质的人也有着较高的心理承受力，能够用积极的态度消解矛盾、缓和冲突，从而达成社会共识；具有积极心理品质的人也易于其人格的和谐发展，具有和谐人格者能适应多元化的社会，展开积极沟通，共同协商，从而促进社会的和谐。

（三）集体的意义

积极心理品质中的领导能力、团队精神和合作意识，是个体融入集体、服务集体的必不可少的重要素质。

社会中的每个个体都置身于一定的集体中，例如大学生群体在校园、宿舍中学习和生活，毕业后还将进入社会，在公司、单位等集体中工作，集体中各成员的积极心理品质的发展有助于激发他们对更高的目标的追求，更好地掌握形势的发展趋势，在组织中也能积极发挥主观能动性，推动集体的发展。

积极心理品质以积极的认知品质为基础，良好的创造力、思维力能够促进成员对现状进行理性的分析，正确把握时代发展的主流方向和趋势，从而制定出更加合理、科学的组织发展目标。积极心态、积极人格的发展离不开积极心理品质的培养，而积极的心态、积极的人格会促使各成员之间互相尊重、互相谅解、共同协商，形成积极的、良性发展的集体氛围，这样便会增强个人对集体的归属感，促进组织的团结与和谐。

第二节　团体沙盘心理技术在培养大学生积极心理品质中的设计与应用

一、团体活动的总目标

（1）发展并完善积极人格和自我意识；
（2）通过积极认知，积极归因，塑造乐观；
（3）拥有希望品质；
（4）拥有幸福感；
（5）拥有积极情绪和情绪创造性；
（6）拥有感恩品质；
（7）积极人际交往；
（8）积极行动；
（9）拥有健康的生活方式；
（10）良好的创造力与潜能开发。

二、活动对象

招募在校大学生30~40名，专业不限，男女比例合适，分成5~6人，5~8个组。

三、团体活动设计的理论基础

大学生积极心理品质团体沙盘活动设计的理论，主要由积极心理学理论、自我决定理论、团体动力学理论以及中国本土化的培训与应用的新模式——体验（结构）式团体沙盘心理技术组成。

（一）积极心理学理论核心观点

积极心理学理论强调积极情绪的扩建功能，相信在积极情绪的条件作用下，人会有不同的行为选择，或创造出新的思想或行为；反过来，当人采用多种方式去表达积极情绪时，人对积极情绪的感受又更加深刻、更加彻底。同时，积极情绪体验被认为可以扩展人的思想行为指令系统，从而构建持久的个人发展资源，以改变人原来的思想和行为模式并实现螺旋式上升。另外，该理论还认为积极情绪对心理紧张有消解功能，积极情绪可以使人释放由消极情绪带来的心理紧张，使人的心情得到放松，保持机体的健康和活力。

（二）自我决定理论核心观点

自我决定理论认为人具有一种基本的、内在的、自我决定的倾向性，这种倾向性能够引导人们从事其所感兴趣的、有益于其能力发展的活动，以期实现个体对社会环境的适应。自我决定理论从积极心理学的视角出发，从人格的成长和整合的角度来定义需要和动机。人格的成长和整合过程实际上就是不断地感知外界信息，形成自主性动机的过程，这个过程就是自我决定的过程。自我决定理论认为动机是一个从内部动机到外部动机的连续体，包括内部动机、认同性动机、内摄性动机、外部动机和缺乏动机。内部动机来源于个体本身，反映为对行为的兴趣、好奇和学习探索精神等，是人固有的积极品质。它对个体的成长发展有重要影响，是人快乐的主要来源。

（三）团体动力学理论核心观点

团体动力学认为变化总是从"非变化"开始的，并归结于一种"非变化"，增加团体行为的促动力与减少团体行为的对抗力，是引起这种准稳定平衡变化的两种方式。此外，团体本身还具有一种"内在的对变化的抵制"，勒温称之为"社会习惯"，它隐藏于个体与团体标准的关系中，维系着团体生活的固有水平。因而，单有团体成员的变化动机尚不能引起团体行为的变化，还必须有一种足以打破社会习惯和解冻团体原有标准的力，勒温认为团体决策可以起到这种力的作用，他把团体决策看作是联系动机和行为的中介，是团体促使个体变化的一种动力。

（四）团体沙盘心理技术相关理论（略）

四、团体活动的方案及实施流程

实施阶段	活动目标	活动内容
第一阶段：与你相识	回到自我，了解他人；确定团体规范	1）带领者自我介绍，并建立与团队的连接； 2）分组，谈论，并进行小组展示； 3）触摸沙盘与沙，并分享感受； 4）制作沙画，并串讲故事； 5）总结与分享； 6）宣誓、结束
第二阶段：最美好的未来	认识自己对未来生活的向往，激发心中的希望；对上一阶段的活动体验核对	1）由歌曲《我的未来不是梦》导入，并带领团队畅想未来最期望的积极心理品质； 2）选择3个沙具或者雕像来表达未来最期望的积极心理品质的内容； 3）组内描述，串讲故事，分享感受； 4）组间描述，串讲故事，分享感受； 5）总结与分享； 6）宣誓、结束

续表

实施阶段	活动目标	活动内容
第三阶段：心连心	体验爱与被爱的力量	1）对上一阶段的活动体验核对； 2）由轻音乐+冥想导入，带领团队体验当下的积极心理品质； 3）选择4个沙具来表达现在的积极心理品质的内容； 4）组内描述，串讲故事，分享感受； 5）组间描述，串讲故事，分享感受； 6）总结与分享； 7）宣誓、结束
第四阶段：无限风光在险峰	体会成功的不易与坚持的重要性；体验自我处于不断发展的历程对上一阶段的活动体验核对	1）由轻音乐+冥想导入，带领团队体验过去的积极心理品质； 2）选择5个沙具或者雕像来表达过去的积极心理品质的内容； 3）组内描述，串讲故事，分享感受； 4）组间描述，串讲故事，分享感受； 5）总结与分享； 6）宣誓、结束
第五阶段：内心的宝藏	促进心理弹性水平的提高；增加自我价值感	1）对上一阶段的活动体验核对； 2）由轻音乐+冥想导入，带领团队体验如何让自己保持在拥有积极心理品质的状态下学习、生活； 3）选择6个沙具或者雕像来表达如何让自己保持在拥有积极心理品质的状态下学习、生活； 4）组内描述，串讲故事，分享感受； 5）组间描述，串讲故事，分享感受； 6）总结与分享
第六阶段：新的征程	自我成长的回顾，给予团体成员支持和力量	1）对上一阶段的活动体验核对； 2）由轻音乐+冥想导入，带领团队整合自己及团队中的积极心理品质及策略； 3）选择1个沙具或者雕像来表达自己的学习与收获； 4）组内描述，串讲故事，分享感受； 5）根据每个小组的故事与感受，每个成员设计出动作与一句话，进行全体成员的小组展示； 6）总结、分享与道别； 7）宣誓、结束

第八章
团体沙盘心理技术与大学生职业生涯规划

假使你刚刚步入大学校门，一定会出现以下困惑，不喜欢的专业还需要认真学习吗？考研和就业到底是相生还是相克？社团活动有用吗？不善言辞的我永远都没有出路吗？总"听妈妈的话"到底是不是好孩子？……间歇性的踌躇满志，持续性的混吃等死，这似乎成为当代大多数大学生的真实写照，面对大学生的种种困惑，有必要让大学生了解职业生涯规划。

第一节 大学生开展职业生涯规划，做好就业准备

一、大学生职业生涯规划的内涵

如果你想在大学期间少走弯路，大学生职业生涯规划便是捷径。职业生涯规划是一个人主动地、自觉地对其一生中所承担的职务及其发展所进行的预期、计划，并根据变化进行调整。

大学生职业生涯规划就是规划大学期间的学习和生活，创造性地发挥和挖掘自己的潜能，为毕业后进入职场做好准备。大学生职业生涯规划的坚实基础就是"知己知彼"，也就是说你要了解自我、了解你即将要做的工作。然而，刚刚迈入大学的你，连自己到底有几斤几两都没有摸透，连职场是啥还都懵懵懂懂，又该如何制定出未来的职业生涯规划呢？只有把大学四年的生活与学习规划好，等你未来真正步入职场，拥有大学生涯规划的经验，会让你做出更加科学合理的职业生涯规划。

大学生职业生涯规划将结合你自己的目标，制订一份专属你自己的计划书。让你在人际交往、有效沟通、处理压力、情商提升、时间管理、有效学

习、就业、升学、创业等方面得到发展。让你目标逐步清晰，使你不再随波逐流，不再人云亦云，不再跌跌撞撞、不知所措。让你一朝拥有，终身受益。也可以让你成为家长眼中"别人家的孩子"！

二、开展大学生职业生涯规划的意义与途径

近年来，由于经济结构调整和就业方式的转变，高校毕业生就业由计划配置转向市场配置，这种就业体制的变革使高校毕业生就业竞争日趋激烈，做好大学生职业生涯规划，使大学生更清晰地认识自我，了解社会，了解职业生活，自觉、主动地树立正确的择业、就业与创业观念，学会依据社会发展，职业需求和个人特点设计就业期望值，从而把高校毕业生这一潜在的人力资源转化为现实的劳动力，是一项十分重要的工作。

（一）职业生涯规划的意义

职业生涯规划是指在对一个人的职业生涯主、客观条件进行测定分析总结的基础上，对个人的兴趣、爱好、能力特点进行综合分析与权衡，结合时代特点，根据其自身的职业倾向，确定其最佳的职业奋斗目标，并为实现这一目标作出行之有效的安排。职业生涯规划的目的，绝不仅仅是帮助个人按照自己的资历条件找到一份合适的工作，达到与实现个人目标，更重要的是帮助个人真正地了解自己，为自己定下事业大计，拟订计划，筹划未来一生地发展方向，根据自身条件，设计出合理且可行的职业生涯发展方向。因此，大学生首先要认清生涯规划的重要性及深远意义。

1. 要充分挖掘自我潜能，增强就业能力

行之有效的职业规划是通过对自己综合优势与劣势进行对比分析，评估个人目标与现实之间的差距，树立明确的职业发展与职业理想，正确地认识自身的个性特质与资源优势，运用科学的方法，采取可行的步骤与措施，对自己的价值进行定位并使其持续增值，不断增强职业竞争力，实现自己的职业目标与理想。

2. 增强发展的目的性与计划性，提升成功的机会

职业生涯发展要有计划、有目的，不可盲目地撞大运，很多时候职业生涯受挫，就是由于职业生涯规划的工作没有做好，因此应在大学一年级新生中开展职业生涯规划指导，使大学生明白在大学每一个阶段、每一个年级应该学习什么以及怎样努力，从而端正学习态度，激发学习动力，明确发展方向和目标。

3. 提升应对竞争的能力

随着我国市场经济发展的进一步深化，随着经济产业化，使得职业分工更加细致，产业需求的人才更加少而精，产业结构的进一步优化，对从业人员的素质要求越来越高，现实社会充满着激烈的竞争，想要在激烈的竞争中脱颖而

出,并保持立于不败之地,必须设计好自己的职业生涯,实时调整自己与外界环境的关系,不断地提高自己的职业素质,这样才能做到心中有数,不打无准备之战。

(二)职业生涯规划的途径

搞好职业生涯规划必须符合职业生涯规律,认真完成好职业生涯发展的每个环节。职业生涯规划主要遵循以下途径。

1.要了解自己

"知人者智,自知者明"。一个有效的职业生涯规划,必须是在充分且正确地认识自身条件与相关环境的基础上进行的。你需要审视自己、认识自己、了解自己,并且合理地评估自己,包括对自己的兴趣、爱好、性格、技能、智商、情商、思维特点、思维方式、道德水准及社会中的自我等内容。

认真权衡内外环境的优势与限制,通过对自己以往经历事件和处理结果的分析,找出自己的专业特长与兴趣及优势点。了解自己,还要了解自己的人格特质,包括自己的气质类型、性格特点、能力水平等。

2.要确定目标

如果你不知道你自己要去哪里,那通常你哪里也去不了。每个人都有一个目标,这个目标至少对你本人看来是伟大的。没有切实可行的目标做驱动力,人们是很容易对现实妥协的。

制定自己的职业目标没有想象中的那么难,只要考虑一下你希望在多少年内达到什么样的目标,然后,一步一步去实现就可以了。目标的设定要以自己的最佳才能、最优性格、最大兴趣、最有利的环境等信息为依据,制定短期目标、中期目标、长期目标和人生目标。确定目标是制定职业生涯规划的关键。有效地设定目标,以便排除不必要的犹豫和干扰,全心致力于目标的实现。

3.要制定行动方案,开始行动

制定行动方案就像一场战役、一场足球比赛都需要制订作战计划一样,有效的生涯规划也需要有确实能够执行的生涯策略方案,这些具体的方案会助你一步一步走向成功,实现目标。

行动是所有生涯中最重要的一步,因为行动就意味着你开始由梦想向现实迈进,如果动机不能转变成行动,动机最终只能是动机,目标也只停留在梦想阶段。

即刻行动,无论你是大学生还是刚刚踏入职业的年轻人,还是40岁左右正在奋斗的中年人,现在都是你进行职业规划的好时机,只要你有梦想,任何时候开始规划都不为晚。

俗话说得好:计划赶不上变化。影响职业生涯的因素很多,有的变化因素是可预测的,而有的变化因素是难以预测的,要使你的职业生涯规划行之有效,就需要不断地对你的职业生涯进行评估,修正生涯目标、生涯策略,检视方案是否恰当,是否适应环境的变化,不断地修正目标,让你的职业生涯更科学、更实际。

4.要了解职业特点

根据霍兰德的职业兴趣自测(Self-Directed Search,SDS),个人职业兴趣特性与职业之间应有一种内在的对应关系。根据兴趣的不同,人格可以分为以下6种。

(1)R:实际型(Realistic)。这种职业类型的人喜欢身体的、运动的、技术性的活动。从事者以男性居多。与抽象的东西相比,这种类型的人更喜欢处理具体的问题,倾向于选择以机器、物体为对象,以室外活动为特点的工作。适合这类人的职业有机械工人、现场技术人员、驾驶员等。

(2)I:研究型(Investigative)。这种类型的人喜欢独立的和富有创造性的工作;他们一般知识渊博,有学识、有才能,不善于领导他人。适合的职业有科研人员、教师、工程师、电脑编程人员、医生等。

(3)A:艺术型(Artiste)。这种类型的人和他人的接触是间接的,他们通过音乐、美术等创作过程表达自己。此外,他们的感情表达直接,回避和他人相处产生的问题。适合的职业有作家、音乐家。

(4)S:社会型(Social)。这种类型的人喜欢照顾别人、教别人这类活动,语言表达能力强,善于和人接触。他们主要的价值观偏重于人道的、宗教的。这类人倾向于从事以与人接触为中心的服务性工作;适合的职业有教师、咨询人员。

(5)E:企业型(Enterprise)。这种类型的人在指挥他人、监督他人或销售物品的场合下,具有使用语言技巧吸引人的能力。适合的职业有销售、经营方面的工作,推销员、制片人等。

(6)C:常规型(Conventional)。这种类型的人显示出对计算等活动的偏好。适合的工作有事务管理方面的工作,会计师、办事员、银行工作人员等。

我们根据霍兰德SDS职业兴趣测试,可以检查一下,看看自己属于哪种类型的人才,看看你更适合什么样的工作。

5.要树立良好的职业道德

职业道德,即在一定的经济关系中,从事各种不同的职业的人在其特定职业活动中所应遵循的职业行为规范的总和。它主要体现在职业理想、职业态度、职业义务、职业纪律、职业良心、职业荣誉和职业作风方面。

目前,社会用人单位非常注重员工的职业道德品质。媒体上有很多报道,大学生被辞退的现象层出不穷。有的是因为责任心不强;有的缺乏敬业意识;有的缺乏诚信;有的意志力、忍耐力、吃苦耐劳等方面存在不足,没有艰苦创业的意识,经不起挫折,受不了委屈,缺乏奉献精神。

6.要保持良好的就业心态

人的心理状态直接影响着人的言行，也影响着人与周围人的关系。大学生择业心理是一个涉及多个层面的复杂心理活动，首先表现在人格倾向性层面，其次表现在心理健康层面，还有不少人存在着深层人格障碍问题。每一个活动层面的偏差，都直接影响到就业的结果。

良好的心态对于大学生择业前后各个环节具有十分重要的作用，尤其面临重大抉择、心理矛盾冲突、情绪起伏较大的情况下，其心态作用就更加明显。

大学生在心理倾向性方面容易出现对未来考虑过多的情况：部分大学生还抱着一次择业决定终身的观念；有的大学生虚荣心过于强烈，盲目攀比，不愿意去基层锻炼；有的过于急功近利；还有的过于强调专业对口，过于强调兴趣；也有的过于追求职业地位、职业声望，过于从众。

从积极的角度善待自己，每个人都不能改变的是出身、遗传气质；每个人的观念、习惯和行为方式，理论上讲是可以改变的，但实际上改变得很有限。如何对待自己，是心理健康的基础问题。一般来说对自己产生的苛刻、厌恶的念头，都是对心理健康有损的表现。正确的理念是包容自己，善待自己。只有爱自己才能更好地爱别人，"穷则独善其身，达则兼济天下"。

从欣赏的角度看待他人，每一个人都有一种根本的需要，就是渴望得到别人的尊重和赏识。恰当地认同他人，从欣赏的角度看待他人，是一个人心理健康状态较佳的标志。在人际交往中，如果能做到尊重他人，又赏识和赞美他人，那么就能够建起一种广泛且健康的人际关系，同时自身的内心也是充满喜悦的。

从自控的角度适应环境，自我控制是个重要的心理过程，它是每个人适应社会、完成各种任务，协调与他人联系的必要条件。一个人成熟的标志性之一是具备自我控制能力，这是一个人由依赖走向独立的重要环节。情绪的控制、欲望的控制等都是职场必要的素质。

用积极的心态看待生活，自卑、冷漠、自负、悲观等情绪归根到底都是消极看待生活的结果。心态消极的人，对环境、对他人、对自己往往都从否定的角度出发，得出的结论往往是令人失望和失去信心的。心态积极的人，从乐观的角度看问题，往往可以看到希望，激起自己的热情和勇气，最终改变了生活。

从长远的角度看待人生，人之所以有时表现焦虑不安，大部分是过于介意每次的得失，如果把视野放得更为长远一些，一时的得失对于一生来讲仅仅是"沧海之一粟"，对自己的发展不构成任何威胁。用果断的行动改变现实，自暴自弃，悲观失望，妄自菲薄，说到底是缺乏实证的结果。果断作出改变，才能让你走出困境，走出失败、自卑的阴影。

大学不仅要交给大学生专业技能，更要协助每一位大学生找到自己适合的发展方向和职业领域。在教学过程中，我们利用团体沙盘心理技术，对大学生共性的问题进行发展性教育和引导，具有独特的优势。本技术主要针对大学一年级学生设计，实践证明，效果良好。

第二节 团体沙盘心理技术在大学生职业生涯规划中的应用

一、总目标

（1）发展并完善大学生的就业观；
（2）理解和掌握就业政策、法律、法规；
（3）提高大学生的心理稳定性和健康水平；
（4）提高大学生自我意识；
（5）提高大学生适应社会的能力、人际交往能力；
（6）培养大学生积极心理品质；
（7）树立大学生爱国、爱家、爱岗、敬业、守时、守信的价值观；
（8）培养大学生脚踏实地地干一番事业的信心、决心和责任感。

二、活动对象

大一年级学生，36名左右，同质性团体，可以分成6组，每组6人，便于讨论和分享。

三、团体活动设计的理论基础

根据团体沙盘心理技术理论和职业生涯先驱者弗兰克·帕森斯、霍兰德、舒伯的理论有机结合，根据大学生职业生涯的实际特点以及大学生的现状，有机融合、共同建构出来的一系列课程活动体系。

（一）团体沙盘心理技术相关理论（略）

（二）职业生涯理论

1. 帕森斯的特质因素理论

职业生涯辅导的先驱者是弗兰克·帕森斯（Frank Parsons），后人称之为"职业辅导运动之父"。弗兰克·帕森斯在《职业选择》一书中详尽地叙述了系统职业辅导的指导思想技术，弗兰克·帕森斯概括了职业辅导的三个要素：一是清楚地了解自己的态度、能力、兴趣、智谋、局限和其他特性；二是了解有关职业知识与信息，即成功的条件和所需要的知识，在不同的工作岗位上所占得优势、不足和补偿、机会和前途；三是上述两个条件平衡，即根据自身条件及职业信息恰当地判定职业方向。因此个人选择职业的关键,就在于个人的特质和特定的行业要求条件相配。这种方法被称为特质因素理论,是大专院校职业辅导方案的基础。

2.霍兰德的类型理论

霍兰德(John L.Holland)是著名的职业心理学家。他所提出的类型理论的基本假设是:第一,同一种职业吸引具有相同经验和人格的人,职业选择是人格特质在职业中的体现;第二,人格特质与职业都可以分为实际型、研究型、艺术型、社会型、企业型和常规型这六类;第三,六种类型依其之间的相似程度构成一个正六边形,六种类型之间距离越近,相似程度越高;第四,人格特质与职业类型之间的一致性决定了工作上的适应、满足与成就。霍兰德认为,一个人如果知道自己的人格类型和职业类型,就可以预测自己的职业选择、工作变换、职业成就和教育及社会行为。个人的工作满意度、职业稳定性和职业成就感,取决于个人人格特质和职业类型之间的适配度。

3.舒伯的生涯发展理论

舒伯(Donald Super)把职业生涯的发展看成一个持续渐进的过程,一直伴随一个人的一生。舒伯提出一个人在一生的职业发展过程中要经历五个阶段,即成长阶段、探索阶段、建立阶段、维持阶段、衰退阶段。职业发展的五个阶段并不完全和年龄相关,而且各阶段之间并不存在严格的界限,可能有交叉,在人生中的不同时期,都可以经历由这五个阶段构成的一个"小循环"。例如,一个大学生在大学期间对大学生活的适应要经历一个成长、探索、建立、维持、衰退的过程,而大学生活中的"衰退",又是社会职业活动的开始,又要经历一个新的五个阶段的过程。人生的每一个发展历程的结束都是下一个历程的开始,而且为下一个循环做了准备。职业生涯发展是一个循环往复的过程。大学生正处于生涯探索期和建立期之间的转换阶段,主要的发展任务就是通过探索,发现自己及工作世界,包括有关工作或工作世界的资料及信息,结合对个人需要、兴趣、人格、价值观、工作角色及能力的深入了解,从而为未来的职业生涯发展确立明确的目标和方向。

四、团体活动的方案与实施流程

单元与主题	活动目标	活动内容
一,"相亲相爱一家人"——职业生涯之团队建设	介绍结构式团体沙盘的活动目标和活动方式;建立团队;让成员相识;对课程的期望;体验和感受结构式团体沙盘的活动形式	1)手拉手围圈站好,找朋友。 2)身体接龙(按摩腰背)。 3)随机分组(1~6报数)。 4)形成小组,团队建设、展示团队成果。 5)讨论课程目标,颁布课程设置。 6)保密原则,宣誓。 7)总结,结束

续表

单元与主题	活动目标	活动内容
二，"我是谁，认识我自己"——职业生涯之自我意识	协助成员了解自己的个性，接纳自己，正确地评价自己	1）热身小游戏"手指操""模仿秀"。 2）摸沙体验。 3）通过沙具，用象征的手法认识你的人格特质，通过猜猜同组同学特质的方式，进一步体会团体沙盘心理技术"四不、两重、三相信"的工作理念。 4）组内分享。 5）组间分享。 6）总结，结束
三，"我行，我能行"——职业生涯规划之自信与价值观探索	帮助成员了解自信等积极心理品质在职业生涯中的影响，澄清个人的价值观	1）热身小游戏"大风吹"。 2）摸沙体验。 3）通过沙具，用象征的手法表达你认为你做的最有意义的一件事，体现了你的哪些优秀品质。 4）"优点轰炸"，小组成员互相赠送同伴每人一个沙具，用这个沙具的象征意义来表达同伴的优点。 5）组内分享。 6）组间分享。 7）总结，结束
四，"我的未来不是梦"——职业生涯之生涯理想	协助成员对大学生活和未来生涯发展进行初步的规划，总结在互动中所学、所获、所感，鼓励成员进行自我探索	1）由歌曲《我的未来不是梦》导入，让同学们更好地憧憬未来。 2）利用小游戏"水晶球"，看看你未来工作、生活的样子。 3）用沙具表达你的未来的场景。 4）组内分享。 5）组间分享。 6）总结，结束
五，"人际交往"——职业生涯之能力培养	帮助成员了解人际交往、人际沟通、人际互动是职业生涯中的重要影响因素	1）由歌曲《众人划桨开大船》导入，让同学们认识到团体的力量。 2）说句"奉承的话"，用沙具的形式送给对方，让同学们学会如何表达对他人的欣赏和赞美，让组员发现自己身上的闪光点，进一步地认识自己。 3）用同伴赠送的沙具形成沙画，带着感受与沙具和沙画充分链接。 4）组内分享，共同组建团体沙盘，把每个人的优点融入大家庭，体会团体的动力。 5）组间分享。 6）总结，结束

续表

单元与主题	活动目标	活动内容
六，"天生我才必有用"——职业生涯之认识自己与职业	帮助成员通过了解职业特点与自己的人格特质相结合，达到知己知彼，从而规划自己的职业生涯	1）由筷子兄弟的歌曲《你一定会成功》导入，带领团队借助摸沙而积极畅想自己的优秀品质，尤其是自己适合某种职业发展的人格特质。 2）每个人选择4个不同的沙具，其中3个代表自己的人格特质，1个代表自己喜欢的职业特点。 3）形成画面，带着感受，使你的沙具和画面充分链接。 4）组内分享。 5）组间分享。 6）总结，结束
七，"做生活的主人"——职业生涯之时间管理	协助成员高效地掌握及运用时间，在学习与职业生涯规划上掌握主动	1）由小游戏"撕纸条"导入，看看你有效工作和学习的时间有多少。带领团队借助摸沙，积极想象你时间管理上有哪些问题和好点子。 2）把你时间管理的好点子用沙具表达出来。 3）形成画面，带着感受，使你的沙具和画面充分链接。 4）组内分享。 5）组间分享。 6）总结，结束
八，"家乡美"——职业生涯之职业道德	协助成员热爱家乡，关注家乡，树立毕业后建设家乡和为家乡服务的信心和决心	1）由歌曲《家乡美》导入，带领团队借助摸沙，积极想象家乡的人和事、家乡的风土人情等。 2）每个人选择3个不同的沙具，代表你家乡的特产、标志性建筑、历史事件、人物等。 3）形成画面，带着感受，使你的沙具和画面充分链接。 4）组内分享。 5）组间分享。 6）总结，结束

第九章
团体沙盘心理技术与大学生压力应对效能的提升

随着我国改革开放的不断深入，社会环境的不断变迁，大学生面临的压力越来越大，如何帮助大学生有效地进行压力应对，是当前高校学生工作中必不可少的一项工作。而提高大学生的压力应对效能，能够帮助大学生提高压力的应对水平。

第一节 提升大学生压力应对效能的意义

一、应对效能的基本内涵

压力应对（Coping）是关于心理健康研究的重要变量之一。应对也称为应付，是应激研究领域中的一个核心课题。Folkman & Lazarus（1986）将"应对"定义为当一个人判断与环境的交互作用可能会为自己带来负担，甚至超出自己拥有的资源时，他为处理（减低、最小化或忍耐）这种交互作用的内、外需求而采取的认知和行为上的努力。Lazarus（1966）提出，应对可以分为问题指向应对和情绪指向应对。问题指向应对就是指向改变应激引起问题的应对，情绪指向应对就是指向调节对问题的情绪反应的应对。

此外，当面临应激情境时，自我效能也是一个值得关注的重要变量。自我效能感指个体对自己是否有能力完成某一行为所进行的推测与判断。班杜拉对自我效能感的定义是指"人们对自身能否利用所拥有的技能去完成某项工作行为的自信程度"。该概念被提出以后，心理学、社会学和组织行为学领域开始对此进行大量的研究。自我效能感影响或决定人们对行为的选择以及对该行为的坚持性和努力程度，影响人们的思维模式和情感反应模式，进而影响新行为的习得和习得行为的表现。

前人研究显示，自我效能理论可以应用于对生活事件、创伤性经历等压力情境的应对，并有研究者将这一面对应激情境的自我效能定义为应对效能（Coping Self-efficacy），即个体处于应激状态时对自己能否成功应对所具有的信心，是对自己应对能力的评价。处于应激状态下效能高的个体更有信心接受应激的挑战，会采用有效的应对方式，从而维护自身的身心健康。相反，应对效能差的个体则表现为信心不足，无法有效、及时地缓解由应激带来的各种心理生理症状，进而对其健康造成损害。

总的来说，应对效能作为应激情境下的自我效能，是一种特殊的自我效能。应对效能的领域相关性很高，高应对效能的个体能直面更多的应激情境，从而预防心理的健康问题的发生。

二、提升大学生应对效能的必要性

随着社会的变迁，大学生所面临的环境对他们的要求也日趋复杂化、多元化、高级化，这使得大学生承受着日益严重的心理压力。高校管理者和心理健康教育工作者已经开始思考该如何通过有效的途径去指导大学生有效的管理压力。

前人研究指出，大学生心理健康教育工作的重点应该是发展和预防，而不是治疗和矫正。目前关于高校大学生抑郁、焦虑、适应不良、孤独等问题的研究已经趋于完善，关于特殊群体的干预研究也相当丰富，并且具有一定的干预效果。这些研究的被试者往往是心理健康水平低于全国常模的群体，而大批处于亚健康状态的大学生由于没有达到实验干预的指标被排除在外。在人们的生活中，只要是产生变化的环境都需要人们去适应，适应的过程中就会存在压力。Andrews的研究表明，高应激状态下的个体，如果没有足够的社会支持系统或者积极的应对方式，则心理损害的危险度可达43.3%，比普通人群危险度高2倍。

压力并不总是带来消极的后果，其中介条件就是个体的压力应对（Coping）。成功地适应环境、有效地解决问题，可以增加个体的自信心水平，激发个体自我实现趋向。对应对效能进行提升的作用主要体现在以下几个方面。

（一）提高心理健康水平

前人研究表明，应对失败的经历会影响心理健康，引发负面情绪。从个体的应对策略而言，过多地使用非适应性应对方式和较多的身心不健康状态相关，主要表现为躯体化疾病、抑郁、孤独、焦虑。有效的应对可以缓解压力，增加个体自信心水平。个体通过把理论知识应用于实践，并不断练习积极应对方式的建立。通过确定目标、创造条件、解决问题、适应环境这样的过程促进心理健康。

（二）促进个体自我实现

大学是人一生中最宝贵的年华，也是心理发展的关键时期。这个时期，大学生完成自己的角色转换，走向人格的完善与成熟；确定未来的职业目标，不断应对着激烈的竞争压力与挑战。这个时期，几乎每个大学生都会面临着成长的困惑，心理冲突、问题常常发生。而针对大学生的心理辅导也至关重要，通过认知行为的调节、负面情绪的改善、积极应对方式的训练，促进大学良好的适应环境，促进个体的自我实现。个体良好的适应环境，意味着个体有更多的可能去探索自己的潜能。这个过程需要个体不断地积极、有效、成熟地应对外界环境，使得自己的才能和潜能充分发挥，实现个人的理想和抱负，满足个体最高层次的需要。

（三）预防和改善适应不良的应对方式

由于社会压力的剧增，很多人选择使用药物、赌博、攻击、自杀、甚至违法行为来应对目前的生活，层出不穷的恶性社会事件的发生也给人们敲响了警钟。面对压力环境，需要不断调适自己的身心，矫正不良的应对方式。心理健康教育工作者更需要来关注这个话题，通过课程、讲座、沙龙等其他形式，提供积极的应对方式，通过体验、模仿、替换，建立积极的应对方式。

第二节　团体沙盘心理技术在提升大学生压力应对效能中的应用

一、团体活动的总目标

（1）缓解压力；
（2）提高对压力的应对（或胜任）能力；
（3）提高应对压力的认知水平；
（4）增强应对压力的自信心。

二、活动对象

通过招募组成的30～40名在校大学生，分成5～6人组成同质性小组，4～6个组为宜。

三、团体活动设计的理论基础

（一）应对效能的基本理论

根据前人研究，应对效能包含以下三个维度。（1）胜任力：在面临应激情境时个体通过评估自己的应对资源，感觉到自己所能应对或胜任的能力有多大。（2）认知水平：是个体在面临应激情境时，对理智解决问题的努力程度以及积极采取策略的可能性的判断。（3）自信程度：个体处于应激情境时的自信心水平，是个体在以往的经验及人格特征的基础上，对自身的状况、情境的特点以及可利用资源的评估。

另外，班杜拉认为，应对效能受成功经验、替代性榜样、言语说服及生理和情感反应的影响。本方案参照应对效能结构理论，将团体沙盘工作阶段设计为四次活动，分别对应应对效能的三个维度，旨在全方面对应对效能进行工作。

（二）团体辅导相关理论

本方案采用的团体辅导理论主要有人际沟通理论、社会学习理论以及团体动力理论。

1. 人际沟通理论

人际沟通理论指人与人之间使用语言或非语言符号交流思想、互换信息、表达情感的交流过程，是人们交往的一种重要形式和前提条件。人际沟通是个体适应环境，适应社会生活，承担社会角色，形成健全个性的基本途径。因此，人际沟通具有传递信息、心理保健、自我认识和人际协调的功能。团体辅导过程就可视为人际沟通的过程，该理论为人们在团体辅导中如何交往、如何建立良好的人际关系、如何达到有效沟通、避免或减少人际摩擦提供了大量有价值的参考。

2. 社会学习理论

该理论提出个体经验由观察和模仿他人而习得大部分的社会行为。其主要代表人物班杜拉提出个体的知情意不仅跟直接经验有关，还受间接经验的影响，而个体的行为受外在环境因素、个体内在因素的影响，三者交互作用，行为的改变进一步导致人的认识和动机发生改变。团体辅导使得成员处在一种充满理解、关爱和信任的社会学习环境中，在这里，他们不仅能学习其他成员榜样，改变自己的不适行为，还可以在团体辅导情境中通过观察、模仿来学习，使自己的行为有所变化，从而建立起新的行为方式。

3. 团体动力理论

团体动力理论被视作所有形式的团体辅导的重要理论基础。该理论创始人勒温认为人们的生活环境是一个心理和行为的动力场，他提出整体比部分重要。在一个团体内形成的动力场对个体的影响比单独个体的大很多。研究者发现，在团体中运用民主的领导方式能创造自由、信任的气氛，这种气氛能促进成员的工作效率和创造力。在这样的团体中，个人的认知、行为和情感更易受到团体的影响，并且成员之间的相互配合、行为一致也促使团体更有效地朝着目标发展,因此,团体辅导相较于个体辅导,前者不仅能在短时间内为更多人提供心理帮助,还具有利用团体动力的特点来引导个体发展的作用。

（三）团体沙盘心理技术的相关理论（略）

四、团体活动的方案及实施流程

单元与主题	活动目标	活动内容
第一单元:相互认识,组建团队	通过团队建设,建立团队安全感;加深彼此了解,为后面的课程打下一个坚实的基础	1）带领者自我介绍,介绍活动内容及安排。 2）热身活动,分组。 3）摸沙,每人选择3个沙具,分别代表自己的3个信息。 4）组内自我介绍。 5）团建,制定活动期间的团队规则。 6）总结、分享。 7）宣誓、结束
第二单元:沙海聚力	了解沙盘工作的过程与基本原则;加深彼此的了解,增强团队的安全感和凝聚力	1）热身活动,同时选出轮值组长。 2）播放轻音乐,带领摸沙,自我觉察。 3）在沙盘中呈现摸沙感受。 4）组内分享。 5）共创沙画,组间分享。 6）分享与总结。 7）宣誓、布置作业、结束
第三单元:童年最自豪的一件事	帮助参与者认识自身性格优势,运用优势达成目标,提升自信程度,丰富自己的应对资源	1）热身活动。 2）由轻音乐+开场语导入,带领团队体验回忆并感受童年时期最自豪的一件事。 3）选择3～5个沙具表达童年时期最自豪的一件事,用1个沙具代表自己的故事中提取出自己表现出的积极心理品质。 4）组内分享。 5）共创沙画,组内串讲。 6）分享总结。 7）宣誓、布置作业、结束
第四单元:探秘压力	了解自己的主要压力源,学习对压力的评估;觉察压力带给自己的影响	1）热身活动。 2）由轻音乐导入,带领团队体验自己曾经历过的中等程度的压力。 3）压力评估,选择2～3个沙具进行表达。 4）组内分享。 5）想一想压力带给你的影响（好的和不好的）。取沙具进行呈现。 6）组间分享。 7）分享与总结。 8）宣誓、布置作业、结束

续表

单元与主题	活动目标	活动内容
第五单元：找优势来赋能	发现自己与别人的优点，提高自信心，使学生在面临压力情境时相信自己有足够的能力解决问题。同时为团体结束作准备	1）热身活动。 2）摸沙，请大家想一想自己身上的两个优点，选择两个沙具分别代表这两个优点，每人为每个小组成员选择一个沙具，代表你在他身上发现的一个优点。 3）组内分享。 4）组内以第一人称单数串讲别人的优点。 5）总结，分享。 6）齐唱《我真的很不错》。 7）宣誓，布置作业、结束
第六单元：压力应对	学习他人有效应对压力的方法，提高应对的灵活性和水平	1）热身活动。 2）由轻音乐导入，回忆自己一次成功应对过的压力事件。 3）选择3～5个沙具，代表该压力事件和自己的应对方法。 4）组内分享。 5）调整沙盘，命名。 6）组间分享。 7）总结、分享。 8）宣誓、布置作业、结束
第七单元：拥抱压力，快乐人生	接纳压力、拥抱压力，开心生活	1）热身活动。 2）摸沙、轻音乐导入，请大家选择2～3件沙具代表未来，以"拥抱压力、快乐人生"为主题，集体创作一个主题沙盘。 3）组内分享。 4）组间分享。 5）宣誓，布置作业、结束
第八单元：我们一起飞得更高	团体的结束，帮助同学归纳所得，乐观、自信地面对未来	1）热身活动。 2）课程讲解以及团体回顾。 3）分享参加团体活动的收获，总结。 4）小组共议《我们一起飞得更高》的创作。 5）组内分享。 6）组间分享。 7）齐唱《带着梦想一起飞》。 8）宣誓，布置作业、结束

第十章
团体沙盘心理技术与大学生生命教育

第一节　大学生生命教育的目的与要求

一、生命教育内涵

（一）生命教育的发展历程

生命教育这个词汇来源于西方社会，有学者追溯生命教育的先驱理论基础，认为它源于美国所推动的死亡学（Thanatology）及生死教育（Education about Life and Death）。最早旗帜鲜明地使用生命教育一词来推动教育的是澳大利亚的Ted Noffs牧师。他1974年创立了生命教育中心（Life Education Centre，简称LEC），该中心主要的使命是预防滥用药物，防止暴力及预防艾滋病。其后，该中心逐渐发展成为一个国际机构，先在中国香港，然后在新西兰、南非、泰国、英国、美国等八个国家，成立了生命教育中心。至今，在世界各地，有不少小学、中学及大学推行生命教育。

20世纪很多国家均成立了有关生命教育的专门组织：美国成立了死亡教育学会、死亡教育知识智商学会；澳大利亚学校、政府机构、家庭联合成立生命教育专门网站；日本修改青少年教育大纲，注重生命教育的传播与教育是日本重要的生命教育内容之一；英国1986年成立生命教育中心。生命教育的理念是有意识地"选择适合保护和发展学生生命安全和健康生命教育内容，比如对危险的评价、避免和管理，有效的交流，承受压力，寻求意见和建议，问题解决策略，发展自我认知和自尊，探讨对相关生命问题的态度，探索媒介和社会对学生生命的影响"。由此可见，生命教育得到了越来越多的国家的重视。

在我国，台湾地区是最早将生命教育开设进课堂的。20世纪90年代初，由于台湾学校一再出现自杀事件，促使台湾地区的教育部门负责人认为有必要在校园实施生命教育,其目的"就是希望弥补现行教育制度中,偏重知识教育与理性教育,却忽略知识技能以外更重要的德性、艺术、人文之教育。使学生在受教育过程中,不仅学习到知识技能,更重要的是因为有了生命教育的涵养后,知识技能可以成为社会的用处,而不是拿来戕害社会的工具"。1998年,台湾地区教育部门正式对全台湾地区的中学生实施生命教育课程。香港特别行政区自2002年发生数宗震撼整个社会的青少年自杀事件以后,特区政府、社会、学校及社会服务机构纷纷提出加强生命教育,从2004年开始出现以促进小学生身心健康的生命教育课程。

在中国,由武汉大学在2002年的一场"生命智慧——如何善待和开发仅一次属于你的生命"讲座,拉开生命教育的帷幕。关于生命与生活的更多内容是夹杂在素质教育课程中进行,2009年云南省在全省各地、各级学校开设了"三生教育",武汉大学、华中师范大学、北京师范大学、江西师范大学也陆续在学校内开始了大学生生命教育。某种意义上说,中国的大学生生命教育还处于起步成长阶段,水平提升还有很大空间。

(二)大学生生命教育的内涵

生命作为生物体,所表现的自身繁殖、新陈代谢、遗传变异以及对刺激产生反应等的复合现象,生长和发育是生命的基本过程。生命教育,从其字面来理解就是进行有关生命意识、生命内容、生命态度、生命意义等方面的教育。生命教育不仅包括珍惜自己与他人的生命,避免个体做出危害自己、他人和社会的行为,更包括让生命更加丰富和精彩,培养个体正面积极、乐观进取的生命价值观,并且能与他人、社会建立良好的互动关系,尊重自己的生命,尊重别人的生命。生命教育的内涵丰富而广阔,它涵盖人与自己、人与他人、人与社会、人与自然等领域。

大学生生命教育是通过有目的、有计划和有组织地对大学生进行生命意识教育,以熏陶生存能力和升华生命的价值,从而唤醒大学生的生命意识、启迪大学生的精神世界、开发大学生的生命潜能来提升生命质量,关注生命整体的发展,从而使大学生成为具有健全人格、鲜明个性和文化底蕴、珍惜生命的人,最终使他们的生命价值观充分展现。

一般认为大学生生命教育的内涵包括三个层面:第一是教育的方向性,即要以马克思主义为指导思想,以人文社会科学为理论基石;第二是教育的过程性,即教育要体现出生命的整体性和人的主体性,即按照人类发展的规律、社会需求和生命成长来实施教育;第三是教育的目的性,即培养和引导学生热爱生命、珍惜生命来构建健全人格,以及开发生命潜能、培养人生智慧,为学生提高生命质量、实现人生价值和终身幸福奠定基础。

大学生生命教育的使命与责任,是使受教育者对生命有更多的关注与理解,提升个体的生命质量和生命境界,学会尊重生命,热爱生命,呵护生命;学会了解自己,接纳自己,努力地去发现生命和感受生命之美,体验生命之真,并且尊重他人,理解他人,怀着宽容与友善之心去锤炼自己的生命,让人以一种更加积极的态度去展开自己的人生,活出自己的人生精彩。

二、开展大学生生命教育的意义与要求

人的生命过程,是一个多维度的成长历程,具有多重内涵性。它不仅具有人的自然属性,还具有社会属性和精神属性。人的生命的自然属性即自然生命,它决定着人的生命长度,即寿命的长短;人的生命的社会属性即社会生命,它决定着人的生命宽度,是以文化为内核和根基,从零开始不断拓展的;人的生命的精神属性也即精神生命,决定着人的生命高度,并非纯粹指人在成功的顺境中所能达到的高度,还有人在失败的逆境中所处低谷,因为生命的深刻体验和灵性的深层次激发,也构成了富有意义的生命高度的一部分。这三个维度将生命长度、生命宽度和生命高度统一在一起,凝聚成了人的生命亮度,也即个体生命"我之为我"的生命亮点。

一方面,现代社会人们随着我国经济的快速发展,在对物质与欲望的追求中遗忘了生命的价值,造成心智发展尚未成熟的大学生们在面对这种社会变化时感到迷茫,导致部分学生信仰的缺失和精神生活的贫乏,在人生观和生命观上则表现为缺乏敬畏生命的心态,不能正确地对待生命的发展。另一方面,当今严峻的就业形势给高校学子造成了巨大的竞争压力,不同程度的焦虑感存在于大学生人群中,各种破坏生命发展质量的行为比比皆是,比如熬夜、酗酒等一些消极的生活方式导致身体出现亚健康现象。生活中出现的各种挫折和初心的改变,无意义感和空虚感结合而成的生存空虚,导致大学生们看不清或看不到生命的意义。由于忽视了最基本的道德教育和生命教育,使学生们缺少感恩之心,生命意识在逐渐淡化。社会环境也缺乏产生生命意识的土壤。学生们普遍只关注自我,不太在意与别人的关系,也不太在意社会的发展。家庭教育和环境等因素产生的消极影响,使许多大学生生命意识淡薄,缺乏对生命应有的热爱、尊重与珍惜。他们往往会做出极端的行为,甚至走上人生的不归路。这不仅忽视和践踏了自己的生命,而且部分学生存在不同程度的心理障碍,如自卑抑郁、过度自尊、自我封锁、网络成瘾、无视生命、自杀、伤害他人生命等现象频频出现在大学校园中。从清华大学学生刘海洋伤熊事件,到药家鑫撞人杀人案件等极端案例竟然都发生在当代大学生身上。

生命教育承载生命之重,它是素质教育的重要因素,是现代教育的基本任务,是大学生全面发展的基本途径。开展大学生生命教育,培养广大学生对自己、对他人、对自然、对社会的关爱情怀;提高广大学生对生命及其存在价值的认识,真正做到认识生命、热爱生命、尊重生命、珍惜生命、敬畏生命、超越生命,增强责任意识,把自己培养成为对社会有用的人具有十分重要的理论意义和实践价值。

2005年3月,联合国启动了可持续发展教育十年计划。该计划指出,可持

续发展教育基本上是关于价值观的教育,这种价值观的核心就是尊重。生命教育是全人教育的基础,亦是终生学习的核心内涵。

第二节 团体沙盘心理技术在大学生生命教育中的设计与应用

一、团体活动的总目标

(1)了解生命的起源。
(2)认识自我的独特性。
(3)认识生命的历程。
(4)理解生命的价值。
(5)呵护生命。
(6)感恩生命。

二、活动对象

(1)大学生心理健康教育课程的学生。
(2)招募35名大一至大四的学生。专业性别不限,但尽可能多元化存在。
(3)大学生生命教育课程。

三、团体活动设计的理论基础

大学生生命教育团体心理沙盘活动设计的理论主要以生活教育理论、人本主义理论等为依据,以教师和学生生命价值的充分发展和发挥为宗旨,以教育价值和教育意义的充分实现为最终目标。

(一)生活教育理论的基本原理

生活教育理论由中国著名教育家陶行知先生创立,其三大基本命题是"生活即教育""社会即学校""教学做合一"。其实质就是使教育与生活、教育与社会实际紧密联系,培养活生生的学生。陶行知先生认为,旧学校与社会之间隔着一道高墙,用陈腐、古板、枯燥的旧知识培养"少爷小姐",制造书呆子和"工呆子";他抨击旧教育"重教太过""教学分离""把活泼的小孩子做成了书架子、字篓子,摧残了学生生气勃勃的身心,使无数血气方刚的青年沉沦、夭折"。他认为旧的教育完全走错了路,现在已到了山穷水尽,不得不另谋生路的时候了。这一思想强调,教育的根本意义即生活的变化、生活的改造;生活是教育主张的源泉、中心与依据,蕴含着对教育的重建与对人生命的尊重。它昭示人们应该格外重视对人和人类未来的关切、关注和关心。这是一种对人生最高意义的关怀，是充满人文精神的活生生的教育。

（二）人本主义理论的心理学原理

人本主义教育思想的核心是人性化，主张发展人性和追求自我实现，主张人类具有自我实现的性向、潜能和倾向性，认为人是主动的、成长的、追求有价值目标的、有其积极生命和生存态度的；人本主义强调教师要相信学生的自我发展，尊重学生的人格，充分肯定学生的尊严和价值，重视先天潜能的开发；人本主义教学尤其重视情感陶冶，认为教学就是情感活动的过程，情感活动左右着人的精神世界。

（三）终极关怀教育的基本原理

对终极关怀教育虽然尚存有不同的理解，但就其对人和人类未来的关切、关注和关心这一核心思想而言是共同的。这是一种对人生最高意义的关怀，是充满人文精神的活生生的教育。它要求确立以人的发展为本位的主体性教育目的观，要求确立尊重民主平等的学生观，要求在文科教育、科学教育、教育技术中体现人文关怀，要求打破整齐划一的"机器人"教育观，树立具有生态意义的"生命"教育观。

（四）个性发展理论的基本原理

人的个性发展具有两种可能性，一种是积极的从善的可能，另一种是消极的从恶的可能。我们努力的目标是抑制学生个性消极因素的滋长，引导学生通过自身的"悟"作出何去何从的正确判断，成为真正自由独立的、潜能得到充分发挥的、不断获得价值和尊严的、能创造性地适应不断创新和变化的世界的活生生的个人。

（五）结构式团体心理沙盘技术相关理论（略）

四、团体活动的方案及实施流程

实施阶段	活动目标	活动内容
第一阶段：认识生命	理解人类生命自然属性的产生的过程，知道自己的出生故事	1）建立团队，简介结构式沙盘心理技术。 2）观看视频：生命诞生。 3）触摸沙盘与摸沙，选择与自己生命诞生相关的5个沙具。 4）组内描述自己的沙具及故事。 5）组内分享和串讲故事。 6）调整沙盘，串讲故事，分享感受。 7）总结与分享。 8）宣誓、结束。 9）课后作业：生命诞辰的痕迹

续表

实施阶段	活动目标	活动内容
第二阶段： 独一无二的我	欣赏生命：认识自我，接纳自我，欣赏自我	1）音乐+摸沙，思考"我是谁？我有哪些优秀品质？"选取3个沙具代表自我的3个优秀品质。 2）组内猜沙具。 3）组内描述，串讲故事。 4）调整沙盘，讲述故事，分享感受。 5）总结与分享。 6）宣誓、结束。 7）课后作业：找出自己更多的优秀品质（不少于15个）
第三阶段： 我与Ta的生命故事	尊重生命：体会生命的责任和关爱	1）视频：《小猪的故事》。 2）由轻音乐+冥想导入，冥想：我与Ta的生命故事。 3）取3个沙具，代表与Ta的生命故事。 4）组内描述自己的沙具及故事。 5）调整沙具，讲述故事，分享感受。 6）总结与分享。 7）宣誓、结束。 8）作业：写给Ta一封信
第四阶段： 生命的力量	认知生命的价值，探索生命的力量	1）轻音乐+冥想导入。 冥想：我在人生路上战胜困难的一件事。 2）选择3个沙具代表战胜困难的事或画面。 3）组内描述自己的沙具及故事。 4）组内分享和串讲故事。 5）调整沙画、分组讲故事，分享感受。 6）总结与分享。 7）宣誓、结束。 8）作业：理想实施时间表
第五阶段： 爱在身边/快乐源泉	呵护生命 生活中处处都有爱的关怀。因为有爱，所以快乐	1）轻音乐+冥想。 冥想：我带给别人的快乐与幸福的事。 2）选择3个沙具代表快乐与幸福的事。 3）组内描述自己的沙具及故事。 4）调整沙具，组间讲故事，分享感受。 5）总结与分享。 6）宣誓、结束。 7）作业：每一天的幸福
第六阶段： 我的理想 感恩生命	感恩生命 践行理想	1）热身音乐：《我是一只小小鸟》。 2）轻音乐+冥想导入。 冥想：我内心一直坚守的人生理想。 3）选择3个沙具代表自己的理性。 4）组内分享和串讲故事。 5）调整，组间讲故事，分享感受。 6）课程总结与分享。 7）宣誓、结束

第十一章
团体沙盘心理技术与高校学生干部合作力培养

第一节 大学生干部合作力简介

一、大学生干部合作力基本内涵

（一）大学生干部合作力定义

合作是个人与个人、个人与群体、群体与群体之间为达到共同目的，彼此相互配合的一种联合行动。顾名思义，合作力即合作的能力。大学生干部合作力提升的核心内容则即在于提升个人与个人之间、个人与团队之间、团队与团队之间合作的能力。具体来说，大学生学生干部合作力指的是在学生活动的组织、布置、实现的过程中，学生干部本人能够觉察自己的所思、所想、所为，能够在与其他人的互动中学会倾听、共情、互助，并在此基础上激发以团队为荣、为团队争光的优秀品质与能力。

（二）大学生干部合作力训练的基本内容

合作力是核心竞争力，是一种综合能力。高校大学生干部合作力的提升即离不开团队成员每个人的不断成长，更离不开整个团队的通力合作。总体来说，团队合作力提升的核心要素是提升团队成员的人际关系协调能力、自我觉察能力、有效沟通能力、情绪管理能力、清晰定位与配合能力、责任担当能力。这些能力的养成与训练，需要在实践中或者有针对性的训练中不断得以提升。具体来说，这几个核心能力训练的基本内容包括以下几方面。

（1）人际关系协调能力。改善与协调人际关系是培训合作能力的前提条件，一般情况下良好的工作关系也会导致良好的合作，因此在培训团队中，常常以改善人际关系训练作为合作能力培训的内容。

（2）自我觉察能力。需要团队成员能够在团队中、与他人的互动中具有清晰的自我觉察能力："我当下的感受是什么？""为什么有了这个感受？""当我有了这些感受的时候，团队的其他成员的感受如何？""在这个感受的背后，我的认知是什么？""我的行为模式是什么？我行为模式的背后是如何形成这部分的？"等等。自我觉察能力的提升是一切能力提升的基础，是提升合作力的核心能力。

（3）有效沟通能力。沟通的有效性是一门学问，更是提升合作力的有效手段。如何在沟通中既能达成一致性，又能关照彼此的感受，让合作富有持续性，是需要团队队员养成的良好素养。

（4）情绪管理能力。团队合作中会出现各种各样的情况。每个队员在合作的当下能觉察并管理好自己的情绪，对整个合作的推动至关重要。

（5）清晰定位与配合能力。作为团队的核心成员，需要每个人具有整体与局部的视角。当每个人都具备了这个能力，才能在合作中寻求自己的位置并与团队形成默契配合。

（6）责任担当能力。团队在合作过程中难免出现或多或少的"偏差"，团队成员需要在个人成长及团队成长中看到，自己担当的部分在哪里？如何具体实施和客观评价这个部分，对于团队成员个人成长和团队合作力的提升具有重要意义。

二、大学生干部合作力培养的意义和途径

（一）大学生干部培养合作力的意义

合作力具有鲜明的时代需求特征。现阶段高等教育让越来越多的人有了享受高等教育的权利与机会。大学生数目众多，是未来社会建设的主力军，大学生学生干部群体更是未来社会发展建设的中坚力量。大学生学生干部是高校学生活动的主要策划者、实施者。高校学生干部的遴选是优中选优，层层选拔上任。但是遗憾的是，目前在很多高校中尚存在学生干部重任用、轻培养的弊端。很多学生干部由于具有学习成绩好、文字功底好、理解能力强等优势被选拔到学生干部队伍中后多成了老师的助理、学生活动中的"苦力"，更多的是在活动中"野蛮生长"。当团队任务没有达成或者不够完善时，出现的便是责任推诿、找别人毛病等问题，团队的战斗力、合作力不断削减。所以，未来高校学生工作、学生干部的培养需要在合作力方面下狠功夫，促进学生干部群体健康成长。大学生学生干部培养合作力主要具有以下重要意义。

（1）加强对学生干部培养、促进学生干部群体自我成长。大学生学生干部群体合作力培养核心，在于培养团队成员人际关系协调能力、自我觉察能力、有效沟通能力、情绪管理能力和清晰定位与配合能力、责任担当能力。在实践

或者团体训练当中，当团队成员具备了这部分素养，自然会促进其个人未来走向社会后能够走向成功，影响并带动身边更多人的成长。

（2）塑造榜样力量，推动学院院风建设。整个学生干部团体数量庞大，学生干部作用的发挥对于整个学院的院风建设、学生优秀品质的养成具有榜样的力量，是推进学生工作创新的重要渠道，所以培养大学生干部群体的合作力是大学人才培养的重要环节。

（3）提升高校人才培养质量。高校人才培养任务，是向社会输送各类专业人才、综合素养高的社会栋梁。学生干部更是未来国家建设的中坚力量。在大学阶段对学生干部重点进行合作力培养，对其适应社会、时代需求，为国家、社会贡献更多力量提供了可能。

（二）大学生干部培养合作力的途径

大学生学生干部合作力的培养，总的来说可以通过在系列活动的组织实践中不断提升并通过有针对性的运用心理学技术进行提升和训练。

（1）在不断实践中锤炼大学生学生干部合作力。大学的学生活动丰富多彩，校园文化层次高、维度多。学生们可自愿参与到自己喜爱的领域，比如科技竞赛领域、社团活动领域、体育文艺活动领域等，这些活动的策划和组织实施的主力军便是学生干部。在这些活动中，学生干部通过反复研究方案的可行性并努力在各院系竞争中脱颖而出，这些都需要主要学生干部的整体把握能力、协调能力，各部门学生干部通力配合能力等。在这些锻炼平台上，学生们有机会一方面形成独立思考自己负责领域的行动方案，另一方面提升与整体布局相互配合协调、相互补位的能力，即合作力不断得到提升。

（2）运用心理学技术对大学生学生干部的合作力进行有针对性的训练和培养，这个目前在高校中开展尚少，未来应用空间广大，其主要途径有以下几个方面。

① 个人成长小组。这个小组重点挖掘组员自身内在资源，促进其对自身成长的觉察，可释放在成长过程中的负向情绪，梳理成长过程中遇到的困惑。组员可在其他组员分享的过程中获得启发或者感悟，从而进一步促进自我成长。团体活动设计中，合作力的养成就在团体成员的互动中得以实现。在团体活动中，通过讨论、互动分享环节，更容易让彼此打开对话窗口。无论你是高谈阔论还是沉默不语，都有存在的意义。重点是在团队带领者的引导下，团队成员互动的影响下，团体成员能在互动中实现自我觉察部分，而这部分是团队个人及整个团队和谐成长的核心部分。在团体的互动过程中，团体成员会通过共建合作约定的方式建立成长同盟，并在整个过程中遵守这部分约定，这便是团队前行的规则。有了规则的建立，团队建设初见规模，后续便可有序推进与开展。

② 团体动力成长小组。这个小组需要心理学与学生管理经验丰富的老师作为带领者，可以定期开展，促进团体成员自我成长。这个小组更多的是讨论

行为背后的意义，团体成员对发生事件的理解和看法，充分挖掘组员资源，形成合力，提升整个团队的合作力。在团队成员的互动过程中，成员间或清楚说出提问理由和根据；或认真地聆听他人的意见，努力了解他人的观点，说出你自己的观点；或提一些相关的问题，以便全面地探究所讨论的问题，然后设法去回答问题；或把注意力放在增加了解上，而不去试图去证明自己观点的正确性。这所有的互动过程都是每个人成长的过程，促进团体成员的自我觉察，并在自我觉察的基础上实现螺旋式成长。后续的过程中，精准结构化的设计更是让团队有活力，整个团体便会生发出独特的团体成长动力，这个动力部分是团体成长最具生命力、最具魅力的部分。

③ 潜意识卡牌游戏。该形式最大的优势是容易被团体接受，更容易形成对话空间。好的卡牌游戏设置可以迅速运用自由联想技术，把团队建设、活动设计等主题融入其中，形成活动方案。在团队队员的相互碰撞中产生更多的创意，促进团队活动更新颖、更多样。

④ 结构性团体沙盘心理技术的应用。这个是沙盘技术本土化的成功技术，可充分利用其主题鲜明、参加人数多、更加开放的特点，促进团体合作力的提升。

第二节　团体沙盘心理技术在培养大学生干部合作力中的设计与应用

一、团体活动的总目标

（1）人际关系协调能力；
（2）自我觉察能力；
（3）有效沟通能力；
（4）情绪管理能力；
（5）清晰定位与配合能力；
（6）责任担当能力。

二、活动对象

院团委学生会、级队、班级主要学生干部。

三、团体活动设计的理论基础

大学生合作力团体沙盘心理活动设计的理论主要理论基础为团体动力学理论、社会学习理论、积极心理学理论、行为主义心理学理论、催眠理论等组成。

1. 团体动力学理论

团体动力学创始人勒温提出"场论"的概念。他认为：场具有复杂的非物理力及它们之间错综复杂的变化，这种变化所产生的动力结构使场成为动力场，随着动力场的变化，人的心理和行为也随之变化。所以在做结构式团体沙盘时，每个小组成员都形成适时场域，整个小组在每个小组成员的分享和感悟中，能量也在不断流动，对每个成员产生心理扰动，形成成长动力。

2. 社会学习理论

社会学习理论创始人阿尔伯特·班杜拉提出：人类能够通过观察和模仿他人的行为进行学习。观察学习的对象可以是生活中的某个或某些人，也可以是电影、电视或小说中的人物，通过象征性中介物呈示榜样的行为方式，从而扩大影响范围和感染力，提高咨询效果。结合结构式团体沙盘，小组成员可在特定主题或者特定设定下不自觉地观察和模仿小组成员的思维模式和行为模式，促动自我新的思考、新的模式产生。

3. 积极心理学理论

积极心理学认为，积极心理是指正确的人生观、世界观、价值观以及信仰，是人生旅途不可或缺的指南针和方向盘，也是进行心理锻炼和治疗的必要指导，挖掘与培养积极的心理品质及人性中的优点、积极力量和美德等是对抗心理疾病的重要调节与缓冲器。在大学学生干部合作力培养主题的团体沙盘中，各优秀组员的品质凭借沙盘得以呈现，能够推动小组成员内部去看自身具备的部分和其他组员具备的优秀品质部分，并容易在相互的影响中形成合力。

4. 行为主义心理学理论

行为主义观点认为特定的环境刺激可以控制特定类型的行为。通过正强化新的行为来替代旧有的行为模式。在以提升大学学生干部的团体沙盘中，可以通过特定主题、特定活动设定，借由沙盘呈现各个小组成员的行为模式，当带领老师能够熟练运用心理学技术进行扰动，或者小组成员的分享对其产生触动时，小组成员在沙盘中呈现的新的行为得以强化，自然可以在接下来的学习生活中用新的行为模式去替代旧的行为模式。

5. 催眠理论

催眠是一种尝试放松和高度认可的表现，在完全放松的情况下，潜意识会开放并吸取对自己有帮助及有益的暗示。当催眠治疗师进行催眠时，人会忘记身体机能和自我意识，这会使人更容易接受暗示。在治疗过程中不断地给予暗示，并持续多个疗程，会使新的改变成为个体永久的接受。催眠理论在结构式团体沙盘应用中可以用于小组成员建团之初放松、游戏进行过程中新模式的强化和整个团体沙盘结束的总结阶段。特别是清醒催眠的应用，对于学生干部在以后工作中合作力提升会起到潜移默化的催化剂作用。

四、团体活动的方案及实施流程

实施阶段	活动目标	活动内容
第一次活动：构建家园	目标：建队之初，认识自我，觉察各自行为模式，合力构建家园	1）破冰游戏、摸沙、引导、分享感受。 2）选组长、定规则、制作沙画。 3）每轮制作分享。 4）听别人的故事，探索自我内在。 5）总结与分享，给沙画命名。 6）宣誓、结束
第二次活动：过去·现在·将来	目标：梳理自我内在；觉察过去、现在所为对自己、对团队将来的影响，清晰自己未来的努力方向	1）摸沙、引导，看过去、现在、未来。 2）将沙盘分成3部分，每个人可选3个沙具分别代表过去、现在和将来。 3）组内描述，串讲故事，分享感受。 4）组间描述，串讲故事，分享感受。 5）总结与分享。 6）宣誓、结束
第三次活动：铁三角	目标：体验从别人的视角看自己、看别人；从自己的视角看别人、看自己	1）对上一阶段的活动体验概述，讲述本次活动目标。 2）沙盘按人数分区，每人拿5个沙具创建自己的世界。 3）轮换位置，每人可以动别人1个沙具（放入、拿走或者调换位置）。此过程止语。 回到自己位置，分享自己最初的故事。别人调整后自己的感受。 4）分享自己动别人沙具的想法、感受。 5）总结与分享；宣誓、结束
第四次活动：同心圆	目标：厘清自己、别人，共同感受合作力提升带给自己的喜悦	1）由轻音乐+冥想导入，带领团队体验过去的感受、沟通力、感受力、觉察力等带给自己的喜悦。 2）选择5个沙具或者雕像来表达过去活动带给自己的喜悦。 3）沙盘分成3个区域，并以中心点为圆心画两个同心圆。第一层级为"自己"，第二层级为"自己认为的别人眼中的'自己'"，第三层级"为别人眼中的'自己'"。分享自己认为的和别人认为的不同。 4）分享课程带给自己的感悟。 5）总结、宣誓、结束

第十二章
团体沙盘心理技术与高校留学生心理健康教育

随着我国高等教育国际化的进一步深入发展，越来越多的留学生来到中国求学，他们逐渐成为高校校园里一个特殊的群体，关注他们的心理健康是高校学生工作中不能忽视的一个部分。

第一节 留学生心理健康教育的意义与基本要求

一、留学生心理健康教育的必要性

近年来，随着"一带一路"倡议的不断推进，高校办学国际化的开放程度越来越高，来华留学生队伍日益壮大，已成为高校学生中一个重要特殊群体。留学生面临着文化冲击和震荡带来的诸多心理压力，超过70%的留学生存在不同程度的抑郁，留学生的心理状况不容乐观，心理适应欠佳（陈琇霖，2014）。

留学生的心理健康状况已经引起教育管理者和学术界同行们的关注：胡芳（2007）、武志刚（2010）、陈玳伟（2016）等对于留学生心理健康状况及产生心理问题进行了因素分析；王小尚（2011）、段伟丽（2017）、单志英（2016）等分析了留学生心理健康教育的方法、机制、模式等；杨军红（2009）等在跨文化适应等方面进行了积极的探讨。上述研究成果为今后的研究奠定了基础。

但是，由于存在文化差异和语言限制，对留学生深层次的心理状况难以进行深入的了解，对其心理问题产生的原因无法进行深入研究，因此提出的教育对策可操作性和可干预性不强；学校的专业心理咨询老师由于文化差异和语言沟通的困难，无法对留学生提供深入的心理咨询服务。另外，在咨询理论上，欧美人士比较认同和接受人本主义和心理动力学派（精神分析学派）的理论和方法，而对于指示性心理辅导比较抵触，不希望从心理咨询师那里得到具体的意见。来自东盟、非洲等地区的留学生更具有特殊的心理文化背景（雷克明，2013）。因此，寻找一种非言语的、非指示性的心理辅导理论和方法，促进开展留学生心理健康教育是当前的一大难题。

二、运用团体沙盘心理技术开展留学生心理健康教育的可行性

① 在沙盘心理技术操作中留学生可以觉察、认识自己的无意识，从而自我成长。

② 沙盘师所营造的安全、自由与受保护的空间，减少了留学生的心理防御，有利于他们的自由表达。

③ 借助结构式团体的促进和凝聚力作用，促进留学生之间相互尊重和接纳，实现共同成长。

④ 通过以积极心理学为导向的目标性主题操作，激发及调动留学生自我发展的潜能。

⑤ 同行们关于团体沙盘游戏运用于大学生心理健康教育的研究成果，为本项目的开展提供了参考依据和支撑。

三、留学生心理健康教育的基本内容

留学生心理健康教育主要集中在以下几个方面。

（1）正确认识自我、完善自我、培养自信。在团体沙盘情境下，通过相互沟通和分享，帮助学生认识和觉察自己与他人的不同，从而加深对自我认知、自我接纳，并不断自我完善。同时，帮助他们对别人的认识和理解，学会欣赏和尊重他人。培养真实的自信心。

（2）情绪的自我调节与管理。在沙盘工作中，借助沙具、沙子和其他一些材料，来访者将内在的心理世界在沙盘中具象化、具体化地呈现出来，使过去被压抑的情绪和创伤经历得以表达，从而使情绪状况得到改善。

（3）学习人际交往，建立良好的人际关系；在沙盘中工作中，学习厘清边界，学习倾听、欣赏、尊重；强调重感受、重陪伴，培养共情的能力；有利于帮助他们改善其人际关系。

（4）明确奋斗目标，做好职业规划；明确留学的目的，树立努力的目标；明确自己的优势与劣势，做好职业规划和人生规划。

第二节　团体沙盘心理技术在留学生心理健康教育中的设计与应用

一、团体活动的总目标

（1）正确认识"我是谁"，树立自信。
（2）处理因为跨文化和学习压力带来的恐惧、孤独、焦虑、抑郁等负性情绪。
（3）协助留学生处理周围的人际关系，融入新的人际环境。
（4）明确奋斗目标，做好职业规划。

二、活动对象

笔者所工作的成都纺织高等专科学校目前在校留学生以东南亚国家的学生为主，因此本专题内容设计是以老挝留学生为教学对象进行的教学设计和教学实践。二年级的老挝学生，以班级为单位，5～6人一组。

他们除了具有一般留学生的共同特点外，还具有以下的特征。

多数来自山区、农村，多子女家庭，家庭经济条件普遍较差，靠中国政府提供学费和助学金；普遍信仰佛教，对人很有礼貌、性格温和、谦卑、腼腆、害羞；家庭观念强，个别人已经订婚或者结婚；大多数人擅长音乐和舞蹈，喜爱足球等集体活动；普遍个性较自由散漫，规则意识不强。

来中国前不懂汉语，经过一年半的学习，能简单对话，能听懂老师所讲授70%以上的内容；来中国之前，他们之间彼此不认识，来中国变成了同学，但情感交流不多，彼此之间的了解有限。

由于面临的生活环境、文化差异都较大，远离亲人加上语言不通，他们普遍感到压抑、孤单、抑郁，特别想家。他们学习任务重、压力大、学习普遍感到吃力，通常来参加结构式团体沙盘心理课时，都显得极度疲惫。

三、团体活动设计的理论基础

（一）文化休克理论

当一个人到一个新的环境中工作时，开始会有一段时间的兴奋期。在这段时间，人们感到新鲜、刺激、有激情。但是，这段兴奋期过后，人们又会进入文化休克期。

"文化休克"（Cultural Shock）是1958年美国人类学家奥博格（Kalvero

Oberg）提出来的一个概念，是指一个人进入到不熟悉的文化环境时，因失去自己熟悉的所有社会交流的符号与手段而产生的一种迷失、疑惑、排斥甚至恐惧的感觉。产生文化休克的原因主要有以下几种。（1）在异国文化中丧失了自己在本国文化环绕中原有的社会角色，造成情绪不稳定。（2）价值观的矛盾和冲突。长时期形成的母文化价值观与异国文化中的一些价值观不和谐或相抵触，造成行为上无所适从。（3）异国文化中，生活方式、生活习惯等方面的不同使得身处异乡的人难以适应。文化休克大体经历蜜月阶段、沮丧（或敌意）阶段、恢复调整阶段和适应阶段这4个阶段。

外国留学生来到中国学习，离开自己的母语环境，也会出现因为文化差异而带来的不知所措，焦虑、抑郁、恐惧等情绪。

（二）心理资本理论

2004年，美国著名管理学家路桑斯（Luthans）等一批组织行为学者以"积极心理学"理念为主要框架，提出了心理资本的具体概念。路桑斯把心理资本定义为：个体在成长和发展过程中表现出来的一种积极的心理状态，包括希望、自我效能、韧性、乐观等4种引导正向的力量。心理资本关注的是"你是什么样的人"或"你将要成为什么样的人"的问题。

心理资本是一股储藏在我们心灵深处的永不衰竭的力量，它能够帮助个体调节由于人际关系、工作压力带来的心理与生理问题，提升个体的幸福感、满意度等正能量水平。对个人而言，心理资本有助于维持心理健康，重建自信；可以提升个人生活质量，促进身心和谐；可以促进个人幸福，促进个体和周围人际关系的和谐。

心理资本的增加，有利于留学生增强对环境的适应和应对挫折的信心。

（三）团体心理辅导理论

团体辅导是在团体情境下进行的一种心理辅导形式，通过团体内人际交互作用，成员在共同的活动中彼此进行交往、相互作用，使成员能通过一系列心理互动的过程，探讨自我，尝试改变行为，学习新的行为方式，改善人际关系，解决生活中的问题。

团体心理辅导的功能与目标有三个层次，即矫治、预防和发展，且预防、发展重于矫治。通过辅导，一方面帮助学生掌握有关知识和社会技能，学会用有效的、合理的方式满足自己的需要，提高人际交往水平，学习自主地应付由挫折、冲突、压力、焦虑等带来的种种心理困扰，减轻痛苦、不适的体验，防止心理疾患的产生，保持正常的生活和学习；另一方面协助学生树立有价值的生活目标，认清自身的潜力和可以利用的社会资源，承担生活的责任，发挥个人的潜能，过健康快乐的生活。

它是通过设立特定的场景活动，利用团体成员间的互动达到集思广益、互帮互助、提高心理健康水平的目的，具有诸多优点。比如：（1）适用面广，既可以针对具有共同心理问题的十人左右的小组，又可以针对几十人的发展性群体；(2)形式多样，生动有趣，有利于吸引学生积极投入；(3)耗时短，效率高，收效好，每个成员既是"求助者"又是"助人者"，可在有引导的相互影响中多视角地学习，有理论、有实践、有体验、有分享，获得多重的反馈，从而产生心理与行为的改变。在团体中不但可以更有效地影响或改变个人的某些自我概念或想法，还可以协助解决原本在个人之间难以解决的问题等优点，非常适合学校心理健康教育工作。

（四）团体沙盘心理技术的相关理论（略）

四、团体活动的方案及实施流程

（一）准备活动

沙盘设备，可以移动桌椅的教室，摸沙用轻音乐，活动用相关歌曲，蓝牙音响，A4纸和签字笔，课后作业。

（二）活动设置

每次3学时，130分钟，共8次。5~6人分为一组（封闭式小组），可多组进行。

（三）活动地点

沙盘教室。

（四）活动方案

单元名称	活动目标	主要活动内容
第一单元： 初识沙盘，初识你	相互认识；认识、了解沙盘心理技术的工作原则和工作过程；初步建立团队安全	1）介绍课程安排与考核要求。 2）破冰活动（室外）：大风吹、找零钱。 3）分组。 4）介绍沙盘、沙盘工作过程和基本原则。 5）在轻音乐声中摸沙，冥想有关自己的3个信息。 6）创建沙盘作品。 7）确定当天的轮值组长，组内分享。 8）重建沙盘，命名。 9）组间分享。 10）活动后的分享与总结。 11）布置作业。 12）宣誓，结束

续表

单元名称	活动目标	主要活动内容
第二单元：乐沙知心	摸沙在沙盘中的作用；了解自己、了解别人；释放压力，处理情绪；促进集体凝聚力	1）热身活动：手语操《我和你》，音乐《我和你》，两遍。 2）摸沙（轻音乐），觉察摸沙时的感受。 3）组内分享摸沙感受。 4）集体用沙创作沙画。 5）集体命名。 6）组间分享。 7）活动后的分享与总结。 8）宣誓、结束
第三单元：我爱我家	感受家庭的温暖和爱，减少在异乡的孤独感	1）热身活动：萝卜蹲、松鼠和大树。 2）摸沙（播放《我爱我的家》）。 3）取沙具，制作沙盘。 4）组内分享：讲故事、命名。 5）重新调整沙盘。轮值组长围绕正向、积极的跟"家"有关的主题，并制定取沙具的和摆放的规则。 6）组间分享。 7）分享本节课的体会。 8）手牵手，哼唱《相亲相爱一家人》。 9）宣誓、结束
第四单元：我的童年	回顾童年，感受童年的单纯、快乐、美好，缓解因为文化障碍带来的失落感、焦虑、抑郁情绪	1）热身活动：手指操。 2）摸沙：（音乐《童年》）。 3）取沙具，制作沙盘。 4）组内分享。 5）重建调整沙盘，由轮值组长确定一个正向的、积极的、以童年为主题的题目，如"快乐的童年""幸福的童年"等，并制定拿取沙具的数量和摆放的顺序。 6）组间分享。 7）分享本节课的感悟。 8）宣誓
第五单元：朋友	回想跟朋友之间发生的点点滴滴，唤起美好的回忆，感受友情带来的温馨，缓解人生地不熟带来的孤独感、失落感	1）热身活动：《金龙拍拍操》。由慢到快，2~3遍。 2）老师取1个沙具，讲述自己跟朋友有关的一个故事。 3）摸沙：播放音乐《朋友》。 4）选取沙具，制作沙画。 5）组内分享。 6）重新调整。调整、摆放的规则由轮值组长决定。 7）组间分享。 8）分享本节课的体会。 9）手拉手，一起哼唱《友谊地久天长》 10）宣誓、结束

续表

单元名称	活动目标	主要活动内容
第六单元：我的大学	对比理想大学生活与现实之间的差距，释放学习带来的压力；帮助学生思考如何度过大学生活	1）热身活动：鸡蛋、小鸡和凤凰，不倒翁（疾风劲草）。 2）摸沙：播放音乐《光辉岁月》，在摸沙的过程中想象自己的大学生活是什么样子的，自己打算怎样度过？ 3）选取沙具，制作沙画。 4）组内分享。 5）重新调整。轮值组长确定一个积极、正向的题目，如"有意义的大学""努力奋进的大学"等，并确定摆放的顺序。 6）组间分享。 7）分享本节课的体会。 8）手拉手，一起哼唱《我的未来不是梦》。 9）宣誓、结束
第七单元：梦想从心起航	树立目标，并坚定实现目标而努力的信心和决心	1）热身活动：手指操（加减法）。 2）摸沙：播放音乐《追逐梦想》，在摸沙的过程中想象自己的人生梦想是什么，自己打算怎样实现？ 3）选取沙具，制作沙画。 4）组内分享。 5）重聚狂想曲：想象5年后加入重聚，你的人生会是怎样的，想想自己梦想实现时的情形。 6）组间分享。 7）分享本节课的体会。 8）手拉手，一起哼唱《我的未来不是梦》。 9）宣誓、结束
第八单元：暖心爆棚	发现、欣赏自己的优点，发现并欣赏别人的优点，增强自信。分享总结学习本课的收获体会，总结学习成果	1）热身：才艺秀。 2）摸沙体验，想象自己身上存在的两个明显的优点和每个队员身上一个优点。 3）取沙具、创作沙盘。 4）组内分享。 5）用第一人称单数串讲。 6）课程学习体会分享、总结。 7）宣誓、结束

五、对留学生开展沙盘心理健康教育的建议或注意事项

（1）增加热身活动，调动学生参与热情。

留学生能歌善舞，在热身时充分发挥他们的优势或特长，不仅能给予他们展示的机会，更能活跃气氛，调动参与热情。

（2）多使用音乐元素，调动情感。

音乐无国界：音乐可以有效克服语言障碍；同时，能唤起情感，促进表达。

（3）上课时间控制在2.5个小时，避免疲倦。

（4）由于语言障碍影响学生的分享发言，所以，每次安排的内容不能太多。对个别学生，需要其他汉语较好的学生予以协助，才能完成发言分享。

（5）在分享的过程中，可以给学生提供纸和笔，学生不能用语言表达的，可以借助绘画来进行表达。

（6）课程一周一次，不要太集中。8次课分在两个月内进行，对学生的影响时间更长，效果更加稳定。

（7）利用新媒体或社交媒体，让学生将每次课的心得体会写在群里，大家相互学习借鉴，相互激励；或者课后，让学生把每次课的体会用文字或者图画表达出来。上述措施有利于加深学习效果，这也是作为课程考核的依据。

（8）最后一次课，先让每个学生取一个沙具，代表自己的收获，进行分享，然后在此基础上，制作沙盘，也许效果更好。

（9）课程最好是安排在二年级下半学期。这时通过一年半的学习，学生基本能听懂老师讲话内容的80%，勉强能进行书写，这时开展此课，有利于取得更好的教学效果。

附：沙盘心理课取得的效果

通过观察和学生的分享，学生的收获如下。

（1）老挝学生的汉语水平明显提高，尤其是那些内向、不善表达的学生进步明显。因为每次上课都要求每个学生都要分享，每个学生都有说话表达的机会，加上引导学生认真倾听，给予学生尊重，激发学生表达的勇气。

（2）学生变得开朗、自信起来。在课程初期，学生显得拘谨、胆小；后来，面部表情放松，笑容多起来，在课堂变得活跃起来。

（3）增加了对自己和他人的了解，关系变得融洽。他们在来中国之前，彼此并不认识。来中国后，尽管在一个班级里学习、生活，但是，除了好朋友之外，他们彼此之间并没有多深入的交流沟通，也不知道别人喜欢什么，想要什么。通过上沙盘课，分享每个人的故事，发现每个人的想法都不一样，彼此了解增加了，关系变得融洽起来，可以经常在一起开心地玩了。

（4）了解自己的追求，明确了努力的方向，提高了学习的主动性。对离开家乡在异国求学的选择有了新的认识，更清楚、明确了自己的梦想和努力的方向，对学习的主动性有了提高。他们看到了老挝和中国的差距，希望回去建设自己的国家。希望自己努力学习，回去找份好工作，建立自己美好的家庭。

（5）释放了压力，疏解了情绪。由于课业负担很重，几乎每天都是八节课，学生感到学习压力大、负担重、疲倦。通过玩沙盘游戏，释放了压力，他们普遍感觉轻松、开心、愉快。

（6）懂得了人际交往中的基本礼仪。每次上课分享的时候，我们会提醒学生要认真倾听、眼睛注视对方、不玩手机，以表达对别人的尊重。通过不断的重复、练习，学生后来只要有人发言，他们会主动端正身体，看着对方，认真倾听。

（7）增强了规则意识。做游戏一定要遵守游戏规则，在一次又一次的操作中，学生领会了规则的重要性，自觉遵守和维护规则，规则意识明显增强。

第十三章
团体沙盘心理技术与高校辅导员的自我成长

第一节 高校辅导员自我成长的目的与要求

一、高校辅导员自我成长的意义

高等学校是人才培养的重要阵地和现代经济的重要动力源。而高校辅导员作为高校教师中思想最为活跃的一个群体,也是最能感染和熏陶学生的一个特殊群体,保证着高等教育事业持续、健康、快速发展不可或缺的一支极为重要的力量。

2005年1月13日颁布的《教育部关于加强高等学校辅导员、班主任队伍建设的意见》(教社政〔2005〕2号)指出:"辅导员、班主任是高等学校教师队伍的重要组成部分,是高等学校从事德育工作,开展大学生思想政治教育的骨干力量,是大学生健康成长的指导者和引路人。""专职辅导员总体上按1∶200的比例配备。"

2017年10月正式实施的《普通高等学校辅导员队伍建设规定》指出:辅导员是开展大学生思想政治教育的骨干力量,是高等学校学生日常思想政治教育和管理工作的组织者、实施者、指导者。辅导员应当努力成为学生成长成才的人生导师和健康生活的知心朋友。辅导员工作的要求是:恪守爱国守法、敬业爱生、育人为本、终身学习、为人师表的职业守则;围绕学生、关照学生、服务学生,把握学生成长规律,不断提高学生思想水平、政治觉悟、道德品质、文化素养;引导学生正确认识世界和中国发展大势,正确认识中国特色和国际比较,正确认识时代责任和历史使命,正确认识远大抱负和脚踏实地,成为又红又专、德才兼备、全面发展的中国特色社会主义合格建设者和可靠接班人。

高校辅导员长期坚守在学生工作的一线，与学生接触的时间最长，与学生沟通交流最多，能及时掌握学生的思想动态。高校辅导员是集多种职责角色于一身的岗位，是高校学生教育和管理工作的组织者、实施者和指导者；是高校思想政治教育工作的主力军；是班级日常事务的管理者；是校园文化的建设者；是行为习惯的督促者、专业学习的督导者、职业生涯的辅导者；更是心理健康的疏导者；发挥着领导、教育、计划、组织、协调、指挥、决策、控制、咨询、服务及解决问题等作用。

高等学校辅导员的主要工作职责如下。

一是思想理论教育和价值引领。引导学生深入学习习近平总书记系列重要讲话精神和治国理政新理念、新思想、新战略，深入开展中国特色社会主义、"中国梦"宣传教育和社会主义核心价值观教育，帮助学生不断坚定中国特色社会主义道路自信、理论自信、制度自信、文化自信，牢固树立正确的世界观、人生观、价值观。掌握学生思想行为特点及思想政治状况，有针对性地帮助学生处理好思想认识、价值取向、学习生活、择业交友等方面的具体问题。

二是党团和班级建设。开展学生骨干的遴选、培养、激励工作，开展学生入党积极分子培养教育工作，开展学生党员发展和教育管理服务工作，指导学生党支部和班团组织建设。

三是学风建设。熟悉了解学生所学专业的基本情况，激发学生学习兴趣，引导学生养成良好的学习习惯，掌握正确的学习方法。指导学生开展课外科技学术实践活动，营造浓厚学习氛围。

四是学生日常事务管理。开展入学教育、毕业生教育及相关管理和服务工作。组织开展学生军事训练。组织评选各类奖学金、助学金。指导学生办理助学贷款。组织学生开展勤工俭学活动，做好学生困难帮扶工作。为学生提供生活指导，促进学生和谐相处、互帮互助。

五是心理健康教育与咨询工作。协助学校心理健康教育机构开展心理健康教育，对学生心理问题进行初步排查和疏导，组织开展心理健康知识普及宣传活动，培育学生理性平和、乐观向上的健康心态。

六是网络思想政治教育。运用新媒体、新技术，推动思想政治工作传统优势与信息技术高度融合。构建网络思想政治教育重要阵地，积极传播先进文化。加强学生网络素养教育，积极培养校园好网民，引导学生创作网络文化作品，弘扬主旋律，传播正能量。创新工作路径，加强与学生的网上互动交流，运用网络新媒体对学生开展思想引领、学习指导、生活辅导、心理咨询等。

七是校园危机事件应对。组织开展基本安全教育。参与学校、院（系）危机事件工作预案制定和执行。对校园危机事件进行初步处理，稳定局面控制事态发展，及时掌握危机事件信息并按程序上报。参与危机事件后期应对及总结研究分析。

八是职业规划与就业创业指导。为学生提供科学的职业生涯规划和就业指导以及相关服务，帮助学生树立正确的就业观念，引导学生到基层、到西部、到祖国最需要的地方建功立业。

九是理论和实践研究。努力学习思想政治教育的基本理论和相关学科知识，参加相关学科领域学术交流活动，参与校内外思想政治教育课题或项目研究。因此，辅导员的工作在很大程度上影响着大学生的成长和发展。在新形势下对辅导员工作也提出了走职业化、专业化、专家化的道路的必然要求。

二、高校辅导员自我成长的途径和方法

成长既包含自然生长之意，也包含依据发展需要的、通过人为的用心努力去推动、促进、提升和改进之意，包含自我成长和教师教育两个过程。自我成长是对客观世界和自我有越来越准确的认知、更强的自我反省（目标、信念和行为）能力和自我掌控能力。辅导员自我成长是实现自我价值的必然要求，也是辅导员为自己设定目标并通过个人努力来构建愿景、发挥才能、成长成才的实践过程。辅导员工作做久了，工作经验既可以成为提高工作效率的得力助手，也可以成为阻碍辅导员发展的绊脚石。自我成长虽然在很大程度上受所处环境的影响，但更重要的是取决于自己的心态和作为。辅导员要在工作中，时刻警醒自己，要审视一下自己若干年来在学生工作中形成与固定下来的价值观念和行为方式是不是与学校文化有着一致的精神追求，是不是与大学文化有着一致的目标追求。

（一）读书学习，全面提升自身素质

学习是人类最原始的一种活动，没有学习就没有人类的提高、社会的进步，因此，学习是促进社会进步与发展的基本途径。随着人类社会的进步与发展，人们的学习观念已经由阶段式学习向终身式学习观念转变。终身式学习是一种永久性的学习观念，即活到老，学到老。辅导员只有通过学习才能适应快节奏的步伐，才能适应辅导员的岗位工作性质。读书学习是自我成长的基石，能完善教师知识结构，满足现代教育的需求。

1.阅读经典

教师的专业成长需要理论的提高，没有理论支撑的实践是盲目的实践。因此，教师应根据自身的需要，阅读经典的教育理论书籍，特别是教育大师的作品，通过读书学习，丰富自身文化底蕴，提高自身学养，让自己浸润在文化的滋养里。一本好书就是一个好的世界、好的社会，它能陶冶人的感情和气质，使人高尚。教师只有在不断学习、不断探索中，陶冶情操，扩大视野，跟上时代发展的步伐，以应对来自社会和学生提出的各种问题。通过读书学习，特别是通过阅读大师的作品，心灵上得到启迪，教师会变得更坦然，生活会更加丰满，思想会更加成熟，专业会更加精进。

2.学习政治理论和政策法规

根据《关于加强高等学校辅导员班主任队伍建设的意见》的相关规定，辅

导员主动学习政治理论，从而提高政治思想的理论水平。同时，辅导员必须认真学习政策法规，在大学里，及时地向大学生宣讲国家的政策法规和学校的规章制度，是高校辅导员的基本职责。

3.学习专业知识和工作技能

高校辅导员要认真学习教育学、心理学、教育心理学、管理心理学、人际交往心理学、思想道德与法律基础、组织管理学、社会学等方面专业知识，精深的专业知识与丰富的其他文化知识修养，表现出优秀的"人格魅力"，使辅导员在学生群体中具有较高的权威，并与学生之间达成"共识、互信、尊重"。辅导员还要学习语言、写作、公共关系、信息整合、文学文艺、科普活动、文体活动、生活指导以及社交礼仪等方面的技能。只有扎实、稳定的专业知识和熟练掌握的各项技能，才能做好学生事务管理工作，适应当前形势的发展，也是适应辅导员专业化以及职业化的需要。

（二）校本教研提升专业化能力

校本教研是基于学校发展，以发生在学校教育教学场景的真实问题以及教育教学管理等方面为研究内容，根植于学校与教师自我成长的现实需求。校本教研不仅可以促使教师立足于工作实践，提出问题，解决问题，还可以培植学校文化、民主精神和团队精神，也是辅导员展示自我的又一平台。

（三）工作反思提升自己的业务能力

反思是教师自我成长的核心因素。作为教师，应具有较强的反思能力，并通过反思不断更新教育观念，改善工作模式和工作方法，实现自己的业务能力提升。在工作实践中，辅导员经常会遇到各种问题所带来的焦虑、困惑和冲突，此时他们会不自觉地进行思考、反思，这意味着他们在用自己的理性思考来评判自己的教育行为，力图解决教育过程中的问题。辅导员对工作的反思有两个层面：一是对个人日常教育工作经历进行反思，使之沉淀成为真正的经验；二是对教育工作经验进行解释，从而获得提升。如果辅导员不去挖掘和使用教育反思的判断、反省与批判的权限，辅导员的教育工作时间再长，教育经历再丰富，也不一定与辅导员个人的独特经验成正比。如果不对其进行反思，那么自己对这些教育工作经历将一直是懵懵懂懂的，就会出现这样的情况：辅导员不断地经历着，又不断地忘却这些经历，致使辅导员的经验系统中缺乏由自己反思所形成的、归属于自己个人所有的独特经验，从而使得辅导员那些具有极大潜在意义的经历失去了应有意义。可见，辅导员工作反思可以帮助辅导员把自己的经历升华为真正的、富于个人气息的经验，并且不断使自己的经验体系得到拓展。

（四）参与体验性培训，提升自我教育能力

体验式培训是个过程；是个直接认知、欣然接受、尊重和运用当下被教导

的知识及能力的过程。它特别适合处理人生中重要的事物,在尊重之下去碰触人们深层的信念与态度,深植于内在的情绪、沉重的价值观。体验式培训是既令人兴奋又富有挑战性的,在所有的活动中,学习者是主动地参与学习的过程,对于正在发生的学习及过程是觉察的,并且能够从体验中产生有意义、相关的洞见。

团体沙盘心理技术正是这样一种体验性的学习活动,所有参与者通过体验、分享、交流、整合、应用、反思等环节,在团队的作用下认识自身潜能,增强自信心,改善自身形象;克服心理惰性,磨炼战胜困难的毅力;启发想象力与创造力,提高解决问题的能力;认识群体的作用,增进对集体的参与意识与责任心;改善人际关系,学会关心,更为融洽地与群体合作。

总之,高校辅导员自我成长的途径和方法是多种多样的,可以在工作中逐渐摸索,找到适合自己的成长途径。

第二节　团体沙盘心理技术在辅导员的自我成长中的设计与应用

一、团体活动的总目标

(1)通过积极认知,正确认识自我,促进人格成长,形成完善的自我意识,发掘自己的优势,培养自信心。

(2)培养感恩、责任、包容、坚持等积极品质,提高归属感和幸福感。

(3)认识自己的压力,感知压力带来的影响;掌握应对压力的有效方式,改善不良情绪体验,能够进行自我管理和自我调适,拥有积极情绪和情绪创造性。

(4)能够承受和缓解工作、生活中的压力;能够正确应对工作和生活中的困难;提高分析和解决问题的能力。

(5)积极人际交往与沟通,营造和谐人际关系,增强团队凝聚力和协作精神,提升团队创造力,创建健康的团队文化。

(6)拥有健康的生活方式,更好地服务社会。

二、活动对象

各高校辅导员,分成6人一组(封闭式小组),一般4~6组为宜。

三、团体活动设计的理论基础

辅导员自我成长团体沙盘活动设计的理论基础主要有积极心理学、人本主义心理学、认知行为疗法以及团体沙盘心理技术相关理论。

(一)积极心理学理论观点

积极心理学从关注人类的疾病和弱点转向关注人的积极层面,积极的人格、积极的体验,发掘各种人们优秀的品质,增强积极力量的提升,这使得人们朝着更好的方向发展,也同样相信着自己。它有三个层面的含义:第一,从主观体验上看,它关心人的积极的主观体验,体现在对过去的美好回忆、对现实的乐观感受、对未来的美好展望,主要探讨人类的幸福感、满意感、快乐感,建构未来的乐观主义态度和对生活的忠诚;第二,对个人成长而言,积极的心理学主要提供积极的心理特征,如爱的能力、工作的能力、积极地看待世界的方法、创造的勇气、积极的人际关系、审美体验、宽容和智慧灵性等;第三,积极的心理品质,包括一个人的社会性、作为公民的美德、利他行为、对待别人的宽容和职业道德、社会责任感、成为一个健康的家庭成员。对这三个层面的关注,积极的情感体验促进积极的人格特质培养,而积极的人格特质在积极的社会关系中能够更好地体现出来。

积极心理学的主要观点是:心理治疗不是修复受损部分,而是培育人类最好的正向力量;对积极的力量培育与强化来取代个案的缺陷修补;发挥人类正向或积极的潜能,包括幸福感、自主、乐观、智慧、创造力、快乐、生命意义等。在我们的活动设计中,关注个人的积极体验,注重积极心理品质的培养。

(二)人本主义心理学理论观点

人本主义心理学研究的主题是人的本性及其与社会生活的关系。它强调人的尊严和价值,而并非集中研究人的问题行为,并强调人的成长和发展,称为自我实现(是指人都需要发挥自己的潜力,表现自己的才能;只有当人的潜力充分发挥并表现出来时,人们才会感到最大的满足)。因为人具有一种与生俱来的潜能,发挥人的潜能,超越自我,是人的最基本要求。

在本活动设计中,我们坚持以来访者为中心,相信每个来访者都有向上向善的愿望,都有发展的潜能,通过团内多成员的交流沟通,加强对自我潜能的觉察和激发。

(三)认知行为疗法核心观点

人的情绪来自人对所遭遇的事件的信念、评价、解释或哲学观点,而非来自事情本身。认知治疗的改变是从检验当事人的信念上达成的,而不是由哲学式的辩论或治疗师的说服完成的。当事人在治疗中学习如何成为自己的治疗师,学习认知治疗的技术并加以应用,诸如检查那些证明或接触自己诠释的证据,寻求不同的解释或行动方向,行为依据比较恰当的思考。认知治疗强调的是由当事人自己对事件得到新的意义,而不是由治疗师给予代替性的信念。治疗师不是按客观性和逻辑性的原则矫正当事人对现实的歪曲,而是帮助当事人提示其自己建构的现实。治疗师要让当事人明白：心理障碍来源于自己信息加工系统的功能紊乱。它的主要着眼点，放在患者不合理的认知问题上，通过改变患者思维或信念和行为的方法来改变不良认知，达到消除不良情绪和行为。

在团体沙盘体验中，通过组内分享和组间分享，帮助来访者从多角度看问题，从而发现和修正原来不合理的认知，从而改变情绪体验和行为方式。

（四）团体沙盘心理技术相关理论（略）

四、团体活动的方案及实施流程

实施阶段	活动目标	活动内容
第一阶段：相互认识、组建团队	认识沙盘，了解沙盘工作的过程和基本规则；相互认识，建立团体，建立团队安全模式	1）带领者自我介绍，并建立与团队的连接。 2）破冰与热身。 3）团队建设（分组、团队创建、团队展示等）。 4）触摸沙盘与沙，并分享感受。 5）制作沙画，并讲述故事。 6）总结与分享。 7）宣誓、结束
第二阶段：积极心理品质培养	认识积极心理品质对辅导员心理成长和职业发展的重要意义；培养辅导员的积极心理品质，提高团体成员归属感和幸福感	1）热身活动。 2）带领者取一个沙具，代表自己身上的一个积极心理品质，讲述与之相关的故事。 3）每人选择沙具来表达自己身上的积极心理品质。 4）组内分享，串讲故事。 5）组间分享。 6）总结与分享。 7）宣誓、结束
第三阶段：探索自我，培养自信	通过认识自我，形成完善的自我意识；发掘自己的优势，培养团体成员的自信心	1）热身活动。 2）由轻音乐+冥想导入我是谁，我最明显的优点。 3）选择沙具来呈现探索自我的内容。 4）组内描述，串讲故事，分享感受。 5）调整沙盘，组间分享。 6）总结与分享。 7）宣誓、结束
第四阶段：压力管理，学习积极的应对方式	认识自己的压力，感知压力带来的影响；掌握应对压力的有效方式，改善不良情绪体验	1）热身活动。 2）由轻音乐+冥想导入，带领团队觉察当下的压力以及带来的影响。 3）选择沙具来呈现。 4）组内分享。 5）应对压力的有效方式，取沙具进行呈现。 6）组内、组间分享感受。 7）总结与分享。 8）宣誓、结束

续表

实施阶段	活动目标	活动内容
第五阶段：明确职业目标，实现自我价值	明确自己的职业目标；挖掘自己实现目标的优势，实现自我价值	1）热身活动。 2）由轻音乐+冥想导入，我的职业目标。 3）选择沙具呈现。 4）组内分享。 5）反思自己实现职业目标的优势。 6）取沙具进行呈现。 7）组内分享，串讲故事。 8）总结与分享。 9）宣誓、结束
第六阶段：守住初心，共创美好未来	探寻自己的职业初心，并守住初心，共同创造美好的职业未来	1）热身活动。 2）由轻音乐+冥想导入，我的职业初心。 3）选择沙具呈现。 4）组内分享。 5）并再次拿沙具呈现守住初心的品质。 6）组内分享，串讲故事。 7）总结与分享。 8）6个阶段课程回顾与总结。 9）宣誓、结束

应用案例篇

案例一
大学新生入学适应团体沙盘之《团体安全感的建立》

大学新生入学适应是高校心理健康教育的重要工作之一，引导大学新生快速、有效地适应大学学习环境、生活环境等是非常重要的，有利于大学新生适应新的环境，从而能够更好地学习和生活。对于大学生自己，有利于提高自我心理调适能力，提高未来的学习能力和就业能力。大学新生入学适应团体沙盘的课程设计是通过沙盘的无意识呈现，让大学生提高心理适应能力，同时也通过团体沙盘的互动，帮助以班级为单位的团体更加具有凝聚力。

一、团体形成

大连综合大学大一新生2017级，文理专业各一个班级。每个班级人数是28～30人，分为5组，每组6人。

二、总目标

（1）提高大学新生心理适应能力；
（2）改善不良情绪，提高沟通能力；
（3）提高适应能力，更好地进入新的学习环境。

三、总次数：7次

四、收费设置：学校支付课酬

五、此案例次位：第1次

六、本次主题：《团体安全感的建立》

七、时间设置：每周一次，每次120分钟

八、本次目标

通过对小组的安全感的建立，使团队成员能够更好地感受到团结的力量，为后续的沟通打好基础，增强团队的凝聚力，提高后续的适应能力。

九、操作设想

1. 用歌曲导入主题。选择《花絮轻撒》音乐，引导学生们身心放松，进入状态。

2. 活动道具作为团队凝聚力的外在展现。选择一些活动道具，比如蜡笔、卡纸等，以外在的形式展示团队互动以及沟通交流展现的结果，增强团队安全感。

十、培训师：邹萍、张玉莹

十一、具体实施过程

（一）课前准备工作

1. 教室：文综B510；约29人。

2. 沙盘准备：沙盘的数量及序号（1、2、3、4、5）如何安排并固定好，指导师要清楚。

3. 课后作业单：轮值组长感受单（每次主题由轮值组长记录）、各组员感受单。

4. 教具：音响、音乐（新世界音乐、花絮轻撒）。摄影机；面巾纸、四开素描纸、油画棒（助理发好每组纸和油画棒）、双面胶、签到名单、作业单。

5. 助理工作内容

（1）录像：摆沙具的过程、感受分享、小组特别发言的人（录好后要备注，包括时间、班级、第几次沙盘、第几小组、主题、陪伴者名字）。

（2）照片：为小组每一次最后总的沙盘拍照（拍好照片后要备注，包括时间、班级、第几次沙盘、第几小组、主题、陪伴者名字）；注意第一次需要格外多拍一些小组团队展示的照片。

（3）主题记录好。

（4）助理以每次陪伴该小组不变动的原则，将自己负责的8次小组记录录像和照片分别打包成文件。

6. 提示每个人将每一次小组沙盘拍好照片，以备写作业时用。

7. 提示每一次来做活动时要将手机调成静音。

（二）具体操作流程

大学生进教室，指导师需要说："大家穿好鞋套，将包放到大柜子里，然后先找地方坐下。"接下来由指导师介绍活动目的，然后开始破冰与热身活动。

1. 破冰与热身（5分钟）

（1）破冰、热身的目的：打破防御，建立安全感。

（2）破冰与热身游戏：

① 捏肩捶背："大家找地方站好，全体向右转，将你的手搭在前面人的肩上，给他捏捏肩膀、捶捶背。"

② 滚雪球：说出2个信息，喊小名，团队跟着做动作，动作不能重复。

2. 分组（5分钟）

游戏结束后，大家报数，分成5组，大家以1、2、3、4、5循环报数（注意：有几个沙盘就报几个数，比如安排5个小组，那么就1、2、3、4、5如此循环，29人可以分成5组，每组6个人，第5组是5个人）。完成报数后，指导师："报数为1现在请到1号沙盘，其他人不要动；报数为2请到2号沙盘，以此类推。"（注意：保证纪律性）

3. 团队建设（30分钟）

（1）分组设置。每组一个沙盘，4～6人最合适，最多一般不能超过每组8人。总组数最好为偶数，以便利于组间相互交流。参加培训的总人数30～40人最理想，培训总人数一般控制在60人以内。

（2）团队初创。我们根据团体TEAM的概念，即T代表TOGETHER；E代表EVERYBODY；A代表AIM；M代表MORE，分给每一个小组一张八开纸（或者是A4纸），一盒彩笔，要求在15分钟内完成以下内容：

每一个小组要有队名、队秘、队员（每个人都作自我介绍，至少3个信息）、队标、队号、队形、队歌，并展示，以加强团队的凝聚力。这是小组相互了解、相互熟悉、建立安全感的阶段（注意：过程中指导师要提醒还剩多长时间）。

（3）团队展示。给每组3分钟（保证5分钟以内）的展示时间，介绍自己的团队，包括队名、队秘、队标、队号、队形、队歌。

4. 摸沙环节（10分钟）

调整好气氛、关灯；指导师："接下来我们进行下一个环节。"

（1）准备好《花絮轻撒》音乐，请大家调整好坐姿和呼吸，然后开始指导摸沙。

（2）指导语："请同学们安静下来，静心1分钟，把你的坐姿调整到最舒适的位置，调整你的呼吸，慢慢闭上你们可爱的眼睛，让自己慢慢静下心来。请把注意力全部放在手与沙子的接触上，并在情绪和身体的感觉上用心体会，让大脑当中的这些画面、意象、想法、回忆等逐渐生动起来，也许会想到过去的一些事，把这些画面、意象、回忆等定格（注意：留白5～7分钟，体验时间控制在10分钟左右），我将停留一段时间，默默地感受一下，现在伴随着我的音乐与体验，也许你现在有积极的情绪或者是消极的情绪，也许是回忆童年的一些快乐的画面。"

（3）注意：摸沙体验音乐选择，在指导语开始的时候，用舒缓的"新世界音乐"伴随，音量控制在似有似无的状态，直到小组分享结束。随着音乐声缓缓响起，可以将室内灯光慢慢调暗。

（4）摸沙结束时，指导语："请同学们调整坐姿和呼吸，按照你自己的呼吸频率做深呼吸，呼气的时候想象着身体的代谢废物、负能量都随着二氧化碳排出体外……让我们情绪慢慢静下来（此时可以慢慢增加室内灯光的亮度）……当我数到1时，请大家慢慢睁开眼睛——10，9，8，7，…，1。"

5.分享摸沙感受（10分钟）

小组成员如果在团体建设时都已经熟悉，这时候就可以按顺序进行分享。

6.呈现摸沙感受（15分钟）

指导语："请同学们将刚才的画面在沙箱里表示一下，不要分割，有一个人用手机拍下来，照片里面不要有手。"指导师选择一个沙具，说出故事，指导师扒开沙子，"看看下面露出什么，让你想到了什么。"

指导语："请同学们把刚才在摸沙过程后分享的内容以小组为单位，完成如下内容。"

第一，请小组成员先选出一位"轮值组长"，由轮值组长决定：小组成员把大家共同的感受用沙子呈现出来，还是小组成员每一个人呈现自己的。第二，要求是只用沙盘里的沙子来呈现。第三，呈现后大家继续讨论分享。第四，分享、讨论后给小组的沙盘进行命名，命名时不要求小组内大家一致，可以在一个小组内每个人都有一个自己的命名，然后由轮值组长来决定或统一。

7.组间分享（15分钟）

指导语："在我们完成了对自己小组命名后，我们要进行组与组之间的交流分享。组间交流分享时，每个小组的轮值组长留下来作为小组沙盘画面的解说。和小组内交流的一样，组间交流也要着重强调在对其他组沙盘的理解、感受和命名。分享时，要理解：自己和他人不一样的地方就是自己无意识部分，了解和接受别人和自己不一样的地方，就是自己的意识和无意识的初步沟通、交流。

现在开始组间交流和分享：请1组到2组，2组到3组，3组到4组，4组到5组，5组到6组，6组到7组，7组到1组……（如果组别太多，根据培训的时间可酌情进行组间分享），到指定组给这个小组的沙画起名字。在这个过程中不可碰触其他组的沙画，以免破坏画面。不是主题沙盘，轮值组长不要用第一人称讲（3分钟，压力释放5分钟；听完的时候，掌声感谢，可以提问）。最后回到小组后，请轮值组长再给本组的组员讲一遍。"

8. 体验后的交流与分享（10分钟）

沙画如图所示。以下是某组学生在制作沙盘时的感悟。

"安全感的建立"主题沙画

队员甲：很多时候应该学会放下手机，学会倾听他人，去认真地倾诉每个人内心的声音，更加了解同学。

队员乙：我是一个不善于表达自己的人，很少会与他人吐露心声。通过这次团体沙盘课程，我第一次与他人讲述内心的故事，我发现原来有一些话是可以与别人沟通的。

队员丙：因为团队安全的力量，我们更加团结，也了解了他人，读懂了自己。

队员丁：沙盘体验课程能够让我有比较大的变化，变得更加愿意相信别人，更加乐于展现自己。

队员戊：学会了倾听，学会了观察，不以自我为中心。明白了集体的重要性，如果一个集体中，大家各行其道，就会像一盘散沙，但是在集体中如果大家能够相互包容，照顾彼此，就能让集体关系更加密切。

9. 拍照环节（5分钟）

镜头用45°（角度），4个面都拍。不能将人的肢体拍进画面。

10. 培训师总结（5分钟）

（1）可以从"沙"在沙盘心理技术疗法中的作用，以及沙与无意识的联系来作一个简短的总结。问轮值组长："这6遍下来你有什么感受？"

（2）通过总结明确告诉学员，任何感受都是可以的，没有对与错之分，因为每一个人的生活经历不同，摸沙的感受与意象就会不同。

11. 宣誓、结束（10分钟）

（1）宣誓：全体小组成员起立，以小组为单位，手拉手宣誓。"我宣誓：我只带走自己的感受，留下别人的故事。宣誓人：×××（自己的名字）。"

（2）齐唱《我和你》、爱的鼓励、喊小队口号。

（3）布置作业：助理发放轮值组长作业单、小组成员作业单。

（4）将自己的沙具放回原处。

（5）再将沙子抚平。

案例二
《心理健康与自我发展》课之《大学生恋爱心理发展》

《心理健康与自我发展》课程是应用团体沙盘心理技术在哈尔滨工业大学开设的一门心理健康选修课程,课程设置24学时,分6个单元,每个单元4学时。其中大学生恋爱心理发展是6个单元中的第5个。

一、团体形成

由学生通过学校教务系统自由选课,最终有48名学生参与课程,6人一组,分8组。其中男生32人,女生16人,大一学生33人,大二学生9人,大三4人,大四2人。团体成员在第一次课程中利用1.5个小时进行了充分的团队建设和团队展示,形成了8个小组。

二、总体目标

学习并应用心理健康知识,增强心理健康意识,提升心理健康素养,促进学生自我意识发展、团队意识发展、情绪发展、人际交往发展、大学生恋爱心理发展、意志发展,促进形成自尊自信、理性平和、积极向上的社会心态。

三、本单元目标

(1)完善恋爱观;
(2)端正恋爱动机;
(3)提升爱的能力;
(4)培养爱的责任。

四、主题沙盘总次数：12次

五、此次沙盘次数：第9次、第10次

六、收费设置：无

七、本次主题：《我的恋爱观》和《爱的储蓄罐》

八、时间设置：每周一次，每次225分钟，本次为第5周

九、操作设想

通过复习人际交往单元的学习，引出恋爱关系这种特殊的交往形式；通过友谊之花的游戏，创建男女生拉手、拥抱等肢体接触的机会，增强感受性，并引导大家爱情需要建立在友情的基础之上；通过主题沙盘《我的恋爱观》的操作，了解大家对大学生恋爱的态度，并通过爱情相关理论的讲解，进一步帮助大家端正恋爱动机，完善恋爱观；通过主题沙盘《爱的储蓄罐》的操作，通过爱的能力等知识内容的讲解与讨论，帮助学生培养爱的能力，提升维持爱的能力和面对失恋的能力。

十、培训师：朱岳梅

十一、具体实施过程

（一）对上一次课程的回顾与反馈（15分钟）

复习前面的单元《人际关系发展》的学习内容，尤其是人际交往的基本原则和沟通的技巧等，分享大家的作业反馈，对大家送去欣赏。

（二）热身活动：友谊之花（15分钟）

引导语："春天来了，百花齐放。我们把团体变成春天，每个人都是花，让百花自己去开放。同样的春天，不同的枝条，开出不同的花朵。同样的秋天，不同的种子，结出不同的果实。同一个团体，不同的个人，会有不同的收获。"

活动操作：所有同学分内外两层手拉手围成圈，大家一起听《马兰花》歌谣，随着歌谣，里圈同学按顺时针走动，外圈同学按逆时针走动，不允许说话，用心听歌谣。当老师说到"请开×瓣花"（2～6瓣）时，请同学们迅速按照老师所说的数字与其他同学组成一朵花，手拉手围成圈或抱成一团算成功。几次活动后，请大家分享游戏中的心情和感受，尤其是在游戏中拉手、放手、开花、落单的感受。结合上次课的人际交往课程，再次感受人际交往中的

主动、宽容、共情、助人、沟通等的重要性。由友谊之花联想到爱情之花，引导大家思考友情和爱情的关系和区别，询问大家对大学生恋爱的态度，从而引出本次课的主题。

（三）理论讲解（15分钟）

发展心理学认为，人在不同的发展时期有不同的心理需要和心理危机。大学生的年龄正处于成年早期（18—25岁），在这一阶段个体感到自己在生活中有亲近他人、分享爱和友谊、建立亲密关系的需要。如果没有办法在这个阶段和他人建立起亲密关系，很多人就会陷入深深的孤独中。

（四）大组讨论（15分钟）

你对恋爱的态度是什么？赞同？反对？还是中立？你是否有过恋爱的经历？有过？没有过？还是正在经历？大学生恋爱的各种动机，你怎么看？

休息10分钟；播放音乐《羞答答的玫瑰静悄悄地开》。

（五）主题沙盘：《我的恋爱观》（10分钟）

1.摸沙静心。结合自己的经历思考：我是如何理解大学生恋爱的？我对恋爱持怎样的态度？你是赞成还是反对？如果你正在恋爱或打算恋爱，你恋爱的动机是什么？你认为恋爱和学习的关系是什么？围绕这些话题请自由联想。留意你头脑中的画面、想法、感受以及身体的感觉，并让它们逐步清晰。

2.每人选3个沙具代表你的恋爱观，回到组内。先拿在手中不着急摆。

3.选出轮值组长，由轮值组长先将自己的沙具挨个摆上，然后从成员的沙具中依次挑选，不断丰富自己的沙盘作品。直到轮值组长满意为止。轮值组长有权全部或部分使用这些沙具。

4.其他成员在轮值组长制作过程中保持非言语状态，默默感受，用心体会，同时请感受自己的沙具被轮值组长挑选或没被挑选的内在感受。（注意：其他成员把轮值组长当作是你的恋爱对象或一个有亲密关系的人去感受）

5.轮值组长分享沙盘的制作过程和感受，包括自己的恋爱观、自己在使用成员沙具时的感受、对最后形成的画面的感受以及给沙盘的命名。

6.其他成员依次分享：自己看轮值组长制作沙盘过程的感受，自己听了轮值组长的恋爱观后的感受，自己的沙具在现在的沙盘中的意义和当初所想表达的是否一致，自己的沙具被轮值组长选择和没被选择的感受。

7.如果你手里还有没被选择的沙具，请说明它想表达的含义以及你希望在现在的沙盘中摆放的位置，并与轮值组长商量，确定双方均可接受的结果。每个人均可以提出一个在不改变沙盘画面整体效果的情况下对局部进行微调的愿望，并和轮值组长讨论可接受的结果。也可以放弃。体验表达期待和期待被满足的感受。

8.最后所有成员从不同位置和角度感受沙盘，完善自己的恋爱观。

9. 组间交流，轮值组长留下解读。

10. 大组分享，教师总结。讲解有关大学生恋爱的相关知识，重点讲解斯滕伯格的爱情三角形理论。

休息10分钟；播放音乐《后来》。

（六）讲解如何培养和提升爱的能力以及爱的五种语言（15分钟）

（七）《爱的储蓄罐》主题沙盘（55分钟）

1. 摸沙静心。想象自己有一个爱的储蓄罐，那里存储着一些爱的能力，代表着你所拥有的迎接爱情和维持爱情的优秀品质，你正在或者准备为了一份美好的爱情而付出。看看你的储蓄罐里分别有什么？你看到了什么？感觉到了什么？请留意你身体的感觉和头脑中出现的画面，并留意自己的情绪、想法、回忆等。

2. 找3个沙具代表你储蓄罐里已经拥有的爱的能力。

3. 回到组里，想怎么摆就怎么摆。

4. 选出轮值组长，从轮值组长开始依次分享每个沙具代表的意义，留意你分享和倾听他人时的感受。

5. 每人再选择1件沙具，代表你认为你目前欠缺的需要提升的爱的能力，回来后依次分享。

6. 轮值组长制定规则，确定一个包含"爱"的主题整合沙盘。

7. 组内分享调整沙盘的感受，摆放的理由，对整体画面的感受等。

8. 大组分享，教师总结。

（八）培训师总结（5分钟）

感谢大家的参与，欣赏大家今天的投入以及对团队的贡献，总结今天在这里的学习和收获，分享老师从大家身上的学习和所见所得。最后以小组为单位，手拉手宣誓："我只带走自己的感受，留下别人的故事，宣誓人：×××。"

（九）学生课后提交的作业感受节选

1.学生1的作业感受

我选的沙具：桥上情侣、树下情侣。

其他伙伴选的让我印象深刻的沙具：桥、花、小丑。

沙具代表的意象或沙具背后的故事：桥上和树下的情侣代表我的恋爱观，像他们一样温馨幸福；桥代表鹊桥，花代表河灯，意味着愿望；小丑代表的是真实，不要像小丑一样戴着面具。

我的自我像：小丑可以代表我。一对情侣之间要真实，坦诚相待，否则当面具被揭下时，伤害的是双方。

沙盘局部或整体带来身体上、情绪上具体的感受：这个沙盘给我的感觉是恋爱观虽多样，但都大同小异，不变的是尊重、真诚、相爱、责任、幸福。

今天的收获和感悟：有一个正确积极的恋爱观是谈恋爱的第一步，树立正确的恋爱观可以帮助我们找寻真正的爱情。

学生1的主题沙画

2.学生2的作业感受

我选的沙具：海盗船、跪坐倾听的男生、女生。

其他伙伴选的让我印象深刻的沙具：老奶奶给老爷爷挠背、老爷爷给老奶奶理发、两个男士、天使。

沙具代表的意象或沙具背后的故事：海盗船代表着男女二人在生活中经历的挫折与挑战；而男生作出聆听的状态代表着两人在爱情中相互倾听、相互理解，才能不被挫折与挑战击败，走向美好生活的彼岸。我的同组成员选择了老奶奶给老爷爷挠背和老爷爷给老奶奶理发的沙具，因为他认为真正的爱情应该相濡以沫，是激情过后的平静与互相帮扶；另一位同组成员选择了两个男士和一个天使，其中两个男士代表着这位成员曾经阅读过的一个真实故事中两个真心相爱的男士。他们作为同性但却大胆相爱，不畏他人质疑与排解的眼光，克服了很多困难最终在一起；天使象征着他们得到祝福。

我的自我像：跪坐倾听的男生可以代表我，因为我期待我在爱情中可以像这个男生一样积极地倾听另一半的内心，与爱人互相理解，共度生活。

沙盘局部或整体带给你身体上、情绪上具体的感受：我们选择的沙具代表的爱情处于不同的年龄段；爱情既有着爱情懵懂、激情的一面，也有着成熟之后平静、温馨的一面。我们将沙具整合摆放之后，画面如同一场爱情从萌生到成熟的过程，令我们感到欣慰与愉悦。

今天的收获和感悟：爱情不是沉醉于激情的游戏，也不是顺应世俗的安宁。爱情可能充满矛盾、质疑、艰难，但两个人之间的理解、陪伴会是一切挫折的调和剂；爱情是相互的付出，只有用心体会对方的付出，努力用合适的方式去爱对方，才能维持爱情的甜蜜与稳定，最终收获平和美好的相伴。

学生2的主题沙画

3.学生3的作业感受

我选的沙具：大门、夫妇和孩子、杯子。

其他伙伴选的让我印象深刻的沙具：不同颜色的花、抱着爱心的小熊、童年的小伙伴。

沙具代表的意象或沙具背后的故事：三对夫妇代表着我们对爱情引导的婚姻的向往：生活中不可避免地会发生争吵，但是如果两个人真心相爱，那么这些小吵闹都会为我们的爱情加深一分。小孩子代表着我们在少年时期就有爱情的萌芽，也代表着我们的爱情也有必要充满着童真。

我的自我像：我选择的是一对夫妇和那两个杯子。我认为，那两个杯子可以代表生活中的柴米油盐酱醋茶——一系列生活中的琐碎事情。我认为，大多数人的婚姻都不是那种高高在上的，都是需要夫妻两个人用心经营的。这种经营不仅仅是指经济方面的，更重要的情感方面的。我们的爱情需要简单，但不能只有简单。我希望我未来的爱情可以美好，我的她可以陪我走过一生，可以一起享受，也可以一起面对困难。

沙盘局部或整体带来身体上、情绪上具体的感受：首先，我看到这个沙盘，映入眼帘的首先是四对男女，包括三对夫妇、两对朋友，也就是说想到爱情观，我们组员的想法还是有很多相似的地方。其他的沙具，又表示着我们的个体不一样，想法终究不太一样，但是又有一点共通的，那就是，我们都渴望一份美好的爱情。我感受到快乐！

今天的收获和感悟：爱情永远不是一个人的事情，它是必须由两个人共同

学生3的主题沙画

用心去经营的,只有一方付出的爱情不会长久。爱情是平等的,我们需要尊重对方,给对方一定的空间。爱情也是甜蜜的,爱情就像是一份礼物,在合适的时间会找上你,能否接住、怎么接住都是对自己的考验。同时,每一份爱情都不可能时时顺人心意,我们要学会共同面对困难,携手走向终老。同时,我们要对爱情抱有正确的观念。

4.学生4的作业感受

我选的沙具:一棵椰子树,一个男孩和一个女孩形成一对同桌,一朵白玫瑰,以及一个类似济公的沙具。

其他伙伴选择的沙具有:一对结婚的新人、天使、女孩、狗、石头、水晶、汽车、房子、孕妇、类似爸爸的男人。

沙具代表的意象或沙具背后的故事:我拥有接受爱的能力,解决爱的冲突的能力比较欠缺,爱情很美好,也很令人困扰,尤其是学生时代的爱情,就更加单纯美好,所以我拿了那对同桌的沙具,白玫瑰象征着美好。

我的自我像:那棵椰子树可以代表我,我认为的爱情应该是美好而自由的,椰子树能让人联想到大海,那种海风拂过脸颊的感觉大概就是爱情的感觉吧。

沙盘局部或整体带给你身体上、情绪上具体的感受:在每个人的心里都向往美好的爱情,他们眼里的爱情有现实的、有理想的,但都是美好的,他们想到了以后的结婚生子,想到了长久的陪伴,也想到了现实中的爱情可能不那么美好,还会有很多烦恼,是一个非常丰富的沙盘了。

学生4的主题沙画

今天的收获和感悟:我认为爱情应当是美好而自由的,它不该有太多牵绊,爱情应当是两人携手并肩,而不是任何一方的卑躬屈膝,应当是两个人一起走向更好的未来而不是一起堕落,我觉得自己应该"佛系"一些,对待生活中的小事不必那么斤斤计较,不刻意寻找,只慢慢等候。

5. 学生5的作业感受

我选的沙具：爱心长椅、彩虹、伞、壶。

其他伙伴选的让我印象深刻的沙具：圣洁的花。

沙具代表的意象或沙具背后的故事：爱心长椅象征着我可以一直陪伴我喜欢的人到永远；彩虹表示我会和我喜欢的人一起渡过难关，一起看见风雨后的彩虹；伞表示我可以为我爱的人遮风挡雨，无论是炎炎夏日还是滂沱大雨我都会守护她；壶则表示我可以包容她的每个小错误。

我的自我像：我觉得自己选的这4个沙具都可以代表我对于爱情的态度。

沙盘局部或整体带给你身体上、情绪上具体的感受：我不仅感受到了大家对于爱情的理解，同时也把内心中对自己的理解用沙具呈现了出来，让我感觉爱情就是我以前所想的那样，是每个人心中的圣地，也让我很自豪地觉得我可以，我准备好了在爱情中为另一个人付出。

今天的收获和感悟：爱情是一件神圣的事情，我希望我以后会遇到对的那个她，同时我也要保持本心，保持好自己的爱情品质不会被时间冲走，也希望自己的缘分快快到来。

学生5的主题沙画

6. 学生6的作业感受

我选的沙具：一对夫妇，一个哆啦A梦，一个小雪人。

其他伙伴选的让我印象深刻的沙具：一只鸟和一个小丑。

沙具代表的意象或沙具背后的故事：一对夫妇代表不管婚姻还是爱情，都需要两个人一起，只有两个人在一起才算爱情，多一个人少一个人都不行，爱情需要忠诚。一个哆啦A梦代表真正的爱情是快乐的，雪人代表你爱的那个人是会在寒冬给你送去温暖的人。

我的自我像：那个哆啦A梦吧。性格决定了我喜欢简简单单的爱情，只要很快乐就行，所以我的观念是两个人真心喜欢对方，并为对方付出，两个人都很快乐，这才是爱情。

沙盘局部或整体带给你身体上、情绪上具体的感受：整体上我觉得可以看出，其实各位小伙伴对于爱情都是一种美好的向往，大家都觉得爱情是纯洁的，是美好的，是值得我们每个人认真学习的知识，都需要去好好经营。给我一种很舒适的感觉，是真的体会到了爱情的美好。

今天的收获和感悟：爱情是一种很美好的东西，我们每个人都值得去收获好的爱情，要学会如何去表达爱、接受爱和拒绝爱，还有就是在恋爱中，如何去化解矛盾，经营好自己的爱情，让自己每一天都过得像初恋一样，这样才会越来越幸福。

学生6的主题沙画

十二、培训师感受

这次课程同学们在沙盘中展现了各自心中爱情的模样，又通过彼此的交流和探讨，丰富了对爱情的认知。从大家的反馈来看，大学生普遍对爱情充满期待与憧憬，对爱情的理解不仅有甜蜜，还有责任。对男多女少的理工科大学男生来说，他们表达了对爱情的渴望，但同时也正在积极地作着迎接爱情的准备。他们虽然青涩，但勇敢地追求，积极地反思，在恋爱和生活中成长的态度给我留下了深刻印象。而这些积极正向的恋爱观通过沙盘得以多维度地呈现和交流，让同学们对自己更有信心，心智更加成熟。爱情丰富了大学生们的大学生活，也让他们的人格得到整合与发展。

案例三
大学生职业生涯规划之《天生我才必有用》

知人者智，自知者明，在认识自己的基础上，分析自己的人格特质，恰当地与自己喜欢的职业有机地结合，相信你的学习、工作效率一定会事半功倍。

一、团体形成

大二年级学生，36名左右，同质性团体，可以分成6组，每组6人，便于讨论和分享。

二、总目标：塑造人格，规划人生

三、总次数：8次

四、收费设置：免费

五、此案例次位：第6次

六、本次主题：《天生我才必有用》

七、时间设置：每周1次，每次90分钟

八、本次目标：认识自己，生涯规划

九、操作设想

（1）通过筷子兄弟的歌曲《你一定会成功》导入，树立天生我才必有用的信念，增强同学们的自信心和抗挫能力。

（2）用摸沙、积极想象、摆放沙具等环节，唤醒同学们的自我意识，激发同学们对自己职业生涯进行规划。

（3）通过组内分享、组间分享、团体的镜映效应、团体场效应来扩大同学们相互了解和对职业的认识。

（4）通过同学们的分享和老师的总结，提高自己的职业规划能力。

十、培训师：姚晓东

十一、具体实施过程

（一）课前热身（10分钟）

通过两套热身操"手指操""拍拍操"的练习，让同学们首先从身体上放松下来，尽快地进入工作状态。两套热身操也是缓解同学们下午精神和身体疲劳的好方法。

（二）导入（10分钟）

从筷子兄弟主演的电影《老男孩之猛龙过江》中的插曲《你一定会成功》导入，"你生来就是个大人物，只是暂时受点苦……勇敢地向前冲，命运在你手中，天生我才必有用，你一定会成功……"

培训师："刚才我们听了一首比较励志的歌曲，相信大家都会有感触，有的喜欢这个旋律，有的喜欢歌词，有的同学看过这部电影，可能被电影里的情节所吸引。无论你是哪一种，你的内心肯定都有一种被激荡的感觉。接下来，看看哪位同学愿意分享一下你的感受。"

A同学："我听到歌词以后，有点跃跃欲试的冲动，感觉身上有股力量上涌的感觉。"

培训师："谢谢你的分享，掌声送给他，我和这位同学的感受很接近，尤其是听到'命运在你手中，天生我才必有用，你一定会成功'这几句歌词的时候，力量爆棚（笑声）。哪位同学看过这部电影？从电影情节的角度谈谈它对你的影响。"

B同学从歌曲旋律的角度谈了自己内心的起伏。

C同学："我看过这部电影，该片讲述了两个生活中总是失败的男孩肖大宝与王小帅前往美国去寻梦，却在纽约遭遇了黑帮、绑架等一系列令人啼笑皆非的故事，听到歌曲以后我想笑，却又被他们永远也打不倒的精神所感动。有一种说不出的感觉。"（同学们鼓掌，大笑）

培训师："同学们不要笑，的确有很多感觉我们是无法用语言来表达的，那不要紧，我们就带着这种感觉继续我们的沙游之旅。让我们把这种说不出、无法表达的情绪用沙具在沙盘里呈现，以沙画的形式表达出来。"

（三）摸沙（5分钟）

引导语："在你的座位上，用你最舒服的姿势坐好，把你的双手放到沙盘里面。（完全放松下来后）想象一下你未来工作的场景、你从事的职业是什么以及你为什么要选择这个职业，让它在你的脑海里形成画面，让这个画面鲜活起来，同时感受一下你身体的变化，包括性质、程度、部位，把它们记录下来。

摸沙放松

（四）制作与分享沙盘（60分钟）

1. 制作过程

培训师："每个同学去沙具架上拿4个沙具，把你刚才头脑里出现的画面，用这4个沙具以意象和象征的形式在沙盘里呈现出来。自己制作自己的沙画，不要互相交流。"

2. 组内分享

都摆完以后，把你的沙画以故事的形式讲给你的同伴听。分享内容：（1）拿的是什么沙具？代表什么？（2）摆放的想法及内心感受。（3）若是这4个沙具，其中1个代表你未来的职业，其余3个代表你的人格特质，你准备怎样赋予它们这样的特质（沙具的象征与意象）。你的特质是什么？你未来的职业期待是什么？

3. 重新构建你的沙画

用每个人手中的4个沙具，构建成一个未来的职业规划图，给你们的"规划图"起个名字，拍照留念。

4. 组内分享

每个人看着盘中职业规划图，在组内以第一人称单数的形式，将其他人的沙盘故事串起来讲一遍，其他人仔细倾听、用心感受。

某组A（男）：我拿的4个沙具是一个看书的男子、一匹马、一个天使、一个智慧老人。我觉得我比较聪明，善于表达，性格比较好，愿意助人。我比较喜欢教师这个职业，将来我要成为一名教师。从小我就有这个理想，到现在为止都没有动摇过。"男子"代表教师的形象；"马"代表勤奋、温和；"天使"乐于助人、有爱心；"智慧老人"代表智慧，可以应对任何事情。我的画面是一位青年男子牵着一匹马，带着智慧老人的智慧和天使的爱心在通往成功的道路上前行（掌声）。

A（男）分享的职业规划图

某组B（女）：我拿了4个沙具，分别是美女、钢琴、灯塔、狐狸。美女就是我，我喜欢艺术，我要用我的琴声征服所有人；灯塔是指引我方向的航标，让我在前行的道路上不至于迷失方向；狐狸，我觉得它比较聪明，我喜欢它的聪明，比如我们小学课本里学的《狐狸和乌鸦》。（同学们哈哈大笑）

某组C（男）：年少时我到处求学，我学会了各种手艺，行走于大江南北，到处造访名胜古迹、古刹驿站。我把学到的知识传授给所到之处的当地居民，像孔子一样过着游历的生活，无论我走到哪里，总有一只神兽保佑着我，等我年纪大了，我定居下来，过着散淡闲适的田园生活。

5.组间分享

轮值组长留下，其他人按顺时针方向去其他组听组长汇报他们的"规划图"；轮值组长以第一人称单数的形式分享你们组的故事。其他组员在听的过程中，不能动沙具，也不能破坏沙画。听完后，给讲解者掌声表示感谢。然后到下一组，直到回到本小组位置，再由轮值组长把刚才讲的故事给本组组员再讲一遍。

以第6组为例："仗剑走天涯"。

我是代表我们组来给大家分享"我"的故事，我们团体制作沙盘的名字叫

"仗剑走天涯"。我是一个融各种能力于一身的大侠,我驾驶着汽车奔驰在去远方的路上,远方有我喜欢的诗。在那里,我弹着我心爱的吉他,下面有很多听众在看我表演,我把我写的诗歌和小说发给我的粉丝,我教他们如何唱歌、如何写作,我有个很大的企业,生产高科技产品,我把这些产品卖出去赚更多的钱,用赚来的钱救济更多的贫困大学生,让他们有学上、有书读。

第6组的职业规划图——"仗剑走天涯"

(五)培训师总结(5分钟)

培训师:"感谢大家的相互陪伴,今天我们一起设计了我们未来的'规划图'。我们的'规划图'是根据我们自己的人格特质和我们喜好的职业特征建构出来的,通过相互分享,我们也会借鉴小伙伴的构思,修改我们的职业生涯目标。通过不断的学习和实践,相信我们一定会成为社会有用之才。

最后,请大家站起来,手牵手,跟我一起做一个宣誓:'我只带走我的感受,留下别人的故事,宣誓人:×××。'"

大家一起来,共同唱《你一定会成功》。此次课在共同的歌声中结束。

十二、培训师感受

今天的结构式团体沙盘活动让我很受感动,同学们从树立信心,到认识自己,到分享自己未来喜欢的职业,以及他们共同建构的未来"规划图",让同学们意识到他们自己的人格特质、发展潜能,以及他们未来职业发展的信心和决心。同时也激励着我以后继续为同学们服务的信心和决心。

案例四

大学生主题班会团体沙盘之《生命的美好》

大学生主题班会是在高校辅导员老师/班主任老师的精心准备和带领下，有目的地组织全体班级学生，围绕一个主题或事件，采用多种活动形式对全体班级学生进行思想政治教育的班级管理活动。作为大学生班级管理的一种重要形式，大学生主题班会在加强思想政治教育、加强班级管理、增强班级凝聚力、促进班级学生相互认识等高校学生工作中具有重要的作用和意义。

一、团体形成

通过和学院某一个辅导员老师进行沟通联系，由该辅导员推荐其带班的一个班级进行主题班会结构式团体沙盘活动。该班级为大一新生，一共40人，年龄最大为20岁，最小18岁。班级整体氛围较好。每组6人或7人，共6组。

二、总目标

（1）帮助学生树立正确的"三观"，进行思想政治引导；
（2）帮助学生树立班级意识，提高班级的凝聚力和向心力；
（3）帮助学生提高自我教育和自我管理的能力；
（4）帮助学生加强人际沟通和人际交往的能力；
（5）帮助学生在班级主题活动中更好地发现自我、认识自我、悦纳自我和超越自我，提高自我认知能力；
（6）帮助学生学会认识和调控情绪；
（7）帮助学生完善职业规划，坚持梦想。

三、总次数：8次

四、收费设置：免费

五、此案例次位：第7次

六、本次主题：《生命的美好》

七、时间设置：每周1次，每次150分钟

八、本次目标

（1）帮助学生树立正确的人生观和生命观；
（2）帮助学生体验人生中的美好事物和经历带来的积极情绪，从而爱惜生命，感受美好。

九、操作设想

通过实际生活中的一些细微之处发现生命的美好，给学生一些最直观的感触，再在沙盘中用沙具呈现自己生命中最美好的一件事情，让学生体验生命的美好带来的积极感受，并保留在记忆中，让学生学会珍惜生命，享受美好。

十、培训师：陈越

十一、具体实施过程

（一）破冰热身（10分钟）：手指操，鸡蛋、小鸡和凤凰。

1. 手指操：主持人边做动作边念1、2、3、4，成员边做动作边念5、6、7、8。具体动作：虎口交叉击、十指交叉击、手背互击、手腕互击、拳击掌心、手捧一朵花、欢迎大家。

2. 鸡蛋、小鸡和凤凰：游戏最开始，所有成员都蹲在地上，都是"鸡蛋"。然后相互找同伴猜拳，获胜者进化为"小鸡"，半站立。然后"小鸡"与"小鸡"猜拳，获胜者进化为"凤凰"，站立起来。落败者退化为"鸡蛋"，再找"鸡蛋"猜拳。注意："小鸡"只能与"小鸡"PK，"鸡蛋"只能与"鸡蛋"PK！最后就只剩下一个"鸡蛋"和一只"小鸡"。最后所有的"凤凰"站立两旁为"鸡蛋"和"小鸡"鼓掌，因为没有"鸡蛋"和"小鸡"就没有"凤凰"。

（二）播放音乐摸沙（5分钟）

指导语："请每位同学调整自己的呼吸，让自己静心1分钟。选择一个自己舒服的姿势坐好。在听音乐的过程中，想一想在我们的生命中有哪些让我们感觉到美好的事情？选择1～3件。也许这些事情很小，但是却能给自己带来感动和对生活的积极向往，哪怕在今后遇到困难，想起这些美好的事情，仍然让我们内心充满力量。让这些美好的事情在头脑中慢慢地清晰起来，逐渐放大，最后定格在头脑中。这时候注意感受一下自己现在的感觉是怎样的？在身体上的哪个部位有感觉？什么性质？什么程度的感觉？（静等3分钟）好，如果你现在脑海中已经有了清晰的画面并有了感受，当我数到1的时候，请你以自己喜欢的节奏慢慢睁开眼睛。5、4、3、2、1。"

（三）分享摸沙的感受（10分钟）

分享的内容：脑海中的画面，自己的感受，身体上的觉察。

（四）带着摸沙的感受止语状态下选沙具3～5件（10分钟）

定轮值组长：由轮值组长决定摆放顺序和分享顺序及动沙算不算一次动作，先将沙具摆放在自己面前的沙盘里面。摆放规则：止语状态，不能动他人的沙具，如果要将自己的沙具放在别人的沙具上面，要经过他人的同意。

（五）组间分享（25分钟）

分享内容：拿的沙具的种类；摆放时的想法；摆放过程中的感受；当你听完其他人的感受时，你有没有对哪个沙具或哪个人的感受有感受？如果有就分享，没有就不分享；第一次拍照。

以6组中的第3组为例。

第3组的组间分享

A女：我拿了一个小毛驴和一个小兔子；小毛驴其实是牛，我没有找到，就拿了毛驴代替。这代表的是我的童年。我小的时候，我爸爸会经常带我去放牛，他会把我放在牛背上，牛一边慢悠悠地吃草，一边慢悠悠地走。有时候爸爸会给我摘来很多田埂上的野果子，吃起来很甜。爸爸给了我很多童年的美好回忆，让我回忆起来特别温暖。

B男：我拿了一个拿着大勺子的厨师，一个在滑板车上的小孩，代表的是我和我爸爸。我小时候很调皮，到处玩儿，衣服都被扯破了。但是我老爸很少说我，现在想想真的很感谢他不像我们村其他同学的爸爸，经常会打孩子。我爸爸很会做吃的，尽管小时候家庭条件不好，但是我爸爸会经常去打鱼，我们就可以改善伙食了。

C女：我拿了一个小房子，一条路，一只小熊走在路上，路旁边还有一辆车。那是我初中二年级的时候，有一天放学了，我走出校门，往家里走，可是我没有想到，我妈竟然来接我了，还给我带来了很多好吃的。我妈出去打工，每年只在过年时才能回来一次，那一次我真的特别高兴，现在想起来还是很开心。我希望等我毕业工作挣了钱以后，我妈就不要再出去打工了，我要好好孝顺她，让她享福。

D女：我拿了几个茶杯，几个花树，一个灯。我回忆里面没有特别的事情，我就感觉我在树下面，喝着茶，吹着风，看看我喜欢的书，就觉得生活真是美好啊。

（六）组内串故事（15分钟）

组内成员以第一人称"我"讲述自己的故事，轮值组长决定讲述顺序。

6组中的第1组：

我是一个3岁的小男孩，我刚刚上幼儿园，一开始我会想家、想妈妈，但是我总是要长大的，等我长大了，我去了很多地方，见到了很多的人，我很享受这个过程。当然在这个过程中，我遇见了我喜欢的女孩，我们在一起了，后面我们就一起去到了很多地方。

（七）调整沙盘（20分钟）

轮值组长确定一个积极正向的和生命有关的名称，如"美好的生命""有意义的生命"，组内成员将自己的沙具从沙盘里面拿出来，由轮值组长决定摆放的顺序和动沙是否算一次动作，每人第一次可以摆放两个沙具，然后依次每人每次只能摆放一个沙具，直到组内所有成员的沙具摆放完。第二次拍照。

调整沙盘后

（八）微调沙盘（10分钟）

大家从座位上起来围绕沙盘转一圈，观察整个沙盘，每人可以有一次调整自己沙具的机会。不可以动其他人的沙具。

（九）组内分享（20分钟）

分享内容：自己动的是哪个沙具？为什么？整体画面的感受并给沙画命一个自己的名字。由轮值组长决定本组最后的沙画名称。第三次拍照。

（十）组间分享（20分钟）

轮值组长留下做解说，以"我"作为第一人称单数形式把全组的感受变成自己的感受，把别人的故事变成自己的故事，给其他组解说，讲解3分钟时间。其余的人去参观别的组的沙盘，注意要认真倾听，听完要掌声鼓励轮值组长。参观完再回到自己组里，请轮值组长再给自己的小组成员讲一遍。

组间分享1：我们组的沙盘名称是"美丽的生命"，因为我们这组全是女生，我们希望以后不管遇到什么事情，都能美美的。我是这个小女孩儿，刚刚会走路，被妈妈抱在怀里，我看见了蓝蓝的天上有白白的云。我很好奇，在那远远的地方有什么呢？于是长大的我就开始了探险，尽管路上遇到了很多困难和障碍（栅栏、河流），但是我都遇见了好人，他们帮助了我，我也和他们成为了一生的好朋友。我相信不管以后我去到哪里，我都会想念他们，我也希望我们以后能一起美丽地变老。

组间分享2：我们的沙盘叫"激情人生"。我怀揣着儿时的梦想从家里坐火车出发了，我不知道未来会怎样，心里有些迷茫和担心。但是我想起爸妈的话，他们告诉我，只要大胆往前走就好了，于是我内心又有了力量。我翻越了一座大山，来到了大海旁边，见识到了大海的无穷力量，也懂得了人生重在拼搏。我来到了大城市，建立起了自己的一份事业，一开始很难，但是我都坚持下来了。我想，等到我老了的时候，坐在树下喝茶，陪着孙子孙女，回忆我这一生，感觉没有白来。

（十一）培训师总结、课后分享（5分钟）

1.培训师总结

"非常感谢大家今天的相互陪伴，在大家分享的过程中，我很感动，似乎我也经历了大家经历的那些生命中的美好，内心很喜悦，也充满了力量，对未来也充满了期待，谢谢你们的分享，我想你们肯定也有和我类似的感受，希望大家对今天的课程有个分享和反馈。"

E女：今天感觉好开心啊，原本还担心期末考试，现在心里没有那么紧张了。

F女：我想我爸妈了，他们给了我很多，我以后一定要孝顺他们。

G男：今天有了新的收获，原本觉得生活每天过得浑浑噩噩，也没有什么目标，但是今天的沙盘让我感觉生活还是蛮好的，我也要努力了。

2.哼唱《最美的光》，拍照、宣誓，结束。

十二、培训师感受

这是第7次沙盘了，经过前面几次的沙盘，同学们一次比一次更放得开了，内心更开放，也更愿意在班上分享自己不同于他人的想法和感受。在开展本次主题班会的过程中，有个别同学分享：有时候感觉快撑不住了，不想活了，但是想想父母，想想自己的朋友，还是熬过来了。我观察到这个组的其他成员给了这个女孩很大的安慰，我自己感觉很庆幸、很欣慰，在自由和受保护的空间内，同学愿意敞开心扉，愿意在班级里说一些自己一直不愿意公开的事情，感谢同学们的信任。同时也让我看到同学内心的负担和压力，自己任重道远，继续努力。对于这名女生，已经转为个体心理咨询了。

案例五
大学生寝室人际关系团体沙盘之《我的童年》

大一新生在进入大学后往往面临角色转变困难和人际关系困扰等问题，尤其是寝室人际交往困扰对学生心理健康、学习生活影响很大，在大一阶段介入学生寝室人际关系的改善尤为重要。该活动以寝室为单位，运用团体沙盘心理技术，突出"体验"，对大学生进行沙盘游戏的团体辅导，充分调动学生参与讨论和体验，激发学生的兴趣与热情，培养学生发展自我觉察能力、建立积极人际关系的能力，促进人际交往心理素质的发展。

一、团体形成

招募并确定本校4个大一学生寝室，16名在校大学生，一个寝室为一个沙盘。

二、总体目标

大一学生大学适应与交往，提高大学生人际交往能力，改善寝室人际关系。

三、总次数：每周一次，共7次

四、收费设置：免费

五、案例次位：第2次

六、本次主题：《我的童年》

七、时间设置：每周一次，每次15分钟，共95分钟

八、本次设计及目标

（1）通过培训师分享沙具故事与摸沙结合的方式引入，增加代入感，加强感受性；

（2）增加分享感受的环节，加强相互间理解和共鸣，轮值组长权限扩大、轮流坐庄的设置，增强轮值组长角色与权限的体验感；

（3）分享童年故事，增进彼此的了解，扩大心理包容性。

九、培训师：李花

十、具体实施过程

（一）课前热身活动（5分钟）

找零钱。根据现场情况，男生比女生多，因此每个男生代表五角钱，女生一元钱。带领者随便说一个数字，如五元，男女生自由组合，组合起来的刚好与带领者说的数字一致。重复4~5次即可。

（二）主题导入并制作沙盘（15分钟）

播放背景音乐（音量小）。选取一个沙具（秋千），分享这个沙具代表的自己童年真实的故事和感受。

摸沙。播放背景音乐（音量稍大）。

指导语："请大家安静下来，放松，把你的坐姿调整到最舒适的位置，调整你的呼吸，慢慢闭上眼睛，把你的双手放到沙盘的沙中，以你喜欢的方式摸、抓、握，或者任何自己喜欢的方式来接触沙，把注意力放在手和沙接触的感觉上。让自己静下来，默默感受就好（指导语停）。当你用手摸、抓、握沙，体会一下你自己的情绪以及伴随情绪的身体的感觉，哪个部位、什么性质、什么程度的感觉，以及伴随这种情绪和身体感觉而出现的画面、想法以及回忆等。请把注意力放在手和沙的接触上以及情绪和身体的感觉上。童年的回忆渐渐生动起来，请把这些画面、感觉定格。（音乐停），请大家调整呼吸，用你习惯或者喜欢的速度慢慢睁开眼睛。

请同学们带着刚才的感觉到沙具架上拿3~5件代表自己童年的沙具回到小组内，把它们握在手里，端详它们、感受它们，和它们连接。暂时不要将沙具放在沙盘中。"

（三）布置分享程序并组内分享（20分钟）

指导语："成员全部回来以后，由今天的轮值组长确定一个沙具摆放和分享顺序，然后按照这个顺序向其他小组成员分享自己摸沙以及选择沙具时的想

法，这个沙具是什么，以及这些沙具和自己童年有关联的故事，和自己的感受，就像老师讲秋千的故事一样，依次进行。注意在过程中遵守'四不两重'原则，体会每个小组成员此时的感受和沙具代表的故事。"

初始沙盘

其中一组所有成员分享如下。

A：当老师温柔地引导我们去回忆童年，在经过斟酌后我拿了5个沙具。奥特曼是我童年最喜欢的英雄形象，就像是童年的保护神；《天线宝宝》是我很小时候爱看的动画片；我还拿了一棵树，因为我回想起小时候家边有一个小树林，我很喜欢和朋友们在里面玩泥巴、过家家；鹅卵石和贝壳就很美好，童年时很喜欢收集，还用专门的瓶子来装各种各样的鹅卵石和贝壳。琐碎而又温暖，天真而又有趣，童年永远是内心的柔软之处。

B：当细沙在手中流动的时候，我脑海里不断翻动的画面也开始清晰起来，最后定格在小时候在菜园里嬉闹的场景。在我小的时候家里还有一块菜地，菜地旁种了几棵果树，它们带给我的乐趣，不亚于三味书屋之于童年的鲁迅先生。我想起了那夏日里清凉的井水、嫩绿的葡萄，怎么也长不大的苹果和梨，还有草莓、桑树。所以我在选择沙具时，选择的全是菜园里能找到的。

C：闭上眼睛，随着沙子在手指、手背上的滑动，我近期一直焦躁的心情慢慢平静，呼吸也逐渐放缓，回忆童年，记忆中的幻灯片一张张翻过。我本以为我几乎忘记了童年了，但从回忆起，从自己家楼房向外看，看到昏黄落日照映下的对面楼，我的思维就开始逐渐打开。童年的玩具、童年的伙伴，还有童年那次吃到令人牙痛的棉花糖。始终在脑海中挥之不去的，是月光下我与父母的影子，父母一左一右拉着还小的我，我两腿离地，全靠父母两只胳膊把我拽起来，就好像在飞一样。我长大了、变重了，怕伤胳膊就不再玩了，但还是在记忆中留下了印迹。所以我选择的沙具是我们一家三口。

D：我选的沙具是家具——生活的地方。童年也许对大多数人来说是幻想与梦，而我选择的和我们组的挺接近的，都比较接地气，就是妥妥帖帖的生活，那种回不去的生活……而我还有一个感受就是生活的不断改变，我应该更加珍惜现在的生活。

（四）重新调整沙盘，集体构建沙画和故事，并进行组内分享感受（25分钟）

指导语："由轮值组长制定规则，小组共同制作小组童年主题沙画，用集体智慧对你们创作的沙盘统一命名。如果不能统一，则可以保留自己的主题命名，由轮值组长最后决定。由轮值组长将沙具串起来讲一个沙画的故事，然后由每个小组成员以第一人称串讲这个故事。"

调整沙盘后，其中一组分享：

这是我的奇妙的花园。在我的记忆里，童年的生活真实而美好，印象最深刻的莫过于家附近的一个神秘而奇妙的花园，那里有我和小伙伴们喜欢的小溪、树林和水井，还有我们一起秘密收集的鹅卵石和贝壳。我和玩伴们一起在花园里玩奥特曼、打怪兽以及其他幼稚却又有趣的游戏，也会谈天说地，聊着那些课堂上、书本里新奇的东西。当然，我的家在附近，爸爸妈妈也在附近，他们会在黄昏时叫我们回家吃饭、休息。这个奇妙花园这里是我童年最美好、最快乐的回忆。

"奇妙的花园"主题沙盘

1.组间沙盘故事分享，并分享感受（15分钟）

指导语："现在请轮值组长留在小组里，将你们的沙画故事讲给其他小组成员听，每个小组依次到其他组观察和倾听他们的沙画和沙画故事。在这个过程中不可以碰触其他组的沙具，也不能在其他组的沙面留下任何痕迹。"

一组轮值组长B：这次老师增加了组间分享的环节，作为轮值组长的我心里很忐忑，第一次给其他组的人讲很紧张，讲的时候不太顺畅，但是好像我们组的沙画故事在我脑海中越来越清晰。当讲完四遍后，我觉得这就是我们组的故事。

二组组员A：在参观其他小组的沙盘后，我发现，即使是同样的事物在不同人的眼里、心里也有着不同的地位和意义，我又没有体会过他人的人生，我又有什么资格去评价别人内心的想法和感受呢？倾听就好。倾听是最好的陪伴。

三组轮值组长B：作为轮值组长，在讲述的过程中，我或多或少会加入自己的情感和理解；在重复的过程中我逐渐认识自我，也体现了自我。

四组轮值组长B：这次我是轮值组长，组间分享环节，我第一次讲得快，有点紧张且不够流畅，第二次就流畅和完整了很多，第三次的时候好像真的是在讲自己的故事，可以声情并茂、娓娓道来，最后再给组员讲的时候获得了他们赞叹，真好！

2.沙画拍照、课后分享（10分钟）

指导语：“建议从不同的角度，小组沙画正面的角度、自己的角度、俯视的角度以及小组正面相反的角度，然后再选择重要的，比如沙盘中心部位、4个角、突出或掩埋的、自己喜欢的等等。注意不要碰触沙具。"

组员分享：

童年的沙盘，大家都讲了自己童年的事，那一刻感觉每个人都像小孩子。我从来不知道别人的童年原来都是充满童趣的，或者说我们都是相似的。短短的一节课，竟让我产生了许久都没出现过的亲切感。在校园里，每个人都是彬彬有礼的，俨然一副大人的模样。或许不是，因为人们喜欢说这是青春，是朝气，是成熟的标志。可我好像没有这些玩意，我想要的只是童言无忌。在这一刻，我却感受到了。我可以畅所欲言，因为感觉大家都和我一样。

我们在轮流讲述自己沙具时，有彼此交叉的童年爱好和故事，惊喜油然而生；我们也倾听着不同的童年，去感受那份美好。在一轮无语言交流摆放沙具后，我们组的团体沙盘就很和谐、默契地组成了一个主题，并且我们将之命名为"奇妙的花园"，它是我们组成员童年最美好的回忆与幻想的有机结合，在我看来就是最佳组合。而后来有其他组成员表示喜欢我们的沙盘时，我们都觉得很是骄傲。

首先，在感受别人的沙具时却发现，有时候大家的感受是真的不同，甚至有时惊讶于同一个事物带给我们感受的迥异。其次就是今天在绕着沙具观察时我发现有一只狗在两个位置时，竟然会有完全不同的感觉：一面全浅，另一面却很深；一面温顺，另一面却有点压抑。那时便觉得原来不同的人、不同的视角看到的、感到的东西真的挺让人意外的，或许这也是沙盘中的另一乐趣所在吧。

我发现一个简单的沙盘游戏包含着很多人和人之间的相处之道，还记得第一次做这个沙盘游戏，因为好奇，大家充满了期待，但由于缺乏小组成员之间的默契和更多的交流，我们的沙画作品整体给人一种凌乱的感觉。今天，大家相互之间多了眼神上、言语上、肢体上的交流和默契，有创意、有内涵的沙画由此就在我们的共同努力下呈现出来。我深深体会到了沟通、交流和合作的重要性，而且沟通的方式不止于言语，相互默契配合和成就的感觉更棒。

（五）培训师总结、宣誓与结束（5分钟）

培训师总结："每一个沙具都具有自己的象征意义，这些沙具的意义是超越人类个人经验的，同时跟人类个体的联系又那样紧密。对每一个个体来说，总会有很多沙具是那么鲜活和有生命力的，所以，尊重每一个小组成员对沙具的真实感受非常重要。在今天的沙盘游戏中，同学们做到了沙盘游戏中'不分析、不解释、不评价、不判断、重感受、重陪伴'的'四不二重'原则，团队成员之间进一步真诚分享和信任彼此，在安全、受保护的空间里，不断觉察、接纳和表达自己，也更能觉察、认识、理解和尊重、接纳和包容别人。同学们都非常棒！"

集体宣誓：我宣誓，我只带走我的感受，留下别人的故事，宣誓人：×××。

十一、培训师的反思与总结

童年是大家共同容易切入和消除距离找到共鸣的主题，因此第二次选择了这个主题。在这次体验中根据观察，团队成员之间的真诚分享和信任有所增进，初步了解了结构式团体沙盘的流程、团体规则，在提到团体沙盘的安全、自由、包容时，同学们都有所感触。本次开始增加了组间分享环节，整个气氛达到了高潮，同学们对其他组的沙画和故事表示了极大的好奇和热情，回到团队之后开始讨论自己团队的沙画。

通过两次主题沙盘，着重让同学们感受了"以游戏的心态积极、认真、用心参与，带着关爱陪伴、守护、观照，耐心倾听和等待，默默欣赏，用心感受，必要时的真诚分享"以及"四不二重"原则，对培训师个人而言，深刻体会了"复杂的事情简单做，简单的事情重复做，重复的事情认真用心做"的理念在结构式团体沙盘体验中的重要意义。

案例六
大学生积极心理品质团体沙盘之《内心的宝藏》

积极心理品质（Positive Mental Characters）是一种相对持久的、积极的情绪和体验，对个人成长而言，积极的心理品质主要是指爱的能力、工作的能力、积极地看待世界的方法、创造的勇气、积极的人际关系、审美体验、宽容和智慧灵性等。

一、团体形成

通过海报和微信推文进行活动宣传，并以现场报名的方式最终确定20名在校大学生的团队，他们的专业与年龄都不同，最小的18岁，最大的23岁。相互之间都不相识，随机分成4个组，一个沙盘5个人。

二、总目标

（1）进行更深层次的自我探索，增加自我接纳度；
（2）改变自我互动模式，建立新的自我互动模式；
（3）肯定自我积极动机，减少自我否定，增加自我积极品质体验。

三、总次数：6次

四、收费设置：学校支付课酬

五、此案例次位：第4次

六、本次主题：《内心的宝藏》

七、时间设置：每周一次，每次120分钟

八、本次目标

通过回想过去的经历中积极的资源以及与之相匹配的积极品质，用沙盘摆出来，并串讲故事，由此探索内在的积极品质，加强理解、体验、欣赏以及整合内在的自己。为此进一步减少自我否定，增强自我接纳。

九、操作设想

（1）通过冥想与摸沙结合的方式导入，并通过沙盘摆出来。通过串讲故事的形式，唤起并激发他们内在的积极心理品质；

（2）在组内分享时，增加一个环节，即让每一个人谈谈听到对方分享之后的感受，从而加强相互的理解。

十、培训师：刘霞

十一、具体实施过程

（一）课前热身（10分钟）

请大家做一个小游戏"快乐拍拍操"。

指导语："用手去轻拍要求的身体部位，比如头头拍拍，拍两下头，肩肩拍拍，就拍肩两下。注意：跟着音乐节奏和指令一起做，速度会越来越快。好，现在请各位坐好。"（鼓励大家今天又能如期参加）

（二）对上一次活动的进一步核对与反馈（15分钟）

上次以后你在学习生活中有哪些不同？特别是关于新的学习体会？

A（女）：我觉得我更加淡定了，以前做什么事都要跟随别人，即使内心不愿意，但也不想破坏关系，就勉强自己，久了就忘了自己想要什么，现在会知道自己想要什么，就算偶尔跟随一下别人，也知道自己为什么这样做。（鼓掌）

B（女）：我不知道是不是我自己的成长，现在我可以一个人走路，一个人看书，一个人吃饭了，不再依赖同伴了。

带领者：这很棒啊！

C（男）：感觉问题还在那里，但是我会多一些角度去看待问题了，不再那么执着地自我否定了。

D（男）：感觉在团体中的收获很多，但是在平时很难有这样的体验，是不是应该多开展这样的团体活动？

带领者：是的，非常好的建议。

（三）摸沙及冥想（10分钟）

指导语："现在请大家找一个舒服的姿势并确保身体稳稳地坐在椅子上，能感受到双脚平放在地板上。很好，现在调整呼吸，用手轻触沙盘里的沙粒，回想着从出生到现在都有哪些资源一直默默地支持着你，体会拥有他们的感受，以及这些资源所代表的积极的心理品质。（留出3～5分钟时间进行冥想）如果你想好了，慢慢地睁开眼睛。带着刚才的冥想感受或者画面去寻找3～5件沙具，把心中的故事摆出来，自由地摆在自己面前的区域。"

（四）沙盘故事及分享（60分钟）

全部回来后，请所有同学看向沙盘里自己的沙具，与它们连接一下，给大家1分钟时间。今天的轮值组长开始来组织发言。发言内容：我拿的是什么？我的感受是什么？

同学与所拿沙盘进行连接

四组中的一组组内分享如下。

A女：在老师喊我们回想资源的时候，我感觉我的头脑里梦想出现的次数多一些。从过去到现在，内心都怀着对未来的憧憬，给自己一个幸福的生活状态，同时因为是独生子女，所以也想给爸妈一个幸福的生活状态。我拿的沙具可以分为两个部分：第一部分是爸妈的生活，因为我的爸妈想去三亚旅游，还想去三亚定居；第二部分是我的生活，我想要自己养条狗。

C男：我摆的是一个铲车，它给我的感觉是特别稳定；我还摆了一个大象，我记得我一两岁的时候，有一张照片，我抱着一个熊（毛绒玩具），跟这个有点像，我一看到它就想起我的这张照片。我的感受是生活很甜蜜，虽然生活那时候杂乱无章，但是有自己喜欢的东西的痕迹。

B女：我拿了一棵树，因为我的家在海南，那里有特别多的树，跟这棵树很像，我觉得它带给我的是舒服的感觉。我还拿了一个我以为是食物，其实仔细看才知道那是烟。我还拿了一辆摩托车，因为小时候很喜欢骑摩托车。

D男：我拿了一个雷锋头像，我觉得我身上总有一种想去帮助别人的力量，旁边还有一只代表忠诚的狗狗，对面是我喜欢的树和一些野生动物。总的感觉是非常正能量。

带领者：分享完后，现在我们从整体感受和听完大家发言后的感受进行分享。

A女：我觉得大家都是分两个部分来表达的，一个部分是对未来的憧憬，另一部分是对过去的回忆。我听到了很多对儿时无忧无虑生活的怀念，也听到了大家对未来的期望，很想知道未来究竟是什么样子的。

C男：我感觉到的是很多对家的关心，特别是亲情。

B女：我觉得讲自己的有一种踏实感，听别人的有一种新奇感。

D男：我觉得表达出来有一种舒畅感，觉得沙盘有一种包容感。

带领者：请每一位小组成员把每一样沙具串起来讲一个故事，并给故事命名。进行串讲故事。

四组中的二组组内分享如下。

E男：从前有一只鸟飞跃了书的海洋，来到了人间。它首先看到的是人类用智慧驯服了桀骜不驯的野马，然后运用大自然的各种资源营造出了一个美丽而富饶的环境，人们过着安居乐业的生活，这样的一生即便离开也是一种重生。故事名字——心的沙海旅程。

"心的沙海旅程"主题沙盘

（五）组间分享（20分钟）

请轮值组长留在小组里，把你们的画面以自己的理解命名，为其他小组成员讲解。

以一组为例（D男）：

我觉得沙盘很神奇，在现实生活中我们不得不把一些真实的感受或者想法隐藏起来，久而久之自己内心的真实已经不知道哪里去了，通过沙盘活动，内心的真我慢慢浮现出来了。这就告诉我们要倾听自己内心的声音，当我们与真我联结之后，我们会感觉特别舒服，特别平衡。在这个团队里我没有隐藏，而是摘下面具面对内心真实的自我，我觉得非常开心。

（六）培训师总结（5分钟）

感谢大家的相互陪伴，同时也感谢大家给予我的支持。最后我们围成一个大圆圈，每个人用一个词语表达今天的收获与感受。好，请小组内手拉手，我们一起宣誓：我宣誓，我只带领自己的感受，留下别人的故事。宣誓人：××。

十二、培训师感受

随着进程，第四次他们能够更好地敞开自己，看到自己内心积极的品质，并从他人的分享中看到自己。多数人的表情与姿势也少了一些僵硬。最后表达感动时，出现很多积极的词汇，比如感恩、感谢、开心、舒服、欣赏等。期待下一次。

案例七

大学生压力应对效能团体沙盘之《相遇在沙的世界》

高校大学生面临着学业、情感、就业、人际关系、经济、社会环境和自我发展等诸多方面的影响，心理压力很大，对其身心带来不利影响，本团体沙盘拟在提高大学生的压力应对效能，以帮助大学生减轻压力带来的负面影响，提高他们应对压力的信心和能力。

一、团体形成

作为高校选修课程接受参与者报名。报名者通过量表和访谈进行筛选，最终形成36人的团体。其中女性17人，男性19人，最小的18岁，最大的22岁。随机打乱次序并根据专业以及人际关系信息进行调整后分成6个组，一个沙盘6个人。

二、总目标

（1）缓解压力；
（2）参与者在面对压力时，可以自我感知到的更强的应对或胜任的能力；
（3）面临压力情境时，对自己理智解决问题的努力程度以及积极采取策略的可能性产生积极的判断；
（4）对于成功应对压力有更大的自信心。

三、总次数：8次

四、收费设置：学校支付课酬

五、此案例次位：第2次

六、本次主题:《相遇在沙的世界》

七、时间设置:1.5个小时

八、本次目标

(1)进一步增进了解,加强团队的安全感建设,营造团体沙盘工作氛围,为后续的活动建立良好的氛围。

(2)通过与沙的接触,感受并表达情绪,激发参与者的积极情绪体验,从而帮助参与者缓解压力、提升应对效能。

九、操作设想

(1)通过摸沙引导参与者的积极情绪体验,达到缓解压力的目的;

(2)通过共同创作沙画并串讲故事的形式,建立团队氛围,加强相互的理解。

十、培训师:李傲、李媛

十一、具体实施过程

(一)上一次活动的简单总结(10分钟)

前一节课中我们对彼此有了一个简单的了解,也第一次接触到了沙盘和沙具。首先感谢大家,全员到齐,按时参加今天的活动。我们上一次活动一起制定了活动的规则,"不迟到"也是其中的一条。看来大家都很好地遵守了。另外,强调沙盘工作的"四不两重"的基本原则和基本工作过程。

(二)热身活动(10分钟)

游戏名称:抓逃手指游戏。

游戏目的:融洽氛围、培养注意力、活动身体。

游戏流程:(1)请大家将右手掌心向下,左手食指垂直向上,相邻者左右手连为一线。(2)请学生听到老师接下来讲述的一段故事中出现"乌龟"时,则迅速用右手抓握下面右边同学的食指,同时将自己顶在相邻左边同学掌心的食指逃脱。(3)邀请所有人按以上规则作好准备。(4)讲述故事:《乌鸦和乌龟》。森林里有一间小小的城堡,里面住着可怕的巫婆和他的仆人乌鸦。突然有一天,天上慢慢飘来一片片乌云,转眼间周围就变得乌黑乌黑的,什么也看不见,不一会儿就下起了大雨。在狂风暴雨中,巫婆听到有人在敲门,开门一看,原来是一只乌龟,还有一只乌贼。它们要求巫婆让它们进屋。巫婆同意了,可是乌鸦不同意,它和乌龟是多年的宿敌。雨越下越大,大家也越吵越凶，乌贼指着乌云对巫婆说："雨这么大，乌鸦却不让我们进去，我和乌龟都会生病的，再不开门，我一定会让你的城堡变得乌烟瘴气。"最后，巫婆还是没有给它们开门。没多久，雨停了，太阳出来了，乌云也散了，巫婆和乌鸦这才打开门，看见乌龟已经冻得缩成一团。

热身阶段参与者的分享：

女A：非常有趣。我特别喜欢这种跟大家一起做游戏的感觉。我注意到玩了几轮后，旁边的几位男生在总结怎么更容易抓住别人的手指，我试了试他们的办法，果然抓住了旁边妹子的手指！

男B：不知道别人是怎样的，但我总是忙于抽出我自己的手指，而忘记去捉别人。即便如此我还是有被人捉住的时候，而且我从来没有抓住过别人。这或许代表一种处事的态度？或许我可能更容易"独善其身"，而有些人希望"攻守兼备"。

女C：其实我很多次都已经抓住旁边同学了！但他力气好大，我根本拿不住！我觉得大家应该都希望再多玩几轮。老师，我们可以再多玩几次吗？（带领者提示：这个活动的目的是让大家放松心情，互相有简单的了解和互动。如果大家有兴趣，可以在课后继续组织这样的活动。接下来我们还是先回到沙盘室里，进行我们今天的主题。）

（三）摸沙，冥想（10分钟）

指导语："请大家安静下来，把坐姿调整到最舒适的位置，调整你的呼吸。慢慢闭上眼睛。把你的双手放到沙盘的沙子中，然后用摸、抓、握等任何自己喜欢的方式来接触沙。把注意力放在手和沙接触的感觉上，让自己的心静下来，默默地感受。（停顿2分钟）

体会一下你自己此时此刻的情绪，与这种情绪相对应的你身体的感觉。体会一下，是什么性质、什么程度的感受。请留意在这种情绪和身体感觉的基础上，你大脑中出现的画面、意象、想法、回忆等。让这些画面、意向、想法等逐渐生动起来，最后定格在你的头脑中。（停顿3～5分钟）

好，现在请大家调整呼吸，按照自己最舒服的呼吸频率来做呼吸。吸气的时候让气息在腹部多停留一会儿，呼气的时候腹部尽量收回去。体会一下气流从鼻孔流动的感觉。现在，让你的情绪慢慢平静下来，当我数到1的时候，请慢慢睁开眼睛，5、4、3、2、1。"

（四）组内分享摸沙感受（15分钟）

请各个小组在组长的带领下，依次分享刚才摸沙时的感受。规则是：先在沙面上作画，然后分别分享，你刚才体会到了什么样的情绪？感受是怎样的？脑海中出现了什么样的画面和意象？

一组的分享如下。

A女：我摸沙的过程中在脑海中描绘出一幅我挽着妈妈的手在海边散步的

场景。我是北方人，其实很少有机会看到大海，但我对广阔无际的大海很是向往，我母亲和我一样喜欢大海，我很希望有机会我可以带她去海边。总之我就是很喜欢大海，摸沙的时候就像在跟沙滩接触一样。

C男：我最先接触到沙子的感觉是觉得有点凉凉的。我来自东北，这种凉意让我回想起了每年初雪时的情景，就是每年的第一场雪。有一种心旷神怡的感觉。摸了一会儿之后，手心的温度回升，这时候我觉得就像在初雪时喝了一杯茶的感觉。我觉得特别好。老师说要睁眼的时候，我都不太想从这种感觉里出来。

B女：我觉得很舒服。这种感觉不太好描述，就是很舒服。

D男：可能和大家不太一样，我摸到沙会感觉到有一点烦躁，就是一点点。因为，我不太适应这种，闭上眼睛把手放进沙里的感觉。因为看不见，所以我有点担心会在沙里摸到什么，总想把眼睛睁开。不过老师在说把注意力放到让自己舒服的地方时，这种感觉就没有了。我眼前的画面变成了那种山沟中的青山绿水，而且有水流，就是小溪一样，在缓缓地从山间流出来。

E女：我觉得很舒服，就像坐在沙发上一样，是一种很惬意很放松的感觉。我觉得我感知到的情绪是一种很放松的情绪。

F男：沙子在指缝里流过的时候，我想到了沙漏。然后就觉得，是一种时间流动的感觉。我就试着一粒一粒地数沙子，发现根本没数几颗已经过了有10分钟了。然后我发现，确实觉得很放松，因为好像很久都没有这样专注地做一件事了。

（五）集体创作沙画（10分钟）

现在请大家把刚才摸沙后分享的感受，集体创作一幅沙画。规则是：（1）只用沙盘里的沙子，在沙盘中把小组成员的感受呈现出来，完成一幅小组的作品；（2）这个作品怎样来呈现，由轮值组长决定。比如，是大家把共同的感受用沙呈现出来，还是每个同学分别呈现自己的？（3）呈现之后，大家继续讨论，可以对沙盘进行修改。讨论后给小组的沙盘进行命名。可以每个人有一个自己的命名，最后由组长决定使用哪个名字。然后进行组间分享。

（六）组间分享（20分钟）

请每个组的组长留下来给其他小组的成员讲解你们的沙盘。其他的成员按照一组换到二组、二组换到三组的方式，依次分享。请注意，秉承"四不两重"的基本原则，认真倾听、默默欣赏，用心感受，听完组长的讲解后，要用掌声表示感谢，然后到下一组。直到回到自己的组，组长要把刚才给其他组讲的内容给本组的组员再讲一遍。

分享内容（以一组为例）如下。

我们组的沙盘名字叫"山溪"。太阳散发着温馨的光芒，连绵起伏的山峦在春日阳光的映射下显得格外有生气。我们坐在一缕清泉旁边，环而视之，像极了千年前的石滩。正当我们享受着这一份悠闲的惬意时，一曲不知名的古乐流入我们耳中。我们被唤醒到另一个世界里，这里有沙漠、海洋、沙滩。我们脱离掉曾经的束缚，与身边的伙伴一起聆听这个世界。

（七）分享感受（15分钟）

大家可以在小组内再讨论一下，刚才看到其他组的沙画时有什么样的感受。组长可以说说，自己在讲的过程中有什么样的感受。接下来，每一个组选出一位代表，代表小组发言。

本环节中的部分分享内容如下。

组员1：感觉在参观其他组沙盘的过程中，看到别人的作品非常有意思，很受启发。我们组好像没有想到在沙子上面直接画画或者写字，我们就只是堆积沙子，所以很多想法我们在表达的时候就觉得很困难。所以特别欣赏有的组的作品。

组员2：在摸沙的过程中思绪万千，但觉察到自己的表达能力似乎不足，觉得不知道如何用沙来表达。但看到其他组成员的作品后，觉得打开了新世界。六个组好像几乎都有海这个元素。

组员3：摸沙的时候觉得很放松。用沙进行创造的时候觉得很难表达。但最后还是表达出来了。摸沙确实可以帮助我释放很多压力，组内和组间的沟通也很快地拉近了大家之间的距离。这是一次很棒的体验。

组员4：作为组长，连续讲了6次沙盘。每一次讲的时候都有一种不同的体验。心里还是担心会不会没有把小组里大家交给我的信息很好地传达出来。组员回来以后跟我说我的担心是多余的，我就觉得很谢谢大家！我第一次当组长，以前没做过这样的事。总之体验很不错！谢谢大家！

组员5：其实参与过前一次活动后，我特别期待这一次可以用什么样的沙具。老师说这一次不用沙具只用沙的时候我还觉得有点遗憾。但是后来发现好像只用沙子了，思路反而更自由了，没有很多拘束，想做什么就做什么。很期待下一次的活动。

（八）培训师总结，宣誓与结束

今天我们感受了沙子作为沙盘工作中的基本要素在沙盘工作中的重要作用，具有承接、包容，转化同时还可以孕育生命等特性。它是连接我们意识与无意识沟通的桥梁。刚才大家分享过程中也发现了，同样是摸沙，同样面对一幅沙画，每个人的感受是不一样的，这些不一致的地方就是我们潜意识的体现。所以，我们在沙盘工作中一定要秉承"不分析、不评价、不解释、不判断、重感受、重陪伴"的基本原则。因为每个人的生命历程不一样。

集体宣誓：我宣誓，我只带走我的感受，留下别人的故事，宣誓人：×××。

十二、培训师反思

由于在第一节课的筛选以及作为选修课的课程的退补选程序，此次大约5人退出沙盘课程，同时有10人补选进来，所以刚开始的时候有点混乱，新入组的同学无法在团体里找到自己的位置。于是在活动开始之前，我让新来的同学进行了简单的自我介绍，然后征得每个组的同意，先让每个组"认领"成员，将每个有退组情况的组的组内成员补充到6人。然后将剩下补选的同学分为一个组。现在的情况是，总共37人，分为6个组，其中5个组的成员为6人。补充的一个组成员为7人，该组所有成员都没有参加第一次活动。

尽管我让每个组给新来的组员彼此进行自我介绍（小组给新加入成员介绍队呼、队名，新成员向小组介绍自己），并单独给补选组做了简单的活动设置讲解以及简单的团建（让大家用3个信息彼此进行自我介绍），但活动开始后，明显发觉补选组在分享和沙盘制作的过程中，团队气氛并不是很足。团队似乎没有建立起来，小组成员的防御比较高，在分享时彼此几乎不太说话，分享内容很淡，沙盘制作的比较敷衍。因此，我终于理解了作为结构式小组为什么要求不能中途增加人，原来它真的会破坏团队的安全感和凝聚力。

（注：经过两三次活动后，后加入的组员才逐渐跟其他组员变得融洽起来。最后组建的那个小组，感觉整个活动中的内部融洽程度都不及其他组。在此，我进一步对结构式团体和团体沙盘工作中团建重要性有了更深的认识和体验）。

通过这次活动，整体小组的团体氛围已经有了很大的提高。大家分享时明显比第一次活动更用心也更积极，并没有看出有新加入的成员出现不适应等现象，总体感觉达到了本次活动的目的。成员间彼此的认识有加深，团队已经初步形成。且通过摸沙、感受情绪、分享等环节，成员的情绪得到了舒缓，大家都觉得很放松。从分享中可以看出，积极情绪有了建立，团队氛围基础得到了保障，之后的活动应该可以按照目标进行下去。

案例八
高校学生干部合作力训练团体沙盘之《守护》

高校学生干部队伍建设是高校学生思政教育工作一项重要工作。目前，学生干部队伍数量根据学校工作、学生自身成长发展需要约占学生总人数20%左右。可见，遴选、培养一批优秀的学生干部队伍对于整体学生工作的引领作用至关重要。现阶段大学生大多数仍是独生子女，普遍存在自我意识强、社会实践能力及服务意识尚显薄弱等问题。所以，在大学阶段，特别是对刚刚选拔上来的学生干部进行有针对性的合作力训练显得尤为必要。合作力的提升，既是学生干部自身成长的需要，也是社会对人才的需求所在。高校大学生干部合作力的提升，既离不开团队成员个人的不断成长，更离不开整个团队的通力合作。总体来说，团队合作力提升的核心要素是提升团队成员的人际关系协调能力、自我觉察能力、有效沟通能力、情绪管理能力和清晰定位与配合能力。这些能力的养成与训练需要在实践中或者有针对性的训练中不断得以提升。团体沙盘心理技术在高校学生干部合作力训练方面很好地促进了学生自我觉察、自我成长部分，通过团体沙盘的分享与体会，很好地促进大学生干部的团队合作意识与能力提升，也让参与"游戏"的同学受益终身。

一、团体形成

在新一届团委学生会的主要学生干部中招募产生，其中包括院主席团成员、各部部长。本次活动共分成三组。核心成员（主席1人、团委副书记1人、副主席3人）一组5人；各部部长二组，分别是5人组、6人组。整体策划以提升团队核心成员合作力为目标。

二、总目标

（1）挖掘自我思维模式与行为模式；

（2）提升合作力。

三、总次数：4次

四、收费设置：公益

五、此案例次为：第1次

六、本次主题：大学时光

七、时间设置：隔周一次，每次120分钟

八、本次目标

通过本次结构式团体沙盘，实现组内人员自我成长，探索自己思维模式、行为模式，促进团体合作中"分工""合作""整体""我"的厘清与探索，引发今后工作中提升合作力的思考与讨论。

九、操作设想

（1）破冰游戏，营造轻松氛围；
（2）选择轻柔音乐、引导放松、摸沙并分享感受；
（3）选出轮值组长、制定规则、游戏开始；
（4）沙盘完成后、分享、共同商议主题；
（5）组间分享；
（6）回组后组长总结，沙盘师总结，宣誓。

十、培训师：马笑玲

十一、具体实施过程

（一）课前热身：健脑操（15分钟）

（二）摸沙、冥想、分享摸沙感受（15分钟）

脑海中的画面，自己的感受，身体上的觉察。

（三）猜拳选出组长、制定规则、游戏开始（20分钟）

带着摸沙的感受止语状态下选沙具3～5件；确定轮值组长，由轮值组长决定摆放顺序和分享顺序及动沙是否算一次动作。先将沙具摆放在自己面前的沙盘里面。摆放规则：止语状态，不能动他人的沙具，如果要将自己的沙具放

在别人的沙具上面，要经过他人的同意。

（四）分享、商议主题（30分钟）

（五）组间分享（25分钟）

分享内容：拿的沙具的种类；摆放时的想法；摆放过程中的感受；当你听完其他人的分享时，你有没有对哪个沙具或哪个人的分享有感受，如果有就分享，没有就不分享；第一次拍照。

（六）总结、宣誓（5分钟）

（七）实例场景

下面以第一次体验式团体沙盘中主席团成员沙盘为例。团体由学院学生会主席1人、团委副书记1人、副主席3人，共计5人组成。

1. 热身活动（15分钟）

指导语：

"大家好，首先恭贺各位同学，经过层层遴选入选学院学生会。今天是我们首次进行合作力训练！在活动正式开始之前，我们做个热身小游戏。请大家相互间隔一人位置站好，前后左右以做伸展运动不触碰大家为准。好，现在请大家跟随我一起做'健脑操'（播放健脑操音乐）。"培训师做示范动作（具体可网上参阅健脑操操作部分）。

2. 摸沙、冥想（15分钟）

指导语：

"请大家静默下来（播放轻柔放松音乐），调整呼吸，静静体会沙带给你的感受，无论在音乐中你感受到了什么，就让自己和你的感受待在一起。想一想你有多久没和自己这样静静地待在一起了？你就允许自己在这样一个时间里，静静地和自己待在一起，可能你的脑海里呈现了小时候的画面，可能出现了你最难忘的人和事、可能让你一下子想到了你以为'遗忘'的部分，都允许他（它）的存在，和他（它）静静地待在一起。1分钟后，引导大家思考加入学生干部队伍的初衷，想想在这个过程中你所付出的努力，并在内心深深感谢这个努力的自己。然后，请大家再一次深呼吸，发挥你最大的想象，想象自己看到了未来开展工作的自己，他是什么样子？他的状态如何？请你静静地和这个未来工作的自己待在一起，去感受他的感受！好，无论在任何时候，你感受到了那个未来工作中的你，你就可以轻轻地睁开眼睛。"

3. 猜拳选出轮值组长、制定规则、游戏开始（20分钟）

轮值组长设定为A同学，按照顺时针依次是B、C、D、E同学。

（1）组长A设定规则：动沙算拿1个沙具；顺时针依次拿沙具；每次拿0~3个沙具；拿4轮。

（2）现在请大家按照组长指示，依次拿沙具，在每一轮记下自己拿了什么沙具、内心的感受如何？回到小组后，请把你拿回的沙具想怎么摆就怎么摆放。整个过程请止语。

第一轮：

A拿了房子、树；B拿了桌子、草坪、人；C拿了开海；D拿了贝壳、椅子；E拿了船。

第二轮：

A分别拿天使（放在了上轮人物旁边）、树木（放在上轮树木旁边）；B拿了两个人物（分别放在桌子两侧）；C拿了桥、3棵树木（放在靠A侧）、拿书的人（原本想放在桥上，因放置不下就放在了桥头）；D拿了雪花（自诉）；E果实（散落在桌子和树木处）。

第三轮：

A拿了蛇（放在海边）、海豚（褐色）；B拿了飞机、蓝色的船、蓝色汽车；C拿了另一栋房子（靠近上一轮别墅旁边）；D拿了草莓（放在苹果旁边）；E拿了围栏、两棵树（放置别墅区附近）。

第四轮：
　　A分别拿了绿色海豚（放在褐色海豚旁边）、人物（读书的人对面）；B分别拿了警示牌（放在沙滩上）；C拿了两个"打架的人"（放在两别墅中间）；D拿了一把椅子（天使附近）；E拿了两辆车（放在雪花标识附近）、停车标识。

4. 分享、商议主题（30分钟）

　　四轮摆放后，请从轮值组长开始来分享：每一轮拿的是什么沙具，代表什么；摆放的想法；看到别人摆放时的感受。注意：在组员分享的时候，其他组员此时保持静默。

　　第一轮：
　　组员A：我在第一轮的时候，首先想到这是一片海滩。我想海滩得有树、房子啊！我就拿了这两个。贝壳代表各种贝类；树呢，可以乘凉。
　　组员B：第一轮，我看有房子了，我想应该有个人在这里度假之类的，就放了一个人，看上去他心情还不错（自己也笑笑）。有人了，得有个桌子休息之类的，我就放了一个桌子，然后想着有一片草地会比较搭。

组员C：第一轮，我看见有贝壳，我想这是沙滩，我就想在我面前开辟一片海，我就开了这片海；海上需要有船，我就放了船上去；看见小B摆了桌子，我就放了两把椅子上去。

组员D：我特别喜欢看海，当我看有了大海以后特别开心，就拿了贝壳，我想，大海里是有很多很多贝类的啊。我看小B放了桌子，觉得有了桌子，放上椅子休息，还可以看海，心情非常愉快。

组员E：这一轮我没有想太多，就是觉得有海了，就拿了一艘船。

第二轮：

组员A：到第二轮，我觉得小B放的这个人有点孤单，就找了个天使陪她，有个伴；还有小B放的树只有一棵，我也给它找个伴（捂嘴笑）。

组员B：第二轮看了这里建设得越来越好了，觉得提供保安和卫生医疗支持，就选了海军守护这里，选了护士随时为大家提供医疗服务。

组员C：在这轮我选了桥，我想开辟一片新领地，我觉得这桥不错，放在这里感觉是建了一个公园，挺好的。这个人在公园里读书，很安静的样子。这些褐色的树代表是一片树林。

组员D：放了这个标识。这个标识没想到什么，就觉得挺好的，就放在这里了。现在想想可能我会比较喜欢冬天的海，漫天雪花，大海依然波澜壮阔，会让我内心特别宁静。

组员E：我拿的是果实。我觉得有人居住了，房子啥的都有了，得有吃的（自己笑了起来）。

第三轮：

组员A：第三轮的时候，我个人比较害怕蛇，我觉得这片海域有好玩的、有动物，人们在这里玩耍，我会觉得也会经历危险。大海里也会有海蛇之类的，我把它放在这，想提示大家这里也会有危险。然后，我选了一只海豚，有海的地方有各种动物，又有危险的，也有可爱的。

组员B：我一看，这片海域有危险了啊，这里地域又这么大，我就赶紧安排了飞机、大船（可供运输物资、人员）、在别墅区安置了汽车，这样海、陆、空齐全了，如果有危险或者需要发生，可以保证人员能够安全离开。

组员C：我选了另一栋房子，虽然没有原来那个那么豪华，但是我觉得原来就一栋房子在那里太孤单了，就选了这个，也挺好吧，感觉有陪伴的感觉，我会觉得有的人可能会富有，拥有大房子，有的人可能很穷，只能住这个破一点的房子，但是并不影响他们欢乐的生活。

组员D：这一轮我拿了草莓，放在了苹果旁边，我觉得光有苹果会"孤单"。

组员E：我会觉得这里是一片独立的区域，我就选了栅栏，把这片区域围起来；这片区域建设得挺好了，我就在房子后边又种了树木，会觉得这里是独立的生活区域，挺好的。

第四轮：

组员A：最后一轮，我选了另外一只海豚来陪伴这只海豚，感觉得有个伴；这个人吧（指桥边读书的人），一个人在这里教书或者在说些什么，没有听众太孤单了，多没意思啊，我就给他选了一个听众，一个说一个听，感觉会比较舒服。

组员B：在这一轮，我只选择了这个警示牌。我看见蛇在这里，虽然安排了运输设施，感觉还是不够。我想提示大家，这里有危险，要注意防范。放了这个，安心一些。

组员C：我在这里放了两个人（指两个别墅中间），看上去两个人像是打架的样子，不过在我看来更像是打情骂俏，生活本来就是这个样子。不管是大房子里的人，还是小房子里的人，生活中难免会有磕磕碰碰，会有这些开心的、不开心的，我会用这两个人代表一个生活常态。

组员D：然后，我会看见这两个相亲相爱的人没有休息的地方，就给他们放了一把椅子。呃，感情好的话，一把就够了（自己感觉有点不好意思的样子），也可以选择坐在对方腿上，都没关系啦！（5个人都欢快地笑了起来）。

组员E：我觉得这边（指小A放置天使位置）人员挺多的，得安排个停车场，于是我就选了停车场，还有停车场标识，这样便于大家停车。

培训师引导：刚才大家就每一轮的沙具摆放、内心的感受都表达了出来，接下来，我们还是从轮值组长开始，依次分享听了另外组员的分享，内心的感受。

组员A：刚才听了他们的分享，感觉和自己猜的部分差异挺大的。整个沙具摆放的过程中，感觉小B一直在补位，一直在为我们提供帮助和支持，内心特别感动，他带给大家的还是那种默默守护的感觉。我觉得以后不管做啥，组织一些工作啥的，有他在我就会很放心（小B很腼腆地笑笑）。

组员B：整个过程吧，我就是一直在猜，确实一直在努力提供帮助。看见沙滩上有树了，我就合计种植一片草地，看见有危险了，就急着赶紧安排运输，我怕有危险还赶紧设置了保安、护士。总之吧，一直在努力看自己能做些什么就尽量做些什么。但是，有时感觉自己想的未必就是人家想的，比如那条蛇，我就没想到小A也是在提示这里会有危险，我就忙着各种准备。因为整个游戏的设置吧，不允许语言沟通，我想要是语言沟通的话，多些沟通效果和效率能更高些。

组员C：听了他们两个的分享，有几点感触，最大的感触就是感觉他们都一直在配合。小A呢，几乎给所有"孤单"的人都找了"伴"，会感觉她好有爱、好细心；小B就会一直保大家周全，尽全力在配合大局。我好像一直生活在自己的小天地里，忙着造公园啊、种树的，这方面我以后得注意些（C看着另外的伙伴笑，另外两位伙伴点头回应，气氛非常融洽）。还有，就是小A把这条蛇放在这里的时候，我的内心是非常慌张的，特别害怕，除了本身害怕蛇以外，这个蛇就这么对着我，我真的会有危险来临的感觉。特别感谢小B提供了很多保障措施，心安了很多。

组员D：感觉自己进入角色比较慢，每一轮我都拿得比较少，自己整个过程一直都在观察和猜想大家的用意。尤其听了大家的分享，感觉自己以后需要调整下状态，更多地参与进去。我对于小A"找伴"，看得清，小B的不断补位也看得清，以后多向大家学习，多交流吧。

组员E：这个沙盘游戏很奇妙。这四轮下来，感觉像是看懂了，又啥都没看懂。我拿的这几个沙具，有时候是补位用的，比如停车标识，我想到的我会及时补位。有时候，确实没想到。小B放的那个危险的提示标识，我感觉挺温暖的，点赞。

培训师引导：听了刚才大家的分享，大家还有什么要补充的吗？

组员A：听了大家刚才的分享，真是，我一方面发现我自己好像特别害怕"孤单"，一直在给各种人事物找"伴"，这个可能也是我以后需要调整的部分，我也需要培养独立工作、独立处理事务的能力；在这个方面还要像小B学习，被照顾的感觉真的很好。大家以后一起工作的时候，真的需要多照顾别人的感受，多做沟通，这样才能提升工作效率，大家才能在一起玩得开心、做得漂亮，创意也会更多。另外，关于这条蛇，我想对小C表达特别的歉意，尽管我要表达的是"提示风险"，也应该注意方式，至少这个不可以面向小C，让她心里不舒服，如果后续给我机会，我会尝试调整摆放位置。

培训师引导：还有吗？没有的话，接下来我们做一个好玩的游戏，大家依次调整座位，坐在另外两个人的位置上看看，并以当事人的视角串讲故事，看看我们每个人是否有新的启发？

组员A，串讲故事后感言：当我坐到小B的位置上看的时候，感觉会更强烈，他所有的安置都在为对方着想，会特别感动，然后会觉得整个画面像是做了重新布局的样子，真是不同的角度看到的世界就会不一样。还有就是坐在了小C的位置，更深切地体会到了我放这条蛇的时候，她内心一定相当不舒服，真的非常抱歉。

组员B，串讲故事后感言：换了位置，会发现自己的布局还不错，虽然还有些不尽如人意。还有就是在他们的位置看确实和在自己的位置看有太多的不同，风景不同，整体感觉也会不同。以后也能够学会以别人的视角去看"风景"，这次团体沙盘真是收获蛮多的。

组员C，串讲故事后感言：在不同的位置看，验证了自己的"独立设计"确实有些突兀，感觉和整体不太搭，会觉得自己太过沉浸在自己的世界里，对外界关注少。尤其换了位置，会感觉外边的世界好精彩。

组员D，串讲故事后感言：当我以第一人称讲别人的故事时，会觉得和我作为旁观者的感受完全不同，对团队里的每个人有了更多的了解吧。我觉得自己以后要注意更加开放些，多和大家去沟通，而不是一味揣摩。

组员E，串讲故事后感言：这个环节让我感触更多。别人的故事都特别精彩，讲自己的故事，品别人的人生的感觉。

培训师引导：确实，很多人和事我们不能简单地评价"对与错"，更多的是用心去感受，这个感受是非常真实的，是最忠于我们内心的。今天的沙盘游戏中，几位同学都能在游戏过程中看到了自己的一些思维模式和行为模式，这个看到是很有意义的，如果以后的学习或者工作生涯中，我们能更多地了解我们自己，扬长避短，相信大家一定会事半功倍，创建和谐、高效、有爱的团队。那我们今天的沙盘游戏进行到现在，我也有两个问题很好奇。我想问问小B同学，我看到当小C同学在你的房子前边围上栅栏的时候，你微微皱了一下眉，身体后仰了一下，能和大家分享下你当时的感受吗？

组员B：呃（这都被你发现了），当时我确实很不解，整体都挺好的，咋就围起来了呢？心里会有那么一点点不舒服，但是很快就过去了。我想，她想围就围吧（憨笑）。

组员C：我会觉得房子不都是得围起来吗？所以，围了起来。

培训师：哦，你觉得房子前面就是需要围起来的？

组员C：呃（停顿了几秒），不围也可以哈（大家都一起笑了起来）！

培训师：哦，不围也可以。对了，小C，在小A把蛇放在你这片区域的时候，你有分享当时你很害怕，我看小B很快给出了反应，海陆空都上了，你是怎么应对的？

组员C：额（停顿了几秒），跑了……

培训师：哦，跑了！问题解决没有？

组员C：没有。所以以后还是得想点办法。（陷入沉思）

5.分享整体感受并为此次沙盘命名（10分钟）。

培训师：请每一个人分享今天的整体画面感受，并为沙盘命名。

组员A（女）：今天这个团体沙盘，超乎我的想象。没想到一次游戏能给我带来这么多感受和感悟。生活中，真是自己习惯了的很多东西，自己都不知道，我这么执着地拒绝"孤独"，这也让我感触很多。今天这个沙盘看似简单轻松，其实很神奇，我会记住今天这个沙盘，记住这个沙盘游戏带给我的感受，谢谢老师安排。如果让我给今天的沙盘取个名字的话，我想把它叫作"阳光下，沙滩上的'人间百态'"。

组员B（男）：太好玩了。真的很神奇。我在今天的沙盘中确实一直在守护，虽然不能完全猜出她们的想法，但是我确实一直尽力在做。我想，以后我也会尽己所能努力去做，我就把这个沙盘起个名字叫"守护"吧。

组员C（女）：要说收获，可能我今天的收获最大。我好像也找到了之前一直和同学们走不太近的原因，我关注别人的感受太欠缺，这个之前真的没有注意到，我想我以后这个方面能得到改善，真的是太开心了。我给这次沙盘游戏起个名字是"陪伴"。

组员D（女）：第一次接触沙盘，会觉得陌生、不大敢动。后来发现，这就是我的行为模式。整个沙盘感觉到爱与支持，我想起名字"爱与支持"。

组员E（男）：整体感觉大家都基本在配合状态，以后多向B学习，保护好我们这个团队，保护好团队的每一个人，我想起名字"保护"。

培训师：这个沙盘是你们共同创造的，愿意一起为它统一一下命名吗？三个人都点点头。A说，这次沙盘B同学的守护让我们非常感动，也意义深刻，我想就命名"守护"吧。C、D、E同学表示赞同。

6.组间分享（25分钟）

组长留下为其他组员讲解该组每轮的摆放、沙具的意义及名字的由来，并以"我"作为第一人称单数形式把全组的感受变成自己的感受，把别人的故事变成自己的故事，给其他组解说，讲解3分钟时间。其余的人去参观别的组的沙盘，注意要认真倾听，听完要掌声鼓励轮值组长。参观完再回到自己组里，请轮值组长给自己的小组成员再讲一遍。

组间分享一：我们的主题是"守护"。在整个沙盘的摆放过程中，一直被B同学处处为集体着想、为团队队员着想的态度而感染，处处有被守护的感觉，这种感觉非常美妙。整个过程也各自觉察了自己的思维模式和行为模式，期待可以像小B同学一样，成为守护者。

组间分享二：我们的主题是"理想"。能成为学院团委学生会一员，我们特别开心，非常希望彼此间能够通力合作，在实现学院工作目标的同时，我们各自实现自己的大学梦想。

组间分享三：我们的主题是"携手"。我们发现在沙盘的摆放过程中，我们不自觉地会以自己的方式"帮助"别人，有时正是对方需要的，有时可能是我们自己需要的，但是大家的初衷都是非常好的。我们期待在接下来一起工作的时光里，能携手并进，把我们学院的各项活动推向新的高度，所以我们给我们的沙盘起名字叫"携手"。

（八）培训师总结（10分钟）

感谢大家的相互陪伴，同时也感谢大家给予我的支持。希望大家把别人的故事留在这里，只带走我们自己的感受。听到各位有这么多的感悟和收获，真心地为你们的成长高兴，也期待在未来你们会有更多的成长和收获。

总结、宣誓、拍照留念。最后，请小组内手拉手，我们一起宣誓：我宣誓，我只带走我的感受，留下别人的故事。宣誓人：××。

十二、培训师感受

沙盘游戏在提升学生干部合作力方面非常实用。整个游戏可以扬学生干部"感悟力强"之长，避"有效沟通能力有待提升"之短。特别是结构式团体沙盘可以更多扰动团体能量，带动组员间、小组间思考和感悟。虽然是第一次团体沙盘，却能在沙盘中感受到学生干部整体素质非常好，在沙盘中呈现了很强的进取心，相信在接下来的体验式团体沙盘中，特别是结合具体活动总结部分，相信学生干部整体合作力会得到进一步提升。

案例九
大学生心理危机干预应激晤谈之《让往事随风而逝》

2016年9月24日晚8时左右，某高校校园内发生一起高空坠楼事件，幸运的是楼层比较低，坠楼同学送医院检查，除腰椎骨裂和身体其他部位轻微擦伤外，并无生命危险。观察24小时后出院，由家长接回老家养伤。坠楼的女同学因与男朋友电话里发生冲突，情绪难以控制，从学校公寓楼三楼跳下。事情发生后，辅导员老师及时通知校领导和家长，学校迅速启动应急预案，并对本次高空坠楼事件展开细致的工作。次日，学校心理咨询中心对目击者和同寝室同学利用团体沙盘心理技术做了一次应激晤谈。

一、团体形成

咨询师主动邀请，同寝室室友4人，目击者2人，共6人。全部是女生。

二、总目标：缓解压力，预防PTSD发生

三、总次数：1次

四、收费设置：免费

五、此案例次位：第1次

六、本次主题：《让往事随风而逝》

七、时间设置：90分钟

八、本次目标：缓解压力，释放情绪

九、操作设想

召集事件有关人员,利用团体沙盘心理技术对其进行应激晤谈,通过团队熟悉、摸沙、冥想、摆放沙具、分享等形式,释放事件带来的恐惧等不良情绪。

十、培训师:姚晓东

十一、具体实施过程

(一)课前热身(10分钟)

"名字接龙"。所有同学面对沙盘围成一个圆圈坐好,咨询师指令第一个同学用简短的语言介绍自己,如:我叫×××,来自×××专业,我的爱好是听音乐、看书、打羽毛球。第二个同学接着说:我叫×××,我来自×××专业,我的爱好是听音乐、看书、打羽毛球。右边的×××接着说:我来自……依此类推,直到介绍完为止。

培训师:刚才我们以游戏的形式互相认识了一下,也简单了解了各自的兴趣和爱好,仿佛我们熟悉了很多。由于今天我们从事的是心理团体活动,需要保密,为了让大家觉得更安全,我们做一个宣誓仪式。接下来让我们手拉手一起宣誓:"我宣誓,我只带走自己的感受,留下别人的故事。宣誓人:×××。"

(二)摸沙及感受分享:(20分钟)

通过摸沙,随着音乐,让同学们尽快放松下来,卸下防御。引导同学们注意你头脑中出现的画面、意象以及身体的感受。

分享摸沙时的感受:你的画面是什么?将你身体上的感受、程度、部位、性质分享给同伴听。(目的是让同学们有画面感,抓住身体上的变化)

A同学:我的画面是我小时候,在一个暑假里,我和爸爸、妈妈去大连海边度假。爸爸、妈妈在海里游泳,我躺在软软的沙滩上,伴着夕阳和晚霞,微微的海风吹在我身上非常惬意,让我觉得很幸福。

B同学:我的画面是在一个废弃的火车道轨上,四周都是荒草,再往前走就是尽头,我很害怕,想离开这个地方,腿却很沉,走不开,好像被什么无形的东西控制着。没看到和沙子相关的场景。

C同学:我的画面是海南的沙滩上。沙滩上只有我一个人,我无助地看着大海,很害怕,有种说不出的恐惧,身体有点发冷。

D同学:我的画面是我和爸爸、妈妈一家三口去海边度假。我躺在沙滩上,爸爸、妈妈也远远地看着我,很远处有一只小狗,我的头上天空中有几只海鸥在自由地飞翔,仿佛是很羡慕我的样子,我感到很幸福。微凉的海风吹过,很惬意。

E同学：我和我的几个同学一起去沙漠旅游。沙漠里到处都是沙子，很震撼，我有点热，觉得好热，仿佛就在沙漠里。

F同学：我的画面是我三四岁的年龄，爷爷领着我在小区的沙堆上玩耍，爷爷高兴地看着我。很快画面就消失了，我努力地去留下这个画面，可是留不住，一闪就消失了。我的胃有点堵，身体紧紧的。爷爷去年去世了，当时我正在高考，没能送爷爷最后一程（声音哽咽，同学及时递过纸巾，咨询师把手搭在她的肩上）。

培训师："感谢同学们的分享，画面没有好坏之分，出现了，你去捕捉它，感受它就好了，最好和你的内心联结，体会你身体上的变化。"

（三）主题导入（5分钟）

在你的座位上，用你最舒服的姿势坐好，静心3分钟（进入冥想状态），语言导入，"昨天晚上，我们目睹或听到了我校的高空坠楼事件，请你回顾一下当时事件发生时，你在事故现场（或公寓里）所闻、所感、所做、所想等，以画面的形式呈现在你的大脑里，画面越鲜活越好，同时注意你身体上的变化。把你刚才回忆的事件以画面、意象、象征的形式在你的头脑里呈现，画面越具体、越清晰越好。

然后，去沙具架上取沙具，数量不限，能把你的画面充分表达出来就好。"

（四）制作沙盘并分享自己的沙画（15分钟）

A（女）同学：我拿了5个沙具，分别是楼房、两个不同的女孩、树、中年女人。这个楼房就是咱们的公寓楼；这个女孩是我们坠楼的同学，她躺在地上一直喊痛；另一个站着的女孩是我，我很害怕，不知所措；另一个中年女人是我们的辅导员，在远远的地方看着我。当时我很害怕，也很委屈，有点站不住的感觉，只能靠在树上。害怕的是同学会不会有危险，委屈的是我是我们班的班长，班级出了这个事情，而且这个同学还和我一个寝室，老师一定会批评我。可是我也没办法啊，我的压力很大。（说着就大哭起来。）

培训师：事情都过去了，你的同学没什么大事，辅导员不会怪你的，不过，你要是委屈就哭一会儿吧（递个纸巾给她，她哽咽了一会儿停了下来）。我知道再谈这些东西让你很委屈，谢谢你和我们一起分享这些信息。真的谢谢你。请问：其他同学能不能再用你的沙具回忆一下？眼神指向其他同学。

B（女）同学：我拿了4个沙具，一个是我妈妈，一个是我妹妹，这个是我，地上还躺着一个男人。妈妈是一个非常刚强的人，有什么事都自己扛着，妹妹有时还不听话，不好好学习（说着说着，眼泪就在眼圈里转，哽咽了一会儿，"哇"地哭出了声）。爸爸就是跳楼去世的，爸爸当年患了癌症，后来他实在忍受不了疼痛，就跳楼自杀了。当时我听到我的室友跳楼的时候，我就不行了。等我缓过神来的时候，她们已经把她送医院去了。（她哭得很伤心，其他同学眼圈也红了。）

培训师：这里是安全的，把压抑的痛苦和委屈哭出来吧，你是一个坚强的女孩，因为你的坚强，积压了很多委屈，又没有人倾诉，真的让你受苦了。（培训师把手搭在她的肩上，她哭了一会儿停了下来。嘴里还叨咕着："不好意思啊，对不起。"擦了擦眼泪看着老师，"老师没事了，谢谢您。"此时，培训师的情绪也受到了感染，眼泪在眼圈里含着，自我觉察后，快速地从这个情绪氛围里跳了出来）

C（女）同学：老师，我听同学们说的时候，我就往楼下跑，等我跑到楼下我看到的时候，救护车已经把我同学拉走了，听同学们说没啥事，还能动，我就觉得没事了。这件事对我的影响不大，也没有勾起我其他的情绪来，倒是刚才A、B两个同学让我觉得很想哭，也不知道为什么要哭，也许是被感染了。我拿的沙具是一些树和花草，还有楼房，我就是把校园的景色摆出来了，老师你说我是不是不好啊，我怎么没有担心和害怕的感觉呢？

培训师：（我有点措手不及，迅速回过神来），哦，没关系，也许这件事对你来讲影响没有那么大，带着你的感受去感受就好了。

F（女）同学：老师，我是最先看到的。我正好从寝室出来，就听到"砰"

地一声，我还以为谁往下扔东西呢，一看是个人掉了下来。我吓坏了，想喊救人啊，还喊不出来，站在那直哆嗦，后来还是另外一个同学喊来大家的。我摆的场景是一个女孩躺在那儿，我傻傻地站在她旁边，看着其他同学跪在受伤女孩身旁询问她痛不痛，就这些。

培训师：你现在想起那个场景时还有恐惧吗？

F（女）同学：好多了，后来我听同学说没什么大碍，我就不害怕了。

D（女）同学：我是第二个到现场的人，我从寝室楼里出来，就看到F傻傻地站在那儿，吓得直哆嗦。坠楼女趴在地上，我赶紧跑过去询问，赶紧喊"快来人啊"。后来寝室老师就来了，还好，没有什么害怕，她也没出血，要是出血我就完蛋了，我最怕血。

培训师：谢谢大家的分享，今天召集大家来就是让大家把积压的情绪尽量在这里都发泄出来，谢谢你们对老师的信任。接下来我们把我们自己的沙具从沙盘里拿出来，我们集体构建一幅沙画。

（五）整合并调整画面（10分钟）

用你手中的沙具，大家一起来构建一幅沙画，轮流摆放，动一次沙占用你自己一次摆沙具的机会；依次摆放4轮。在不同的角度观察你们的沙画，试着、商量着把不合理、不舒服的地方进行改动（只能改动自己的沙具，不能动同伴的沙具），最后给沙画起个名字，大家拍照留念。

经过大家商量，最后给沙盘起的名字叫"相亲相爱一家人"。这栋楼房是我们的家，我们在小区里玩耍，小区的绿化很好，人们都互相尊重，和平相处，我们生活在这里很幸福。

（六）分享感受（15分钟）

A同学：我现在觉得心情舒畅多了，要不总觉得有东西堵在胃里面，感谢同学们的陪伴，也感谢老师给我力量。我会把我们这幅集体沙画珍藏起来，谢谢大家！

B同学：今天我才知道我的委屈在哪里，原来是我表面上刚强，内心却是脆弱的，以后再有委屈的事我就去找老师，再也不自己硬扛着了。谢谢同学们，谢谢老师！

C同学：我们要珍爱生命，生命太短暂了，冲动是魔鬼啊。

D同学：我们一定要学会控制和化解情绪，千万不要做傻事，否则，最伤心的就是我们的父母，珍爱生命吧。

E同学：我祝愿我的室友快点好起来，早日回到课堂，老师辛苦了，谢谢您！

F同学：一切都过去了，感谢老师，及时地化解我的创伤，听说不化解就会得PTSD，老师我不会吧，谢谢老师。（调侃地笑了）

（七）培训师总结

感谢大家的相互陪伴，今天我们一起回忆了我们曾经经历过的"事件"，无论它对我们产生多么大的影响，我们都走过来了，人生路上总会有各式各样的事件发生，只要我们相互支持，相互帮扶，就没有过不去的坎，没有解决不了的困难。再一次感谢同学们，是你们的真诚再一次打动了我，让我成长。

十二、培训师感受

这是我第一次用团体沙盘心理技术的形式组织应激晤谈（CISD）。我发现，随着团体活动的进展，同学们很快卸下防御，逐渐深入自己的无意识，把真实的自我展现给同伴。团体动力和团体的镜映效应都无遗漏地展现出来。她们从彼此的分享中受到感染、启发和感悟。通过分享，扩大了组员的意识容器。原来总以为自己是最不幸的，现在才知道，每个人都有自己的难处。都有自己不如意的地方，增加了组员们抵抗挫折的勇气和信心。大部分组员在讲述自己的故事时都眼含热泪，有的甚至泣不成声，她们充分地发泄了自己积压已久的情绪。同时也感染了我，激发了我从事这项事业的信心和决心。

附：

应激晤谈简介

应激晤谈的英文全称为 Critical Incident Stress Debriefing，简写为 CISD。应激是个体能力（或心理资源）不足以应对环境要求而引起的生理、心理或行为失衡状态。CISD 是严重"危机"事件集体减压法，是一种系统的、有组织的处理应激反应的办法，是通过交谈来减轻压力的方法，是一种简易的支持性团体治疗。

主要作用是预防创伤后应激障碍（Post Traumatic Stress Disorder，简称 PTSD）。PTSD 是对异乎寻常的威胁性或灾难性应激事件或情境（短期或长期）的延迟和/或突出的反应，这类事件或情境几乎能使每个人产生弥漫的痛苦（如天灾人祸、战争、严重事故、目睹他人惨死、身受酷刑等）。CISD 主要针对灾害幸存者、灾害救援人员、急性应激障碍（ASD）的病人，可以按不同的人群分组进行晤谈。CISD 经历创伤事件后 24～48 小时之间是理想的干预时间，6 周后效果甚微。

传统的干预、指导方式是分六个期间或阶段进行。第一期：介绍期。目的是建立基本规则，特别强调保密性。采用的方法是指导者进行自我介绍，介绍 CISD 的训练规则，仔细解释保密问题。治疗师的自我介绍包括姓名、职业、单位等，对事件的了解。某些人可能觉得不需要来接受晤谈，觉得自己能应付，可能确实如此。但相互交流有助于更好地应付，至少可能对别人有帮助。创伤事件是非常事件，经常把人击垮。但经过晤谈者，能更快地应付，更好地生活、工作。第二期：事实期。目的是经历创伤事件的个体叙述事件的事实。采用的方法是请参与者描述一些有关自己在紧急事件中所进行的活动的情况，询问参与者在处理紧急事件的过程中身处何处，所听、所见、所闻及所做。每人都要诉说，使整个事件重现眼前。第三期：感受期。目的是确定和证实经历过的急性应激反应。采用的方法是询问有关感受的问题，比如：事件发生时您有何感受？您目前有何感受？以前您有过类似感受吗？第四期：症状期。目的是确定急性应激障碍的症状。采用的方法是请参加者描述自己的急性应激障碍的症状，如失眠、食欲不振、脑子不停地闪出事件的影像，注意力不集中，记忆力下降，决策和解决问题的能力减退，易发脾气，易受惊吓等。询问事件过程中参加者有何不寻常的体验，目前有何不寻常体验？事件发生后，生活有何改变？请参加者讨论其体验对家庭、工作和生活造成什么影响和改变？参与者描述自己的应激反应综合征的表现；询问参与者在紧急事件过程中体验了什么不同寻常的事情；你现在正体验什么不同寻常的事情？自从紧急事件发生之后，你的生活发生改变了吗？导致其家庭、工作或生活发生什么变化。第五期：辅导期。目的是有效的应激处置教育，采用的方法是介绍正常的反应；提供准确的信息，讲解事件、应激反应模式；应激反应的常态化；强调适应能力；讨论积极的适应与应付方式；提供有关进一步服务的信息；提醒可能的并存问题；给出减轻应激的策略；自我识别症状。治疗师介绍应激反应综合征：强调这是对紧急事件的正常反应；坐立不安、易激惹、疲乏、睡眠紊乱、焦虑、惊跳反应、抑郁、喜怒无常、肌肉震颤、注意力不集中、噩梦、呕吐、腹泻、怀疑等。第六期：恢复期。目的是准备恢复正常的社会活动。采用方法是澄清错误观念；总结晤谈过程；回答问题；提供保证；讨论行动计划；重申共同反应；强调小组成员的相互支持；可利用的资源；主持人总结。整个过程需2~3小时（一个单元时间）。严重事件后数周内进行随访。

在应激晤谈的过程中，由于事件影响的程度不同，有的同学会出现碎片化的记忆，很难用语言表述清楚，有的同学语言表达能力有限，不能清晰地把事件感受表述出来；还有的同学与事件隔离，根本记不起当时事件发生的经过及感受。团体沙盘心理技术弥补了这几方面的不足，它会通过放松身体，摸沙，积极想象，以图片化的形式利用沙具、沙盘、水，在沙盘师创设的自由与受保护的空间里以沙画的形式呈现出来，呈现画面以后，借助意象和象征的手法分享你的沙画，从而达到潜意识意识化的目的。

案例十

大学生入党积极分子特色党课团体沙盘之《党啊，亲爱的妈妈》

大学生入党积极分子是一个比较特殊的团体，他们通过影视剧作、身边党员、课本介绍等，对中国共产党有一定的认知，但还不够透彻；对党在中国革命、建设过程中所起的作用、党员如何发挥自己的先锋模范作用、为什么要入党等都没有一个比较明确的概念，更多地是停留在课本知识的介绍上，缺少一个理性的认知。为此，希望通过大学生入党积极分子团体沙盘特色党课，使入党积极分子能够明确中国共产党在中国革命、建设过程中的地位和作用，增进对党的感性认识，明确自己的入党动机，以及如何发挥自己的先锋模范性，增强党性，争取早日加入中国共产党。

团体沙盘心理技术以体验式教学理论作为理论依据，主张"做中学"，通过"做"，促使学生思考，从而达到完整的知、情、意、行的认识过程。我们以开展党总支入党积极分子党课实践教育活动的形式，以团体沙盘为载体，设计党支部团体沙盘体验系列活动。

一、团体形成

入党积极分子，不分专业、年级和班级，24人，其中男生1名，女生23人，每月一次例行组织生活。

二、总体目标

（1）帮助学生入党积极分子增强对中国共产党的认同感；
（2）激发他们入党的积极性，培养坚定跟党走的信心和决心，
（3）让党的理论知识和政策真正入脑、入心、入行。

三、总次数：6次

四、收费设置：免费

五、此案例次位：第2次

六、本次主题：《党啊，亲爱的妈妈》

七、时间设置：2小时

八、本次目标

（1）通过此次沙盘活动，引导入党积极分子确立对中国共产党的基本认识，认识到共产党在中国革命、建设和发展中所起到的作用，并树立没有共产党就没有新中国，就没有今天幸福美好的生活的信念。

（2）审视个人与中国共产党之间的关系，增加对中国共产党的深厚感情。

九、操作设计

（1）用歌曲感受导入主题。选择音乐《妈妈》（降央卓玛版），引导入党积极分子联想对自己母亲的感恩和爱，并选用沙具进行呈现，与小组成员分享自己的成长过程中，发生在自己与母亲之间的最难忘的一件事情；

（2）播放音乐《党啊，亲爱的妈妈》，引导学生由自己妈妈联想到中国共产党对人民的贡献，并选择沙具进行呈现，与小组成员分享在现实生活或在影视剧作中感受到的党对自己的关心、关怀与恩情；

（3）重建关于党的主题沙盘（要求使用正向的积极的词语）；

（4）齐唱《没有共产党就没有新中国》，升华学生对党的认识。

十、培训师：向群英、刘登秀

十一、具体实施过程

（一）课前热身破冰（5分钟）

1.带领"手指操"

请大家伸出双手，跟我一起做，共6节，每节4拍。虎口相撞、十指相扣、敲敲手背、拳击掌心、手捧一朵花、欢迎大家（由慢到快）。

破冰活动,手指操

2. "找零钱"

视现场男女生的比例情况,让人数多的定义为5毛钱,人数少的定义为1元钱。主持人随便报一个数字,队员迅速按数字抱团,被孤立的人出来当主持人,继续活动。重复进行3~4次。

(二)分组、团建与展示(15分钟)

分组:全体报数,然后随机分成小组。一般每组5~7人。最大不能超过8人。

小组团建:每组选一个组长,取队名、队呼和队歌。

小组展示:介绍队名、唱队歌,呼队呼3遍。

小组展示

(三)感受母亲对自己的爱(25分钟)

1.摸沙(5分钟)

播放音乐《妈妈》,一边摸沙,一边听音乐,留意此时的情绪和头脑中出现的画面、意象、想法或者回忆。

2.取沙具,制作沙盘作品(5分钟)

每人带着摸沙的感受,取2个沙具进行呈现,规则是:不能说话和交流;拿回来放在面前的沙盘里;同类沙具可以两个算一个;别人的沙具不能动、也不能碰;动沙不算次数。

3.组内分享(15分钟)

(1)选轮值组长,先从轮值组长开始分享。

(2)分享的内容:拿了什么沙具?它代表什么?你的主题是什么?取、拿、放的过程中有什么感受?整个画面给你的感觉是什么?

(3)分享规则:在这过程中同学们要遵守"不交流、不分析、不评价、不解释、不判断、重感受、重陪伴"的沙具操作基本原则,感受着来自团队的尊重和保护。

(4)小组成员分享

组员1:当我闭上眼睛抚摸沙子的时候,我觉得沙很细腻、很柔软,让人感到很舒服。可是当我抓得越多越想把它握住的时候,它却从指缝中滑走了。音乐将妈妈的形象印刻在我的脑海。记忆中的她那忙碌的身影一直在眼前浮现,我多想为她分担一点家务,可唯有实现自己的理想才是对她最好的报答……

组员2:当我们围在沙盘周围,闭上眼睛用手触摸沙,追溯自己与母亲最深刻的记忆,感受母亲的温柔和对自己的爱,顿时感慨万千。想起了儿时的我患重病,母亲背着我的弯曲的背影;想起了每当放学回家时桌上母亲留的饭菜;想起了母亲呼唤我的声音。从蹒跚学步到步入大学,母亲给我的爱没有一分一毫的消减,反而日益增长,非常感谢我美丽温柔的母亲的养育之恩。我带着我的感受选了三个沙具:一个是美人鱼,一个是厨师,另一个是法老头像。我认为自己的母亲就像是一条美人鱼,有着大海般宽广的胸怀与爱,既美丽又温柔;而厨师代表着我的爸爸,慈祥,做饭超好吃;神秘的法老头像则是代表我所喜爱的事物。

组员3:伴随舒缓的音乐,我们把双手放进沙盘中,慢慢地闭上眼睛,慢慢地去感受。在这个过程中,我想起了很多关于妈妈的回忆,也想起了很多妈妈对我的叮咛和关心,还想起了许多我对妈妈说过却没有实现的承诺。一时之间,眼泪竟然不自觉地流了下来。取沙具的时候,我拿了一个婴儿、一个人小孩和一对新人。我其实想要表达的就是从小到大,我都是在妈妈的庇护下长大的,不管我走到哪里,我都能感受到来自妈妈的爱和关心。

组员4：当音乐开始慢慢地响起，我们闭上眼睛把双手平放在沙盘里，我就在脑海中努力回忆着和妈妈10多年来的点点滴滴，回忆很乱，因为那些细小的事儿太多了。突然间，脑海里就浮现出小时候的我因为顽皮，光脚在地面上玩，脚不小心踩在钉子上了，小时候离医院又很远，家里也没有消炎药，妈妈当时很着急，天气又炎热，怕我感染发炎，她就直接用嘴巴把我脚上的毒素吸出来。现在我想起来，真的感觉妈妈是世界上最伟大的人。

组员5：我们自由地用手去感受沙，闭上眼睛去感受我们与妈妈之间的点点滴滴。取沙具的时候，我看到我的小组成员都拿了很可爱的房子、小人、公交车和建筑雕像等。小伙伴们讲述自己拿这些小雕塑的原因，描述的都是温馨的画面，带着满满的幸福感。我却相反，我拿的是扫帚和铲子。在我眼里妈妈是辛苦的，因为妈妈每天都要工作10小时以上。当时我用手抓了抓沙，感受到沙子的流动，流失的沙子就像妈妈的青春，我们长大了，她却一点点地变老了。我希望自己能通过努力，为妈妈撑起一片小天地。

（四）感受中国共产党的伟大与恩情（25分钟）

1.播放视频《党啊，亲爱的妈妈》（10分钟）

播放视频《党啊，亲爱的妈妈》，在头脑中回忆发生在自己身边或影视剧作中的党员故事、党的关心与关怀。之后每个人取2个沙具，进行呈现。

2.组内分享自己跟党有关的故事和感情。拿了什么沙具？它代表什么？（15分钟）

组员1：我们闭上了眼睛来感受党在我们身边给我们的关怀与爱。我感受颇深的是：家中年迈多病的奶奶因为能够享受党和国家提供的医疗福利而使我们的家庭减少了不少的负担。在过去爸爸妈妈那个时代读书是一件非常奢侈的事，许多家庭连学费都凑不够，而现在党和国家让更多的人有了学习的机会，非常感谢党和国家给我们读书的机会，我为自己的祖国骄傲、自豪，我为生在中国感到无比荣耀。最后，我选择了2个带有红色革命气息的玩具放入沙盘之中，每个小组所有的玩具组成了一个故事，我发现每个小组的故事都有着美好生活的场面，正是因为党的正确领导和国家的飞速发展，才让我们拥有美好的生活，在物质和精神上得到满足。

组员2：在一个家庭里面，妈妈是一个非常重要的角色，可以说，妈妈是一个家庭的核心人物。同样地，在一个国家里，党就是我们国家的核心。我们经常听到这样一首歌：《没有共产党就没有新中国》。从这首歌中，我们就知道，党对于我们国家来说，有多么重要了。如今，我们有了如此美满幸福的家庭，都是因为我们国家在党的领导下艰苦奋斗创造出来的。所以，我们必须要为党和国家点一个大大的赞。党是我们的另外一个母亲，我们要像爱自己母亲一样去爱我们伟大的党。作为一名在校的大学生，我们更应该积极地向党靠拢，积极地去学习关于党的知识，用党的知识来武装自己的头脑。现在，我已经是一名入党积极分子,虽然离真正的党员还有一定的差距,但我相信,只要我脚踏实地地向党组织靠拢,坚定信念,拼搏奉献,党组织迟早会接纳我的。

组员3:没有共产党就没有新中国,她领导中国走向光明,改善人民生活,辛劳为民族,我们在共产党的领导下走向繁荣昌盛,在祖国妈妈的怀抱里茁壮成长,一路走来实属不易。"妈妈,你是伟大的,可敬而又可爱的,感谢你一直以来为我们保驾护航。"从中国共产党成立以来,一直为民族独立、国家富强而不懈奋斗,人民生活越来越幸福。感谢党给我们创造了一个和平安宁的时代,让我们远离战争的侵扰,百姓安居乐业、安平喜乐。因为有党的领导,在国际的舞台上我们备感自信与荣耀。在近期的新闻中新闻主持人说话铿锵有力,不卑不亢,表示中国已经作好全面应对的准备。而这自信的背后是因为有党在为我们撑腰,人民信任党、依赖党,党永远是我们坚实的后盾,也是带领我们前行的开拓者。

组员4:我们每个人都需要安全感,而有一种安全感是国家给的,正因为国家不断发展强大,才让我们能有这样幸福的生活,不用顾虑,包容多样的生活方式。这让我想到这段时间中美贸易战的不断恶化,但我国从容不迫地坦然应对:谈,我们大门敞开;打,我们奉陪到底。这样的从容是一个大国的自信。此生不悔入华夏,来生还要继续做中国人。如今的一切,都与中国共产党的正确领导分不开,与一代代中国共产党人的努力分不开,这一切幸福安定都是一代代共产党人不懈奋斗的结果,而我们也应当立志,用自己的不懈努力让子孙后代依旧能过上如此安定的生活。

组员5:在开始摆沙盘物件时,我们小组都没想过要摆出一个什么样的场景,最后却不约而同地摆出了一幅走向美好生活的画面。这既是我们的向往,也是对国家对社会的期望——走向美好。因为有党,我们的生活越发地多姿多彩;因为有党,我们的社会越发地和谐安定;因为有党,我们的中国越发地强大硬气……因此,我们要更加坚定坚持中国共产党领导的决心。作为当代的新青年,我们要坚定树立伟大理想,热爱伟大祖国,砥砺奋斗,苦练过硬本领,积极主动地锤炼自身品德修为。永怀一颗感恩之心,紧跟时代步伐,用真才实学服务人民、服务国家。积极拥抱这个美好的新时代,努力做到无愧于时代、祖国、人民,让青春在奉献中焕发出更绚丽的光彩。

走向美好

（五）共建沙盘（10分钟）

（1）调整原则：由轮值组长决定调整的顺序和规则，不能动别人的沙具，若需要动别人的沙具，须征得别人的同意。

（2）围绕核心词汇"党"，选择用正向积极的语言进行命名，依次进行摆放。

砥砺前行

（六）组间分享（20分钟）

各小组轮值组长留下来，讲述本组的沙盘故事，小组其他同学请按照一定的顺序依次到其他组，倾听他们的沙盘故事。规则是：不能动其他人的沙具，听完后鼓掌表示感谢。

一组：我们的主题是"不忘初心"。我们现在的生活离不开中国共产党人的无私奉献，当然也离不开中国共产党的领导。中国共产党人的初心和使命就是为中国人民谋幸福，为中华民族谋复兴。我们现在享受的美好生活，小康社会，都是一代一代人艰苦奋斗来的。没有中国共产党就没有新中国。作为当代大学生，同时也是入党积极分子，我们的梦想在中国共产党的带领下，一步步走向发达，走向世界强国！因此，我们也应该追随党的脚步，为人民做贡献！

二组：我们的主题是"没有共产党就没有新中国"。党是中国这个大家庭中的重要一员，没有共产党就没有新中国，小家因为中国共产党才得以更好地生存，共产党有了小家的支持，得以更好地生存。无论是生活的质量，还是安全的保障，都需要有一个共同的制度来维护，这个制度就是中国共产党领导下的社会主义制度。我很庆幸，我生在中国。因为有了我们强大的国家才有现在和平的生活，小家千万家，最大就是国家，国家给予我们的安全感才使我们现在可以安稳生活。在新中国成立之前我国落后，才被其他国家欺压。自从有了中国共产党，中国不断地走向强大，所以要感谢我们的中国共产党。

三组：我们的主题是"砥砺前行"。因为有党，我们的生活越发的多姿多彩；因为有党，我们的社会越发的和谐安定；因为有党，我们的中国越发的强大硬气……因此，我们要更加坚定坚持中国共产党领导的决心。但目前，我们国家还有很多不完善的地方，需要我们继续地砥砺前行。作为当代的新青年，我们要坚定树立伟大理想，热爱伟大祖国，砥砺奋斗，苦练过硬本领，积极主动锤炼自身品德修为。永怀一颗感恩之心，紧跟时代步伐，用真才实学服务人民、服务国家。积极拥抱这个美好的新时代，努力做到无愧于时代、祖国、人民，让青春在奉献中焕发出更绚丽的光彩。

四组：我们的主题是"人与自然"。21世纪的世界强调生态问题。我们的主题是人与动物、自然和平共处，这也是我们每个人的期望，只有生态平衡，我们的国家才能更好地发展。当今社会，在党和国家的领导下，我们人类的生活水平虽然提高了不少，但是我们对动物的残杀还是没有减少，对环境的污染也没有减少过。所以我们沙盘中体现了，绿水青山就是金山银山，我们要保护动物，爱护环境，给我们的子孙后代留下美好的生活环境。

五组：我们的主题是"海峡两岸一家亲"。沙盘中间用沙子挖开代表河；"河"的右边是城堡、精灵、美食、海滩、水草、海景房等，代表人民的生活；"河"的左手边是警察局、警察、警车等，代表为人民服务的公务人员，正是这些默默奉献的英雄，才使我们过上了幸福美好的生活。沙盘中间用沙子挖开，代表台湾与大陆之间的河；"河"的右边是城堡、精灵、美食、海滩、水草、海景房等，代表台湾；"河"的左手边是警察局、警察、警车等，代表大陆，表示"两峡海岸一家亲"，无论台湾在哪儿，大陆永远在保护它。

六组：我们的主题是"走向美好"。讲的是改革开放后人民生活各方面的变化，国家的经济水平以及生活水平都有了大大的提高。如今，我们有了如此美满幸福的家庭，都是因为我们国家在党的领导下艰苦奋斗创造出来的。人民生活越来越丰富越来越幸福，医疗卫生水平提高了，教育体系更加完善了，法制建设更加全面，经济水平也增长迅速，而画面上安静角落里的动物和植物代表着我们的生态文明建设也更加完善，人民生活的一切，都体现着党对民生发展的重视。

（七）课后总结分享（10分钟）

同学1：这次团体沙盘制作，让我们从被动学习到主动参与，别开生面的方式充分调动了大家的积极性和热情。作为党课的补充课程，让我们能够更生动、更形象、更全面、更深入地去了解和认识我们的党，也能让我们的印象更加深刻。我觉得这样的活动应该多开展，因为我有了新的感悟，也了解到了别人心中的党。

同学2：大家作为发展对象，在开始的热身活动中，直接拉近了彼此的距离，这是一般的党课做不到的。平常我们都只上课，并不认识身边的人，而这次沙盘能让我们认识彼此，接触到了很多新的朋友。每当分配到任务我都会感受到我们小组内积极协作、团结一致的精神。

同学3：我觉得今天的活动特别有意义。老师用活动的方式给我们上了一堂非常有意义的党课，让我们了解到了很多关于党的知识以及她为我们所作出的贡献。我坚信，在党的领导下，我们的国家会变得越来越强大，我们的人民会越来越幸福。

同学4：自身强大，屹立不倒。作为新一代年轻的入党积极分子，我们应时刻牢记自己的使命，在工作和学习生活中以党员的标准严格要求自己，努力学习科学文化知识，全面发展自己，全方面提升自己的素养，争取早日成为一名合格的优秀共产党员，为社会主义建设奉献出自己的力量。"妈妈"，感谢你为我们创造的美好生活，敬仰您的默默付出与坚守。

同学5：本次活动让我感触颇多。老师通过沙盘游戏让我们回忆和妈妈之间印象最深刻的事。印象最深的事是去年妈妈生病做手术的时候，仔细想想平时自己与妈妈和家人之间的联系太少了，这次活动让我明白了家人的重要性，一定要多陪陪父母。挑选沙具和组建沙盘，这非常考验小组的默契，也让我明白了团队的重要性；同时让我明白了有时候自己静下来想想是一件很重要的事。我们也旁听了其他的小组的"故事"。我发现每个组的故事都跟幸福、美好、和谐的生活有关。我们现在的生活离不开中国共产党人的无私奉献，当然更离不开中国共产党的领导。中国共产党人的初心和使命就是为中国人民谋幸福，为中华民族谋复兴。作为一名当代大学生，我希望自己能够加入共产党。我知道我自己离党员标准还有一定的距离，我将继续努力，严于律己，以实际行动向党组织靠拢；努力学习文化知识，积极参加社会实践活动，提升自己的综合素质，关心帮助同学，争取早日成为一名合格的共产党员。

（八）培训师总结（5分钟）

大家在听音乐时，自然地想到了我们的母亲从小给予的我们安全和温暖，国家是千万个小家汇聚而成的大家，党就是这个大家给予我们温暖与安全的母亲。我们爱自己的妈妈，更应该爱我们的共产党妈妈。我们要怀着一颗感恩的心，紧紧围绕在她的身边，为党的事业发展贡献自己的一分力量。

（九）宣誓、齐唱歌曲（5分钟）

1. 宣誓：让大家手牵手宣誓（我只打带走自己的感受，留下别人的故事，宣誓人×××）。
2. 播放视频《没有共产党就没有新中国》，手牵手齐唱。
3. 拍照、拆沙盘，结束活动。

十二、培训师的反思

这是对入党积极分子的第一次沙盘党课，目的是利用沙盘具有再现生活情境的特点，由"党啊，亲爱的妈妈"唤起情感，然后通过沙盘诸要素，将情感的东西具象化地呈现在沙盘中，可以感觉、可以分享；再通过讲述，不断整合，强化其认知。学生们的分享内容令人感动，学生们的参与度很高，让我看到了利用团体沙盘心理技术开展党课的可行性和有效性。

案例十一
留学生心理健康教育团体沙盘之《朋友》

这些留学生主要来自东南亚国家,以老挝留学生为主。来中国之前,他们之间彼此并不认识,来中国后变成了同学,但平时只是一般性的同学交往,情感交流不多,彼此之间的了解有限。因为语言和文化的差异,他们跟中国老师和学生之间基本没什么交往、交流。因此,很多学生感觉到孤单、压抑。

由于老挝主要以农业经济为主,环境很好,人民的环保意识很强,喜欢安静的山村生活。来中国前他们进行了简单的汉语突击培训,进入大学后,经过一年半的汉语学习,能听懂对话中70%以上的内容,能简单对话和书写。

他们普遍学习基础比较差,学习积极性不高。因为既要解决语言问题,又要学习专业,因此学习任务相当重,很多学生感觉学习吃力,尤其是专业课,绝大多数学生表示难听懂,压力极大。上课的时候显得很疲惫、拘谨。

除了学习压力,他们还有文化适应、环境适应带来的诸多压力。他们对未来普遍给予很高的希望,期待学成回国后,能找到一份好工作,挣很多钱,孝敬父母。带父母来中国旅游,也希望回去建设好自己的国家。为帮助老挝留学生尽快适应新的学习生活环境,释放压力,调节情绪,维护身心健康,我校从2013年开始对留学生开设心理健康教育课程,主要采取团体沙盘心理活动的方式进行。

一、团体形成

根据教学计划,形成班级为单位的教育团体。

二、总体目标

本课程主要是帮助学生增强对自我的认识与了解、接纳自我、发展自我,增强自信；同时，增加对同学的了解，促进彼此的交流，提高学生的人际交往能力和环境的适应能力。

三、总次数：8次，每次3学时，约135分钟

四、收费设置：免费

五、此案例次位：第5次

六、本次主题：《朋友》

七、时间设置：135分钟，3学时

八、本次目标

回忆跟朋友之间发生的点点滴滴，唤起美好的回忆，感受友情的温馨，缓解孤独感、失落感。同时，通过反思与朋友交往的经历，学习建立良好友谊的方法，改善周边的人际关系。

九、操作设计

热身活动→带领者结合自己的沙具讲述自己关于朋友之间的故事→用沙具呈现每个人的故事→组内分享→从跟朋友交往的故事中，提炼处理朋友关系的方法→组间分享→课后分享与总结。

十、培训师：向群英、刘登秀

十一、具体实施过程

（一）热身活动（10分钟）

《金龙拍拍操》共4节，每节4拍。第一节头、头拍拍，肩、肩拍拍，头拍、肩拍，头肩拍拍；第二节，大拇指、大拇指拍拍，小拇指、小拇指拍拍，大拇指拍，小拇指拍，大拇指小拇指拍拍；第三节爸爸、爸爸拍拍，妈妈、妈妈拍拍，爸爸拍、妈妈拍，爸爸妈妈拍拍；第四节左扭、左扭拍拍，右扭拍、左扭拍拍、右扭拍拍，左扭右扭拍拍；由慢到快，两到三遍。

（二）培训师示范（5分钟）

培训师取一个沙具（是一个双排坐在一起的同学），讲述自己跟朋友有关的一件事。"从初中到高中，我和我的一个女同学一直坐一起，关系一直很好，有那么一段时间，我们不知道为什么就不再说话，不再一起玩，彼此之间不再

沟通，一直持续了很久很久，但也不去找老师换座位。高中毕业后，我上了大学，她回家然后结婚生子。一直到毕业25年再相聚，聊起当年的隔阂，竟然都不知道为什么。好遗憾当时因为不懂沟通、不会处理朋友之间的关系而错过的那些美好的时光。"

（三）摸沙（5分钟）

播放音乐《朋友》。大家刚才听我讲了我和朋友之间发生的故事。现在请大家把手放进沙盘里，用你喜欢的方式让手跟沙接触。大家一边摸沙，一遍回忆你跟你朋友之间的故事。让那个朋友以及跟朋友有关的人、事情逐渐清晰起来，体会你此时此刻的情绪，然后将画面定格在头脑中。请大家调整呼吸，当我数到5时再睁开眼睛，1，2，3，4，5。

（四）制作沙画（10分钟）

带着刚才摸沙的感觉，每人取3~5个沙具，呈现你和你朋友之间的故事。规则是：坚持"四不两重"的基本原则；不能动、不能碰别人的沙具；同一类的沙具可以两个当作一个。全程不说话、不交流；拿回来摆放在自己面前的沙盘里。

（五）组内分享（20分钟）

确定今天的轮值组长；由轮值组长决定今天分享的顺序；然后开始进行分享，时间是20分钟。其他组员请认真倾听和保持觉察。

组员A：听到音乐，我就想起来了最好的朋友。在高中时我们在同一个班，她比我大两岁，我们俩喜欢穿一样的衣服，喜欢一起旅行，她伤心的时候我安慰她，我伤心时她也安慰我，我们喜欢互相帮助，她来过我的家玩，我也去过她的家，她是我最好的朋友。

组员B：音乐响起，我就想起了我的好朋友，因为我们很多年没见，大概有10多年吧，我们一起上小学、中学。但是现在我们没有在一起，每个人有不同的房子，在不同的城市。如果有机会，我想跟她们去我们的老地方，送我们小时候一起拍的照片。这么多年过去，我们没有见面。她们也是我的好朋友啊，我没有忘记她们，每天都很想她们。

组员C：我想起了我一个朋友，她也是我侄女，因为我们俩从小到大都是一起上学的。然后我们去拿沙具，我拿了一个家、一个鸡、一辆摩托车和两个人，我就摆在我前面。我还做了一个鱼塘，因为我想到以前我在老挝的时候，我们俩一起骑摩托车去上学，但是我们在家里最容易吵架的是做家务。还有那时候我们养鸡和养鱼，所以要去鱼塘睡，有的时候家里有事情，我父母和哥哥他们就回家了，我和侄女就在鱼塘睡，到高中毕业后我们也一起来中国学习。

组员D：小的时候，我有一个好朋友，她住在赛宋奔，来琅南塔学习。我们两个人去哪里都一起去，喜欢买一样的衣服穿，她每天都来我家跟我一起玩。4年之后我们两个人学完初中,她的父母让她回家,我听后就哭了,到了第二天我跟她去买票,送她上车,我们两个人不想离开,只是哭。时间快到了,我握着她的手说你回你的家,如果有时间别忘了来看我。她"嗯"了一声,就走了。现在她结婚了,有一个孩子了,如果我见到她,我想送一块手表,想告诉她我好想她。

(六)重新调整沙盘(10分钟)

围绕刚才的故事想一想,是什么东西让你和朋友之间的关系变得那么好(或者那么坏)?维护好朋友之间关系的方法有哪些?每人再取2个沙具代表方法。

(七)组间分享(20分钟)

组员A:相互帮助。我的家乡在老挝,我有3个朋友。从小学到高中我们在一起读书,现在她们在老挝大学读书,我在中国。我很想她们,因为我们喜欢在一起做作业啊,一起玩,谁有困难大家就一起帮助她。到放假的时候我回国,我买了很多礼物送给她们,我买了一块布,用来做衣服送给她,因为她也学服装。现在她在老挝,自己设计衣服,做得特别好。我觉得她学得比我好。现在我在中国,我觉得找到了新朋友,我有事情的时候,她们一直帮助我。所以说,朋友之间需要互相帮助,我也愿意帮助我的同学和朋友们。朋友帮助我,我很开心。

组员B:尊重。我们一起玩游戏时,别人的规则我不喜欢,然后不按他们说的去做,结果他们都不愿意跟我多玩,让我感觉被孤立,很生气。现在我明白,朋友之间要相互尊重和理解,不能只要求别人听我的。

组员C:赞美和欣赏。当我朋友说我是一个想做什么都很认真,不害羞的人,听到朋友们这样说我很开心,我对自己说我以后肯定要比现在好。所以,我也要学习多赞美我的朋友,他们也会很高兴的。

(八)分享本节课的体会(20分钟)

今天的沙盘心理课到这里就要结束了,请大家分享一下,今天这次以"朋友"为主题的沙盘课,你从中得到收获与体会。

组员A:想到朋友感到放松。摸沙听音乐感到悲伤,过程中的怎么做、怎么玩、都自己作主,感到开心。能够思考自我,也练习了中文。

组员B:回忆起了童年,思念老朋友。特别是开心自己拿了想要的沙具,压力得到了一定释放。

组员C:今天我突然想起我可能忘记的人或事,开始感到有点遗憾,不过过去的已经过去,现在感到很放松。

组员D:这个课很有意思。平时我们忙着上课、学习,很少回忆过去,这个课就能让我回忆。

组员E：感到很开心，沙具把我们想表达的表达了出来，在实现梦想的路上一定要有朋友。感谢各位的一路陪伴。

组员F：刚开始会感到悲伤。沙具代表我的朋友，我能与现在身边的朋友分享故事，我感到高兴，上课让我知道了大家的梦想，努力才能实现梦想。

（九）培训师总结（5分钟）

通过今天的活动，让我们想起了过去的老朋友，再次重温了与朋友们在一起的美好时光，即便当初的一些小摩擦，现在回忆起来都是很温馨的回忆。友情带给我们的是温暖、是美好的回忆，这是值得我们一辈子都要去好好珍惜的。

现在大家身处中国、身处纺专，在惦记老朋友的同时，也要多关注身边的新朋友，多跟身边的人沟通交流，发展新的友谊。这又将成为你们未来美好的回忆。

另外，与他人发展友谊也还需要讲究方法和技巧，正如大家所分享的：要相互尊重，要懂得倾听、包容，学会谦让、诚信等。相信大家有了这些方法，就能获得更好的人际关系。

（十）宣誓、结束（10分钟）

请大家站起来，手牵手，一起跟我宣誓："我宣誓，我只带走我的感觉，留下别人的故事，宣誓人×××。"

手拉手，跟着音乐，一起哼唱《友谊地久天长》的歌曲。

十二、培训师的反思（15分钟）

来自异国他乡的留学生，在新的环境中无疑是会感到孤独的，通过"朋友"这个主题沙盘活动，让他们在沙盘情境中重温与好朋友之间的交往情形，这无疑有助于他们释放压抑的情绪，让他们感受到是有人在身边陪伴他们的，从而减少孤独感。同时，也在这个回顾的过程中去总结建立良好友谊的方法和技巧，有助于帮助他们处理新的人际关系，建立新的友谊。

将如何建立良好人际关系的内容，安排在他们的体验之后，从他们自身的经历中总结提炼，容易让他们理解和接受，寓有形的教育于无形之中，达到润物细无声的效果，也更好地彰显了团体沙盘心理技术运用在留学生心理健康教育中的重要意义。

案例十二
辅导员自我成长团体沙盘之《感知压力，释放情绪》

压力是环境要求你做出选择或改变时的个人感受，是对未知事件悲观解释的结果，是持续不断的精力消耗——心理衰竭，是面临威胁时的本能反应，但压力也给生活带来乐趣，促进人类发展，没有压力，就没有成长。压力是无处不在、不可避免的，也是必要的。今天，人们工作生活压力大，不顺心的事情多，找不到自身压力的来源和缓解压力的正确方式，心理问题越来越普遍，也越来越严重。曾有统计显示：大约12%的男性和20%的女性都会在人生的某个阶段患上抑郁症，同一时间有5%的人处于抑郁状态，超过90%的人处于亚健康状态。高校辅导员工作强度和难度过大，角色多样性导致角色冲突，辅导员本身的理论水平和工作经验的不足，政策导向不力，待遇不公等等因素致使辅导员职业压力大，以至于他们身心疲惫，无心于思想政治教育工作。

一、团体形成

通过海报以及微信、QQ等网络新媒体进行活动宣传，并以现场报名的方式最终确定24名在校辅导员的团队，他们来自不同的系，学习背景差异大，最小的22岁，最大的43岁。相互之间都相识。随机分成6个组，一个沙盘4个人。

二、总目标

（1）能够体会自身压力的来源和危害；
（2）找到排解压力的方法，有效防止压力带来过度的情绪变化；
（3）正确应对工作和生活中的困难，分析和解决问题；
（4）进行自我管理和自我调试，拥有积极情绪和情绪创造性；
（5）重新塑造人格，促进和谐的人际关系，从而打造学校的文化价值观。

三、总次数：18～20次

四、此案例次位：第11次

五、本次主题：感知压力，释放情绪

六、时间设置：100分钟

七、本次目标

通过团体体验，让每个参与者自己体会自身压力的来源和危害，初步找到排解压力的方法，预防压力带来的消极影响，积极乐观面对工作、生活中的各种压力。

八、操作设想

（1）用音乐感受导入主题。选择一首冥想音乐与摸沙结合的方式导入，并通过沙盘摆出来。

（2）在组内分享时，增加一个环节，即让每一个人谈听到对方分享之后的感受，从而加强相互的理解。

（3）通过串讲故事的形式，唤起并激发他们内在的积极力量，找到更好的排解压力的方法。

九、培训师：代安华

十、具体实施过程

1.课前热身活动（10分钟）

请大家做一个小游戏"我喜欢你"。

（1）大家围成一个圈坐着，主持人没有座位，立于中央。

（2）主持人走到任意人面前问："你喜欢我吗？"，可回答"喜欢或不喜欢"。若回答"喜欢"，被问者和左右两边的人动起来离开原来的座位，找到新的位置坐下，没找到的为下一个主持人；若回答"不喜欢"，主持人接着问"你喜欢什么呢？"，被问者要回答你喜欢的在场所有人的一些特征：长头发、穿高跟鞋、戴手表等。在场的人听到自己有的特征必须动起来离开原来的座位，找到新的位置坐下，没找到的为下一个主持人；依此类推。

2.主题导入并制作沙盘（15分钟）

先简单解读压力与情绪，并举例大家都知道的危害事件。然后请大家静默下来，调整呼吸，共同听一段音乐，各自体会音乐带给你的感受是什么。

播放冥想音乐，导入指导语。请大家安静下来，把你的坐姿调整到最舒适的位置，调整你的呼吸～～～，慢慢闭上眼睛～～～，把你的双手放到沙盘的沙子中，然后用你喜欢的方式来接触沙子，想一想，当你想到压力两个字时，头脑中会出现什么样的画面？意象、想法或者让你回忆起什么？

用0代表没有压力，10代表非常严重的压力，选取一个压力值在4～6分的压力事件，感受这个事件带给你的困扰……（留白3～5分钟时间进行冥想）如果你想好了，慢慢地睁开眼睛。带着刚才的感受或者画面去寻找2～3件沙具，全程不说话、不交流。回到小组后，请把你拿回的沙具放在你面前的桌面上，仔细观察，与它连接。当全部组员回来后，轮值组长（庄家）组织制作沙盘，想怎么摆就怎么摆放，但别人的沙具不能动也不能碰。

3.布置分享程序并组内分享（25分钟）

制作沙盘结束后，请所有成员看向沙盘里自己的沙具，与它们建立连接，然后按顺时针方向依次观察和感受小组成员的沙具，给大家3分钟时间。今天的轮值组长（庄家）开始来组织分享：（1）拿的是什么沙具？代表什么；（2）摆放的想法；（3）看到别人的沙具和摆放时的感受。

组员1：今天通过沙盘体验，第一次零距离感受到心理学在生活中的应用，而且是发生在自己身上的应用。感觉所学内容不再那么难懂。我们组的展示都比较贴合我们各自的当下生活状态，所以觉得很"接地气"。同时也发现家庭在我心理意识的地位比我原以为的更重。通过今天的体验让我更期待以后的各种体验。

组员2：学习感悟。通过这节课沙盘游戏，我找到了内心想表达的地方，短暂地满足了我的愿望，压力得到了缓解。非常受益的一节课。谢谢你代姐姐，么么哒！

组员3：上完课之后感觉整个人一下就放松了很多，刚开始的时候自己还有些紧张，有点不知所措，选沙具的时候也有点茫然，经过我们小组之间的分享和你的分析，我发现自己最近的精神和情绪都比较紧张，脑袋里的那根弦绷得太紧，但是自己可能不太会疏解情绪，总是压抑它而不自知，直到昨天把自己的情绪说出来之后，自己感觉精神没这么紧绷了，心情也变好了。在沙盘游戏的过程中也找到了一些让自己的情绪能够缓解的途径，感谢给我这个学习的机会，让我的心平静下来，让我更加了解自己，谢谢。

组员4：我最大的收获是，不要以己度人。

4. 整合并调整画面，组内分享（25分钟）

由轮值组长制定规则和顺序，重新整合沙画。然后每个人以第一人称的方式串讲沙盘故事，串讲顺序由庄家决定。

以第一组为例。

组员1：开始的沙画是我们每个人的沙画堆放在一起，彼此之间感觉没有任何联系，杂乱无章，一点也不和谐，更谈不上美了。但经过大家的共同整合后，一幅生动、灵动的画面就出现在我的眼前，心情也随之好起来。太奇妙了。

组员2：在聆听了每个人的故事后，每个人拿的沙具都代表自己不同的压力，有轻有重。尤其是我拿的蝎子代表着目前班上一个学生带给我的压力时，我很想把它丢得远远的，不想看见它。在调整时，一个队员说把蝎子放在我的这个沙具旁边吧，它太孤单了，给了我特别大的震撼。是呀，我为什么不换个方式来看待这个学生呢，我从来看到的都是他给我带来的困惑，没有一次用心地听他说过，也没有想过他做出这些行为背后的原因，更没有去试着与他建立交流的通道。我应该和他好好交流，真诚、用心地倾听一下他的故事。随之而来的是，感觉压力也减轻了，也不觉得他讨厌了。

组员3：今天的团体沙盘体验开始是比较压抑的，因为老师的这个角色背后背负着太多的压力，不仅要面对各色学生、家长，还要面对社会的压力，家庭的压力。但随着活动的深入，身心慢慢放松，尤其是调整好沙画，每个人串讲大家的故事时，讲完后心情就特别愉悦。感谢老师和朋友们的陪伴、倾听，有你们在真好！

5. 组间分享（15分钟）

集体给沙画命名，请轮值组长留在小组里，为其他小组成员讲解。其他组员依次去其他组去听他们的沙盘故事，这是一个向别人学习的过程，也是不断扩大认知的方式，请带着欣赏，认真倾听。听完后，给予掌声表示感谢。

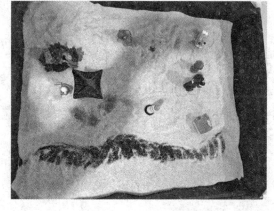

以第二组为例：

有游戏穿插的课堂，有一种别样的魅力和吸引力，整个课堂氛围格外的朝气蓬勃。主讲老师的引导语能让人身心放松地投入到游戏中，用心去体验游戏，尽可能地少带或不带"负担"去选择沙具做游戏。自己选的沙具明白什么目的，但别人选的沙具有些让我很困惑，搞不明白他们为什么选那个，又为什么放在那个位置，感觉很奇怪。但做完后的交流，让我知道了大家选沙具的原因、摆放物品的目的和心情，之前的疑惑消失了。每一个人选的沙具都对自己有不同程度的影响，沙盘上的场景作品仿佛是一面"镜子"，是自己内心潜意识的写照。

6.培训师总结（10分钟）

感谢大家的相互陪伴，同时也感谢大家给予我的支持。最后我们围成一个大圆圈，每个人用一句话来表达今天的收获与感受。如果你们各位今天有感动，就用你们的方式来相互表达一下。好，请小组内手拉手，我们一起宣誓：我宣誓，我只带走我的感受，留下别人的故事。宣誓人：××。

7.培训师感受

经过前面的几次活动，团队安全感越来越好，他们能够更好地敞开自己，能够从各自的分享中看到自己，有了更多感悟。每个人都带着笑容相互拥抱，唱着欢快的歌曲，迈着轻盈的步子离开课堂。期待下次相见。

后记

面对眼前密密麻麻的文字，回顾编写过程，我的内心充满了激动和感动，我再次领悟到了"相信的力量"！这也正是团体沙盘心理技术的核心理念之一：相信沙盘的治愈功能；相信团队的凝聚力量；相信每一个人都有能力。在整个编写历程中我们创作团队也是紧紧践行了这一理念。

因为相信，于晶教授愿意把如此重任交给我，并在多次讨论编写方案中启发我的创造力并更多尊重我的创作思路，从编写提纲，到书写编写要求、组织编写团队、把握编写进度都放心地交给我负责。当我遇到问题与她沟通时，听到最多的一句话："你，没问题的，相信你能解决。"这样的相信，激发了我的责任心与信心，使我愿意牺牲业余时间充满活力快马加鞭地完成我的工作。

因为相信，编写团队的每个老师克服了工作繁重、任务冲突等重重困难，总能在规定的时间按质、按时提交稿件，总能按要求一次又一次地反复修改而没有怨言。

常言说：只有优秀的团队，没有优秀的个人。作为本书的主编，我只不过起着召集者与联络人的作用，正是来自全国十余所高校和我一样喜爱团体沙盘心理技术的优秀的心理学同仁们，大胆尝试，不断创新，及时总结，真诚分享。历经一年有余，通过编写团队的精诚协作，到今天基本上已经完成了书稿的全部编写和审稿工作，战战兢兢的心终于可以舒缓一下了。

本书具体编写分工如下。长春师范高等专科学校姚晓东：第一章第一节、第五章和案例二与九；成都纺织高等专科学校向群英：第二章；哈尔滨工业大学朱岳梅：第三章和案例三；四川华新现代职业学院陈越：第一章第二节、第六章和案例四；成都体育学院刘霞：第八章和案例六；大连大学张玉莹、邹萍：第四章和案例一；成都电子科技大学李花：第七章和案例五；成都电子科技大学李傲：第九章和案例七；大连交通大学马笑玲：第十一章和案例八；成都理工大学杨云琳：第十章；重庆轻工业职业技术学院代安华：第十二章和案例十一；成都纺织高等专科学校向群英、刘登秀：第十三章、案例十、案例十一。

恩师李媛教授在百忙中与于晶教授讨论本书的框架及意义，并给本书写了序，于晶教授百忙中严苛地终审稿件并写了序。朱岳梅、姚晓东、陈越老师参与了本书的一二三审稿工作，并提出了宝贵建议。

在此一并表示我诚挚的感谢和深深的敬意！

最最要感谢的是我的女儿任桐，她贴心地牺牲了整个假期，每天给我做营养丰富的美食，以支持我专心审稿。

本书是把团体沙盘心理技术应用于高校学生工作方方面面的大胆尝试，是团体沙盘心理技术高校心理同仁先锋队应用的阶段性成果；期望对接下来更多的高校心理同仁们的应用有一定的参考价值。

尽管我们非常努力和尽心，但由于时间、精力和能力所限，无论是理论阐述，还是应用设计、案例报告等都还存在诸多不足之处，请读者们批评指正、不吝赐教！这也是我们今后不断努力的方向和动力之所在。

向群英

2020年1月9日于成都

参考文献

[1] 李焰，杨振斌. 新时代中国特色大学生心理健康教育[M]. 长春：吉林大学出版社，2018.

[2] 刘国权，孙崇勇，王帅. 高等教育心理学[M]. 长春：吉林大学出版社，2014.

[3] 蔺桂瑞，杨芷英主编. 大学生心理健康与人生发展：成长，从关爱心灵开始[M]. 北京：高等教育出版社，2010.

[4] 蔺桂瑞. 大学生心理素质教育研究[M]. 北京：北京交通大学出版社，2016.

[5] 马建青. 大学生心理健康教程[M]. 杭州：浙江大学出版社，2012.

[6] 田国秀. 团体心理游戏实用解析[M]. 北京：学苑出版社，2010.

[7] 韦志中. 学校心理学——体验式团体教育模式理论与实践[M]. 北京：清华大学出版社，2014.

[8] 任俊. 积极心理学[M]. 上海：上海教育出版社，2006：199-215.

[9] 申荷永，高岚. 沙盘游戏：理论与实践[M]. 广州：广东高等教育出版社，2004.

[10] 章志光等. 社会心理学[M]. 北京：人民教育出版社，1996.

[11] 潘正德. 团体动力学[M]. 台北：心理出版社，1999.

[12] 衣庆泳. 对话大学生寝室人际交往问题[M]. 北京：中央文献出版社，2014.

[13] 张日昇. 箱庭疗法[M]. 北京：人民教育出版社，2006.

[14] 毛小玲，等. 大学生宿舍人际关系的特点[J]. 中国心理卫生杂志，2005，19（7）：473-474.

[15] 刘娟，等. 运用团体沙盘游戏改善大学生宿舍人际关系[J]. 科技文汇，2017（7）：149-150.

[16] 姜文闵，韩宗礼. 简明教育辞典[M]. 西安：陕西人民教育出版社，1988：420-421.

[17] 杨建发等. 主题班会对优良学风建设的促进作用[J]. 云南农业教育研究，2005（02）：46-48.

[18] 李学明. 如何开好主题班会[J]. 教学与管理，2004（14）：18-19.

[19] 樊富珉. 团体心理咨询[M]. 北京：高等教育出版社，2005.

[20] 李永卫，刘倩倩. 结构式团体沙盘游戏对大学生职业决策自我效能的影响研究[J]. 湖北广播电视大学学报，2018，38（02），31（01）：25-28.

[21] 樊富珉. 结构式团体辅导与咨询应用实例[M]. 北京：高等教育出版社，2015.

[22] 钱显忠等. 大学生就业指导[M]. 北京：中国水利水电出版社，2012.

[23] 韦志中. 团体心理学——本会团体心理咨询模式理论与实践[M]. 北京：清华大学出版社，2014.

[24] Lazarus RS. From psychological stress to the emotions:A history of changing out- looks. Annual Review of Psychology. 1993, 44:2-19.

[25] Lazarus, R., &Folkman, S. Stress, appraisal, and coping. New York:Springer, 1984.

[26] Bandura, . Self-efficacy:The exercise of control. New York:W. H. Freeman, 1997.

[27] 童辉杰. 应对效能：问卷的编制及理论模型的建构[J]. 心理学报, 2005, 37（3）：413-419.

[28] 黄希庭, 余华, 郑涌等. 中学生应对方式的初步研究[J]. 心理科学, 2000, 23（1）：1-5.

[29] 樊富珉. 团体咨询的理论与实践[M]. 北京：清华大学出版社, 1996.

[30] 符唯真. 高校大学生生命教育的重要性及实施途径[J]. 南阳师范学院学报：社会科学版, 2015, 05（05）.

[31] 胡飒. 大学生生命伦理与健康教育[M]. 北京：知识产权出版社, 2015.

[32]（奥）阿尔弗雷德·阿德勒. 理解生命[M]. 欧阳瑾译. 北京：北京工业大学出版社, 2018.

[33] 薛红, 王雷, 陈爽超. 大学生生命教育[M]. 北京：中国人民大学出版社, 2015.

[34] 纪洁芳. 生命教育教学[M]. 北京：中国广播影视出版社, 2014.

[35] 班杜拉. 社会学习理论[M]. 北京：中国人民大学出版社, 2015.

[36] 江洁. 基于积极心理学探析大学生心理健康[J]. 学理论, 2013, 30：231-232.

[37] 叶浩生. 西方心理学的历史与体系[M]. 第2版. 北京：人民教育出版社, 2014：216-286.

[38]（美）辛姆普肯斯. 自我催眠术激活你的大脑[M]. 贾艳滨, 王东译. 北京：人民卫生出版社, 2012.

[39] 王少丽. 高校辅导员自身素质促进大学生思想政治教育[J]. 黑河学刊, 2011（6）：159-162.

[40] 冯书铭. 辅导员自身素质在大学生思想政治工作中的作用[J]. 牡丹江师范学院学报, 2010（6）：106-110.

[41] 程鹤. 以科学发展观为指导全面提高辅导员自身素质[J]. 改革与创新, 2010：9-12.

[42] 李琦. 新形势下高校辅导员的角色定位与自我成长[J]. 教育与职业, 2012（24）：75-76.

[43] 马理叶, 王海英. 高校辅导员自我成长之我见[J]. 广西教育, 2011（12）：61-62.

[44] 刘建新, 于晶. 沙盘师训练与成长——体验式沙盘心理技术实用教程[M]. 北京：化学工业出版社, 2016.

[45] 刘建新, 于晶. 沙盘师实践与成长——体验式沙盘心理技术操作手册[M]. 北京：化学工业出版社, 2017.

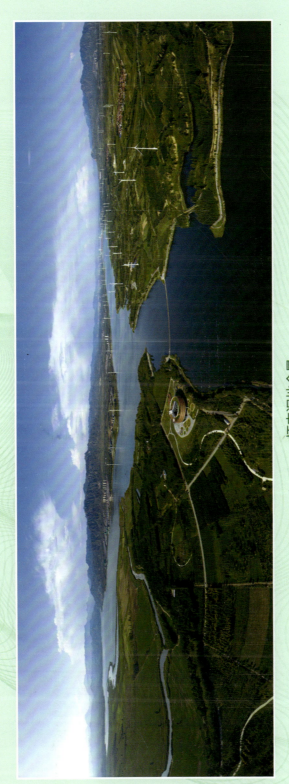

怀来湿地全景
An overall view of Huailai Wetland
(怀来县葡萄酒局供图)

承德避暑山庄全景
An overall view of Chengde Mountain Resort
(河北民族师范学院 青俊虎 供图)

承德避暑山庄--热河
Chengde Mountain Resort--Rehe
(河北民族师范学院 高俊虎 供图)

承德避暑山庄外八庙--班禅行宫
Chengde Mountain Resort -- Xumifushou Temple
(河北民族师范学院 高俊虎 供图)

承德避暑山庄外八庙--普乐寺
Chengde Mountain Resort--Pule Temple
(河北民族师范学院 高俊虎 供图)

承德避暑山庄烟雨楼
The Tower of Mist and Rain, Chengde Mountain Resort
(河北民族师范学院 高俊虎 供图)

金山岭长城
Jinshanling Great Wall
(河北民族师范学院 高俊虎 供图)

承德塞罕坝
Chengde Saihanba
(河北民族师范学院 高俊虎 供图)

承德棒槌山
Bangchui Mountain, Chengde
(河北民族师范学院 高俊虎 供图)

鸡鸣驿
Jiming Station
(怀来县葡萄酒局供图)

怀来卧牛山
Woniu Mountain in Huailai
(怀来县葡萄酒局供图)

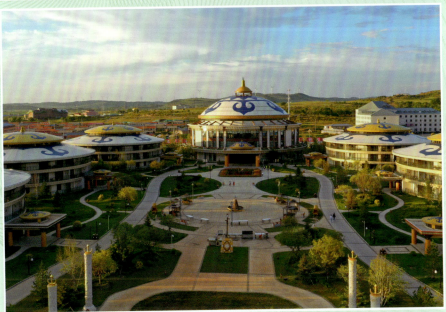

御道口阿尔卡迪亚草原度假酒店
Yudaokou alcardia Hotel
(阿尔卡迪亚草原度假酒店供图)

中国长城葡萄酒有限公司厂区全景
An overall view of the factory area of China Great Wall Wine Co., Ltd.
(中国长城葡萄酒有限公司供图)

中粮华夏长城葡萄酒有限公司地下酒窖
The underground wine cellar of COFCO Huaxia Greatwall Wine Co., Ltd.
(中粮华夏长城葡萄酒有限公司供图)

中国长城葡萄酒有限公司全自动灌装线
The automatic filling line of China Great Wall Wine Co., Ltd.
(中国长城葡萄酒有限公司供图)

中国长城葡萄酒有限公司始建于1976年的水泥窖池
The cement pit built by China Great Wall Wine Co., Ltd. in 1976
(中国长城葡萄酒有限公司供图)

中国长城葡萄酒有限公司综合办公楼
The comprehensive office building of China Great Wall Wine Co., Ltd.
(中国长城葡萄酒有限公司供图)

中国长城葡萄酒有限公司现代化生产车间
The modern production workshop of China Great Wall Wine Co., Ltd.
(中国长城葡萄酒有限公司供图)

中粮华夏长城葡萄有限公司全景
An overall view of COFCO Huaxia Greatwall Wine Co., Ltd.
(中粮华夏长城葡萄酒有限公司供图)

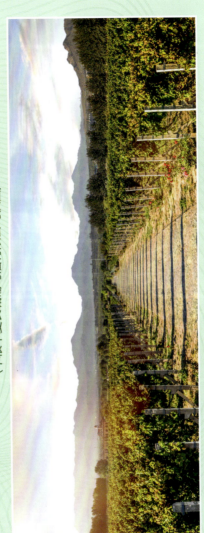

中粮长城桑干酒庄(怀来)有限公司葡萄园
The vineyard of COFCO Great Wall Sungod Winery (Huailai) Co., Ltd.
(怀来县葡萄酒局供图)

中粮长城桑干酒庄(怀来)有限公司
COFCO Great Wall Sungod Winery (Huailai) Co., Ltd.
(河北农业大学 王颉 供图)

朗格斯酒庄(秦皇岛)有限公司全景
An overall view of Bodega Langes (Qinhuangdao) Co., Ltd.
(朗格斯酒庄(秦皇岛)有限公司全景供图)

河北怀来瑞云葡萄酒股份有限公司
Hebei Chateau Nubes Co., Ltd.
(怀来县葡萄酒局供图)

河北马丁葡萄酿酒有限公司
Hebei Martin Wine Co., Ltd. (Martin Winery)
(怀来县葡萄酒局供图)

怀来艾伦葡萄酒庄有限公司
Huailai Alan Chateau Co., Ltd.
(怀来县葡萄酒局供图)

怀来红叶庄园葡萄酒有限公司
Huailai Chateau Red Leaf Co., Ltd.
(怀来县葡萄酒局供图)

怀来迦南酒业有限公司

Huailai Canaan Winery Co., Ltd.

(怀来县葡萄酒局供图)

怀来中法庄园葡萄酒有限公司

Huailai Domaine Franco-Chinois Wine Co., Ltd.

(怀来县葡萄酒局供图)

怀来紫晶庄园葡萄酒有限公司
Huailai Amethyst Manor Co., Ltd.
(怀来县葡萄酒局供图)

张家口长城酿造(集团)有限责任公司
Zhangjiakou Great Wall Winery (Group) Co., Ltd.
(怀来县葡萄酒局供图)

怀来万亩葡萄生态体验园
Huailai Ten Thousand Mu of Grape Ecological Experience Park
(怀来县葡萄酒局供图)

怀来县葡萄园
Huailai Vineyards
(怀来县葡萄酒局供图)

雪川农业发展股份有限公司
SnowValley Agriculture Development Co., Ltd.
(雪川农业发展股份有限公司 朱宏 博士供图)

河北农业大学西校区
The West Campus of Hebei Agricultural University
(河北农业大学 赵凌云 供图)